きれいな仕立てのプロの技

百目鬼 尚子
牧野 志保子

ミシンで洋服を縫い上げていくプロセスの基本的な手順は、
どんな人が縫っても大きな違いはないと思います。
数多くの洋服を仕立てるプロが、
スピーディに仕上げるために手を抜くところと、
逆にきれいに仕立てるためにどこに手間をかけ
プロの使うミシンではなく、すべて家庭用のジグザ
縫い方プロセスを紹介しています。
また、ミシンで縫うとき、アイロンをかけるときなどの
「プロの手つき」もきれいに仕立てるポイントとの思いから、
手つきを入れた写真も多く載せています。
そんな手つきをまねしていただきながら、
「きれいな仕立て」の参考になれば幸いです。

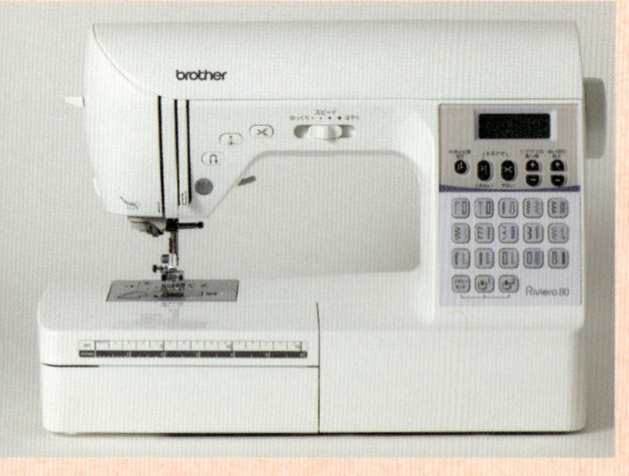

※本書の解説に使用したミシン
ブラザーリビエラ 80（家庭用高機能ジグザグミシン）

参考文献：『男のシャツの本』『世界で愛されるプリントのドレス』
『凛とした大人の服』『軽やかな大人の服』

用具

ミシン&アタッチメント

●押え金

ミシンには用途に合わせて押え金が用意されています。きれいに仕立てるためには、縫い方に合わせて押え金を使いこなすことも重要です。
押え金はミシンに付属品としてセットされているものと別売りになっているものがあり、その機種専用になっていることも多いようです。
ここで紹介する押え金は、写真の家庭用ジグザグミシン用です。またこのほかにもいろいろな機能の押え金があり、機種によっても用意されている押え金が違います。

ジグザグ押え
基本の押え金。直線縫い、ジグザグ縫いに使用。

直線押え
直線縫い専用の押え金。→p.22

三つ巻き押え
布端を細い三つ巻きに仕上げる押え金。→p.23

裁ち目かがり押え
裁ち目の始末をする押え金。→p.22

サイドカッター
布端をカットしながら裁ち目をかがる押え金。→p.26

ボタンホール押え
ボタンホールを作る押え金。→p.27

ギャザー押え
ギャザーを寄せながら縫合せができる押え金。→p.26

コンシール押え
コンシールファスナーつけに使用する押え金。→p.67

片押え
普通のファスナーつけなどに使用する押え金。→p.70、73

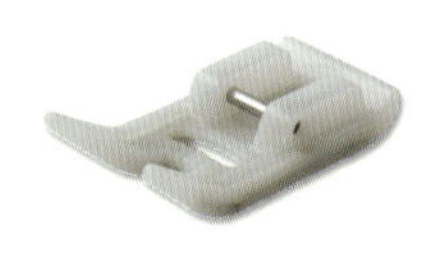

スムースフット
革やビニールクロスなど、すべりの悪い素材用の押え金。

●フットコントローラー

ミシンのスタート、ストップ、スピード調節を足もとで操作できます。縫始めから縫終りまで、両手を自由に使えるので、スピーディにきれいに縫うためには、ぜひ用意したい付属品です。

そのほかの用具

A 方眼定規
B メジャー
C シャープペンシル
D 裁ちばさみ
E ロータリーカッター
F カッティングボード
G 両面チョークペーパー
H ルレット
I 重し
J 布用印つけペン・チョークペンシル
K リッパー
L 糸切りばさみ
M 目打ち
N ピンクッション・まち針
O 手縫い針
P 指抜き
Q アイロンマット
R スチームアイロン

一般市販の便利な押え金

ミシンの針棒にセットするタイプの押え金です。
機種によってはつけられないミシンもありますので、
購入前には必ず確認してください。

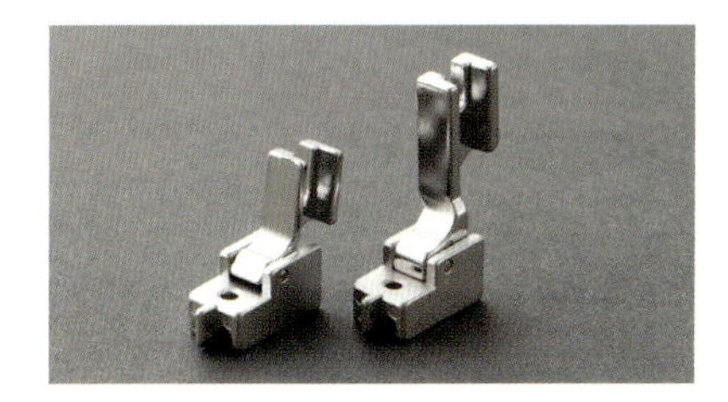

コンシール押え
コンシールファスナーつけ用の押え金。

2㎜押え
押え金の幅が狭い（2㎜）押え金。普通の押え金では幅が広くてミシンがかけにくいとき、パッチポケットつけや前端や衿のステッチなどに。

薄物専用押え
針の落ちる穴が小さい押え金。穴が小さいので、布が巻き込まれやすい薄手の布がきれいに縫えます。

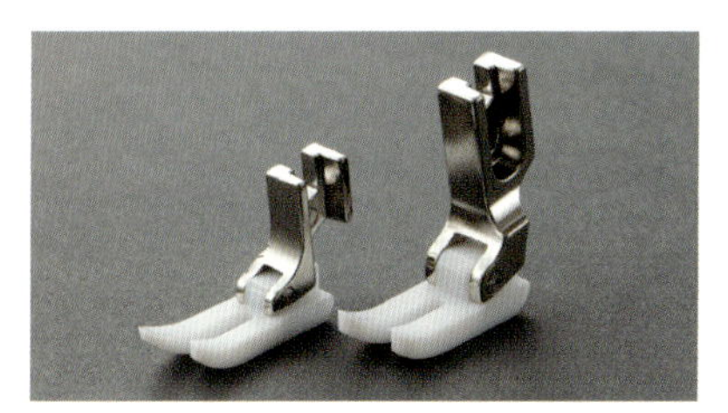

スムース押え
革やビニールクロスなどすべりの悪い素材用の押え金。

布と糸と針

ミシン糸は番号が大きいほど細く、ミシン針は番号が大きいほど太くなります。
薄い布には細い糸・細い針、厚い布には太い糸・太い針が基本です。
洋服作りでは、糸はシャッペスパン 60 番・90 番、針は 9 番・11 番がいちばんよく使われます。30 番の糸、14 番の針は、厚い布でステッチを目立たせたいときなどに。

ミシン糸

A シャッペスパン 90 番（ポリエステルミシン糸）
B シャッペスパン 60 番（ポリエステルミシン糸）
C ファイン（ポリエステルシルク形状ミシン糸）
D シャッペスパン 30 番（ポリエステルミシン糸）

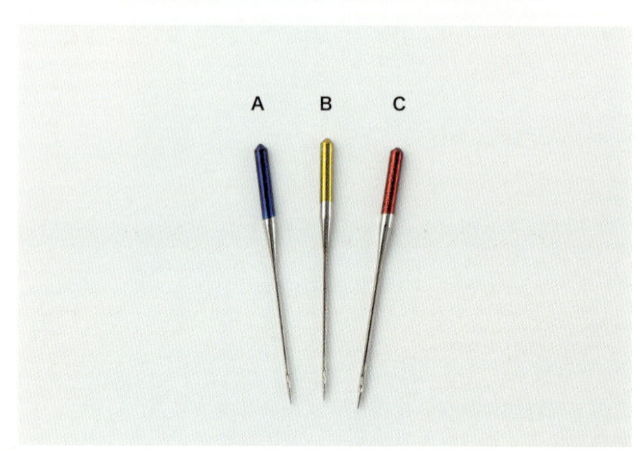

ミシン針

A 9 番
B 11 番
C 14 番

シフォンジョーゼット

薄手でしなやかな布
糸：シャッペスパン 90 番
針：9 番

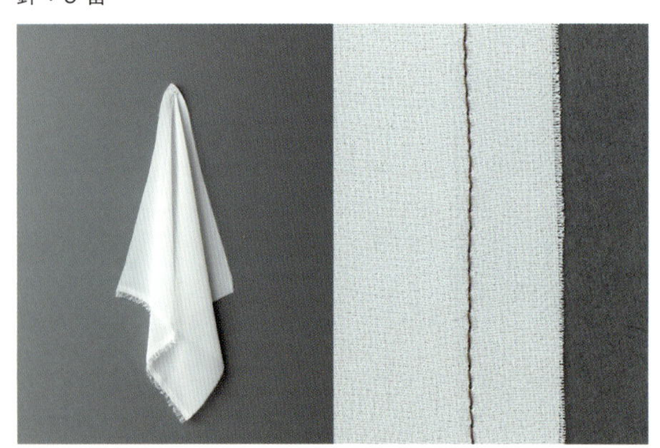

綿ローン

薄手の木綿
糸：シャッペスパン 90 番
針：9 番

シルクタフタ

薄手で張りのある布

a 糸：シャッペスパン 90 番
　針：9 番
b 糸：ファイン
　針：9 番

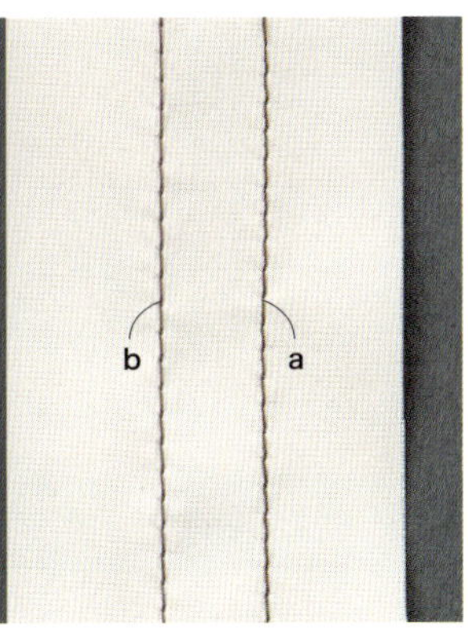

綿ブロード

普通の木綿

a 糸：シャッペスパン 60 番
　針：11 番
b 糸：シャッペスパン 90 番
　針：9 番

ウールジョーゼット

普通のウール

糸：シャッペスパン 60 番
針：11 番

綿ギャバジン

やや厚手の木綿

糸：シャッペスパン 60 番
針：11 番

厚手デニム

厚手の木綿

糸：シャッペスパン 60 番
針：11 番

起毛ウール

厚手のウール

糸：シャッペスパン 60 番
針：11 番

基本のテクニック

2枚の布を合わせる

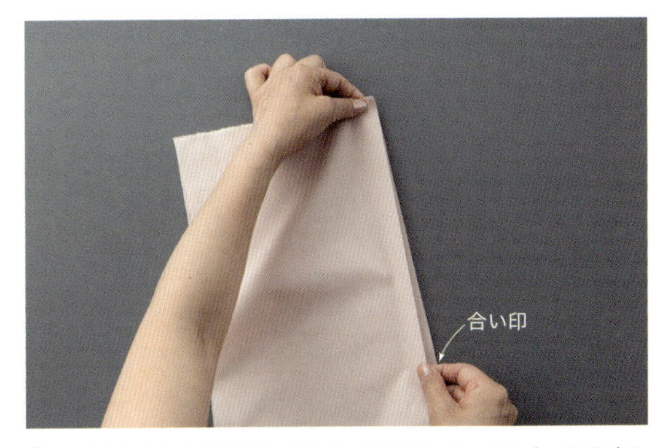

1 2枚の布を中表に重ねてまず上端を合わせ、次に合い印を合わせる。

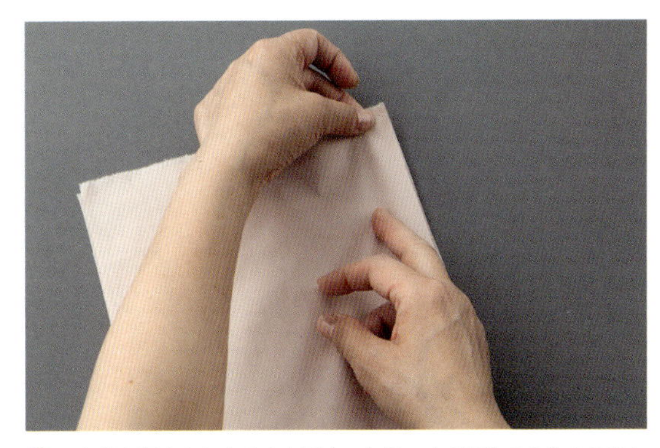

2 上端を押さえたまま布を置き、もう一方の指先で2枚の布をなじませながら、布端の微妙なずれを整え、2枚の布端をきちんとそろえる。

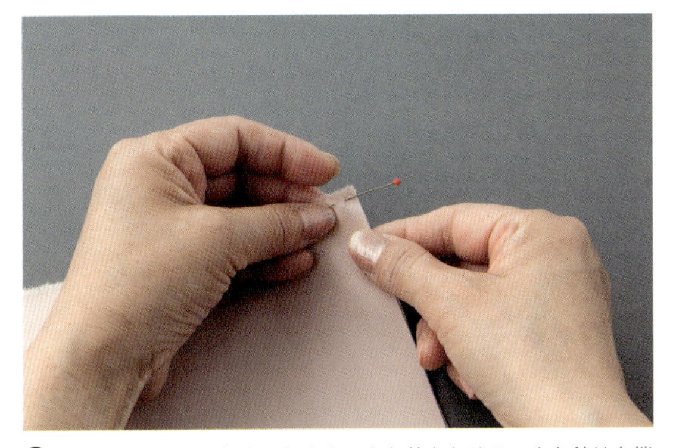

3 上端をしっかり押さえたまま、まち針をとめる。まち針は布端に対して直角にとめる。

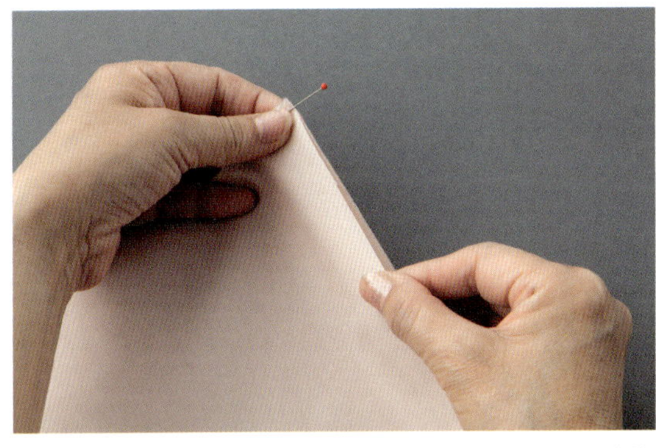

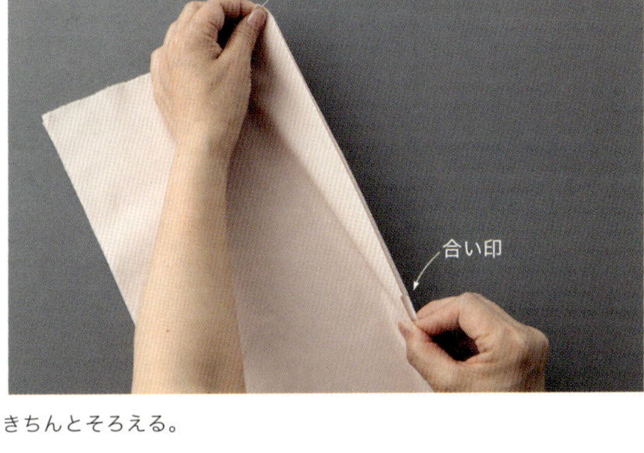

4 布の間に人さし指を入れてなじませながら、合い印までの布端をきちんとそろえる。

5 合い印をまち針でとめる。

6 平らに整え、中間をまち針でとめる。

ミシンで縫う

縫い始める前に、必ずこれから縫う布のはぎれで試し縫いをし、糸調子を確認しておきます。

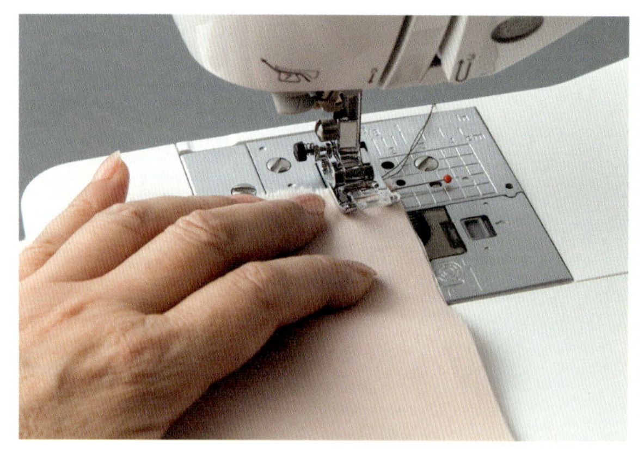

1　ミシンの針板の目盛りに布端を合わせて置き、押え金を下ろして上端を固定する。

2　上端のまち針を抜き、3～4針返し縫いをする。

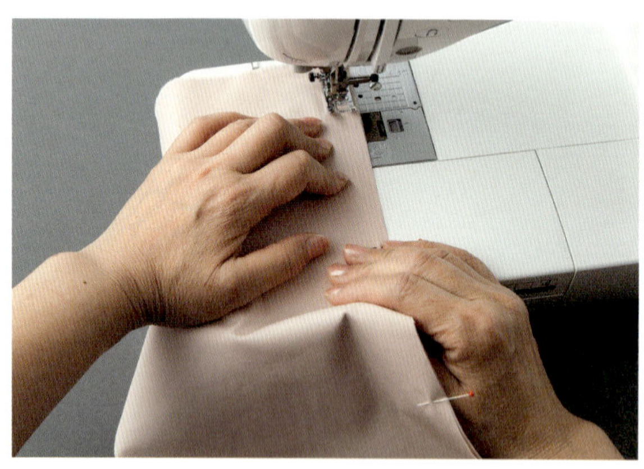

3　左手は指をやや開きぎみにして2枚の布がずれないようにしっかり押さえる。右手は縫い進める位置を平らにしながら、写真のように2枚の布を持ち、下の布をやや引きぎみにして縫う。

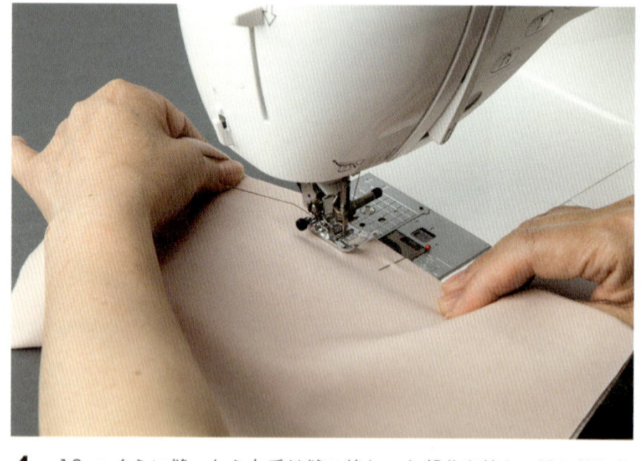

4　10 ㎝ぐらい縫ったら左手は縫い終わった部分を持ち、縫い縮みを防ぐために布を上下で軽く引いて、縫う位置をぴんと張らせるようにしながらミシンをかける。まち針の際まで縫い、まち針を抜いて縫い進める。

5　最後まで布端をしっかり押さえて縫い、縫終りは返し縫いをする。

6　縫上り。

［薄手の布の場合］

綿ローンやシフォンジョーゼットなど薄手の布は、縫始めと終りの布端が引き込まれてつれやすいので、薄手の紙（ハトロン紙やトレーシングペーパーなど）を当てて縫います。針の落ちる穴が小さい押え金（直線押え→p.4・薄物専用押え→p.5）を使用するとよりきれいに縫えます。

1 縫始めの上端の下に３～４㎝角の紙を当てて目打ちで押さえ、押え金の下に入れて紙も一緒に返し縫いをして縫い始める。

2 薄地は布が引き込まれやすいので、縫い代を目打ちで押さえながらミシンをかける。

3 縫終りも布の下に紙を入れて一緒に縫い、返し縫いをする。

4 縫始めと終りに紙を当てて縫い終わったもの。

5 上下の紙は丁寧に破り取る。

まち針で布をとめないでミシンで縫う

まち針をとめる、はずす手間を省き、ミシンの上で直接２枚の布を合わせながら縫います。

1　２枚の布を中表に合わせてミシンにのせる。２枚の上端をきちんと合わせて押さえ、押え金の下に入れる。

2　押え金を下ろし、３〜４針返し縫いをして上端を固定し、針を布に刺した状態でとめる。

3　２枚の布端をきちんとそろえ、合い印を合わせて合い印位置をしっかり持つ。

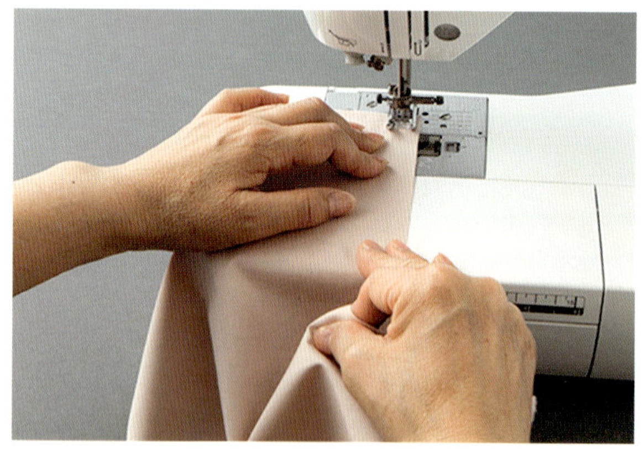

4　合い印位置を持ったまま布を折りたたむようにして写真のように布を押さえ、縫う位置を平らにまっすぐ整えて縫い始める。

5　10 ㎝程度縫ったら左手は縫い終わった部分を持ち、縫う位置をぴんと張らせるようにしながら縫い進める。**3**、**4**を繰り返して終りまで縫う。

一定の縫い代幅で縫う

出来上り線の印つけを省き、決めた縫い代幅でミシンをかけます。

針板の目盛りを目安に

針板の目盛りは針の位置からの寸法なので、縫い代幅の目盛りに布端を合わせながらミシンをかける。

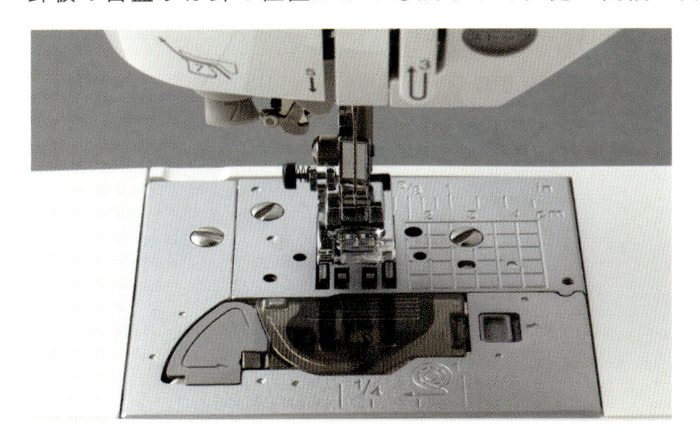

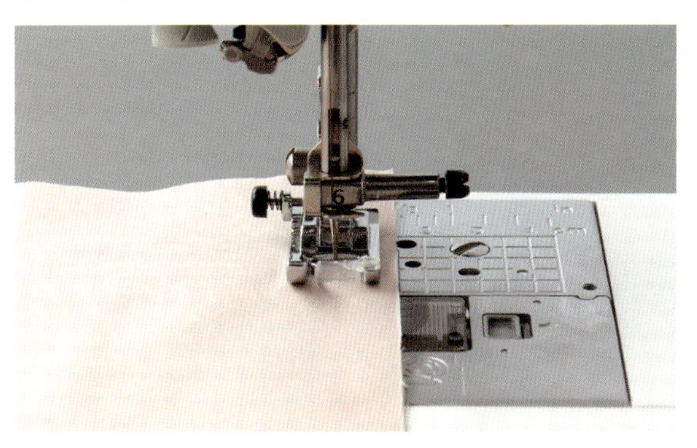

ステッチ定規を使う

マグネットタイプのステッチ定規は、針板に磁力で固定して使用。針棒にセットして使用するステッチ定規は、つけられないミシンもあるので、購入の時には確認を。

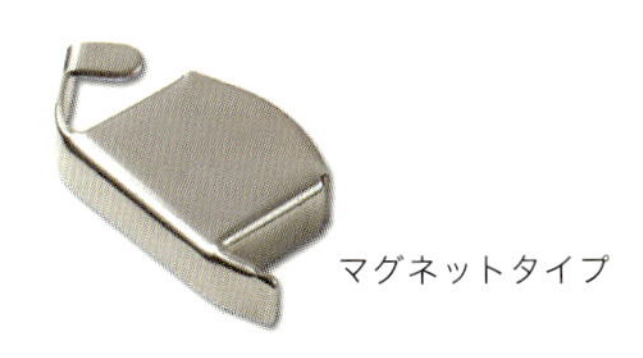

マグネットタイプ

針棒にセットするタイプ

[マグネットタイプのステッチ定規の使い方]

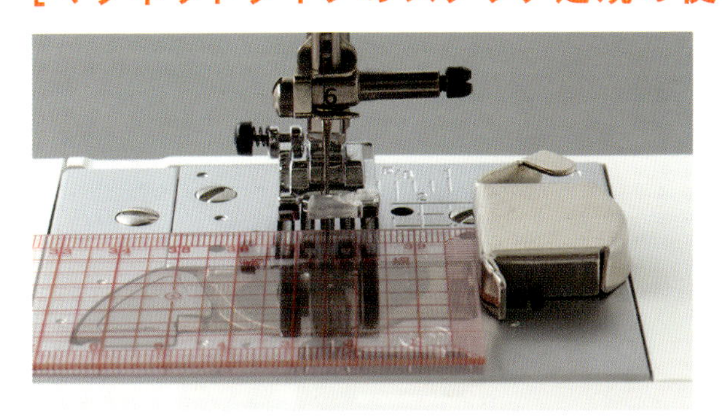

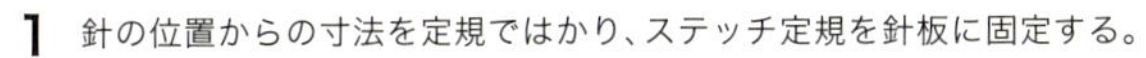

1 針の位置からの寸法を定規ではかり、ステッチ定規を針板に固定する。

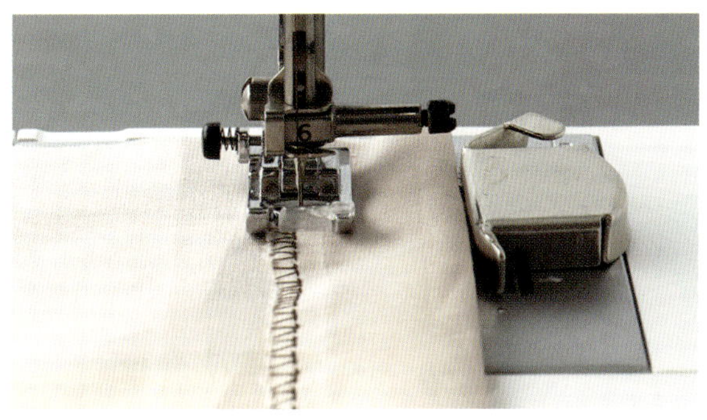

2 ステッチ定規のガイドに布端を合わせながらミシンをかける。

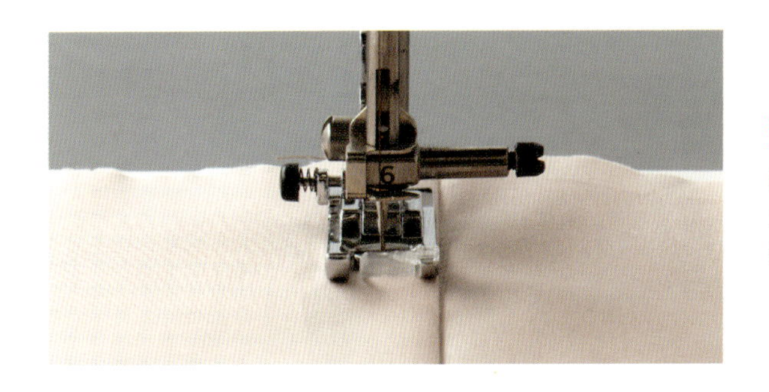

押え金の幅を目安に

切替え線にステッチをかけるときなど、針板の目盛りも、ステッチ定規（マグネットタイプ）も使えないときは、押え金の幅を目安にミシンをかける。

縫い代をアイロンで整える

縫い終わったらまずミシン目にアイロンをかけて縫い目のぴりつきを押さえると、縫い目がきれいに仕上がります。

割る

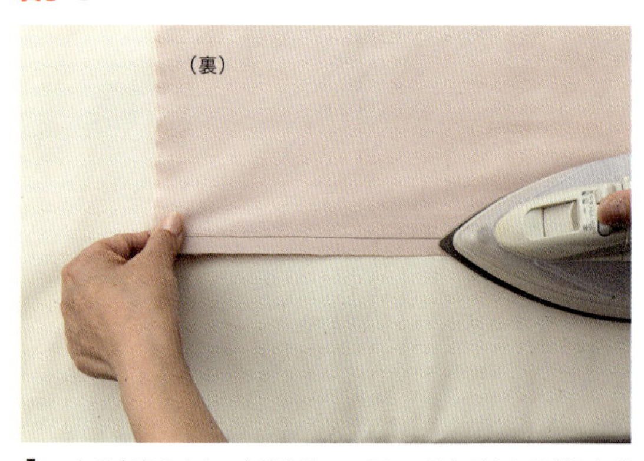

1 布を中表のまま、布端を引いてミシン目をぴんと伸ばしながら縫い目に軽くスチームアイロンをかける。

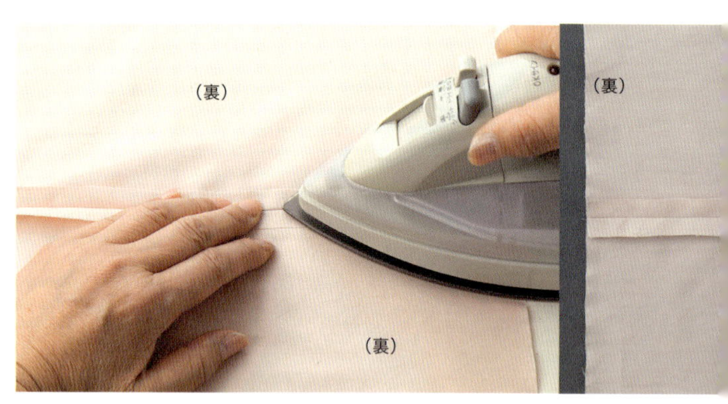

2 指先で縫い代を割りながらアイロンをかける。

［厚手ウールの場合］

厚手ウールはアイロンが効きにくく、縫い代が狭いと割っても起き上がってしまうので、
最低でも1.2㎝、できれば1.5㎝の縫い代をつけて裁つ。

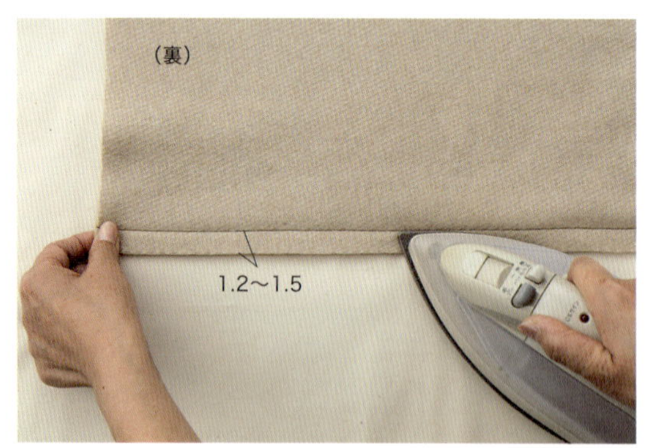

1 中表のままミシン目にアイロンをかけるが、アイロンのあたりが出ないように縫い目ぎりぎりにスチームアイロンを当て、縫い代をつぶすようにしっかり押さえる。

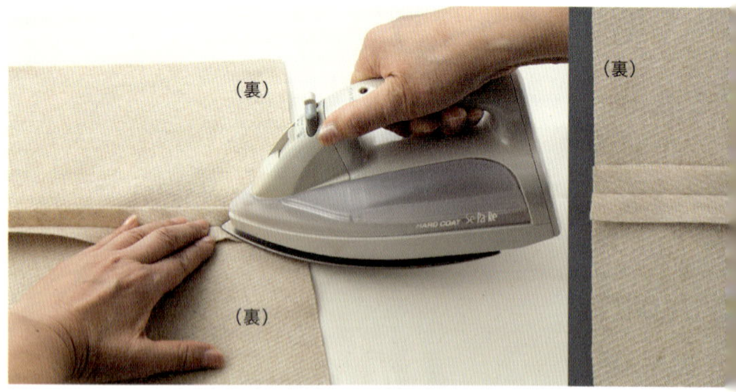

2 縫い代を指先で割りながらアイロンの先端で縫い目を割る。縫い代のあたりが出ないように、また布の風合いをなくさないように、縫い代全体にアイロンを当てないで、アイロンの後方を浮かせて、アイロンの先だけを使う。

片側に倒す

1 割るときと同様に、ミシン目に軽くアイロンをかけておく。ミシン目から縫い代を２枚一緒に倒す方向に折ってスチームアイロンをかける。

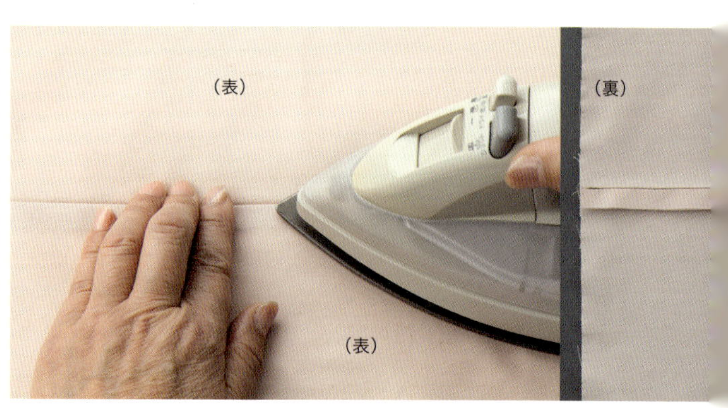

2 布を表に返し、表面から縫い目にアイロンをかける。

縫い代の始末

よく使われる４つの方法「割る」「片側に倒す」「袋縫い」「折伏せ縫い」。布地やデザインに合わせて使い分けます。

縫い代を割る

1 縫い代端に裁ち目かがりミシン（→p.22）またはジグザグミシンをかけてから２枚の布を中表に合わせて縫う。

2 縫い代をアイロンで割って整える。→p.14

裁ち端にかけるジグザグミシン

- 縫い代の始末として布の裁ち端にジグザグミシンをかけるときは、裁ち端の際に針が落ちるようにミシンをかける。
- 縫い代を割る場合は、布の表面からジグザグミシンをかける。
- 薄手の布は１枚で裁ち端にジグザグミシンをかけると、布端を巻き込んできれいに仕上がらない。その場合は、
  ① 縫い代を 0.3 ～ 0.5 ㎝多くつけて裁つ。
  ② 布端にアイロン用スプレーのりを吹きかけてアイロンを当て、布端に張りを持たせる。
  ③ 布端の 0.3 ～ 0.5 ㎝内側にジグザグミシンをかける。
  ④ ミシン糸を切らないように注意して、ジグザグミシンの際から布をカットする。

薄手の布の場合

裁ち端の際にかける

0.3～0.5

カット

アイロン用スプレーのり

縫い代を片側に倒す…厚手の布には不向き

1　2枚の布を中表に合わせて縫う。縫うときは縫い代を倒す側の布を下にしてミシンをかける。次に2枚一緒に縫い代端に裁ち目かがりミシン（→p.22）またはジグザグミシンをかける。

2　縫い代をアイロンで片側に倒して整える。→p.14

袋縫い…普通地〜薄手の布

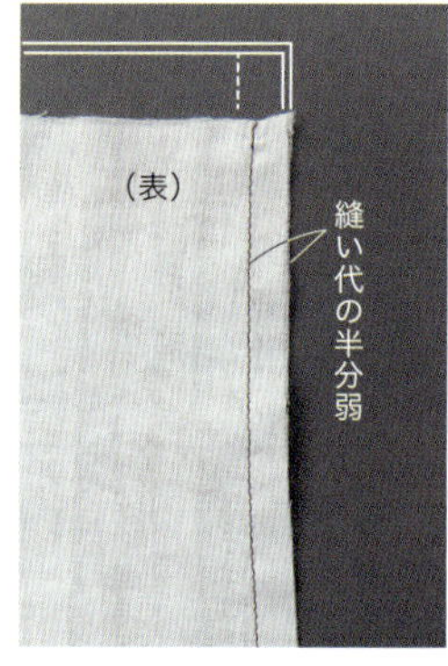

1　1.5〜2㎝の縫い代をつけて布を裁ち、2枚の布をまず外表に合わせて縫い代の半分弱の位置を縫う。

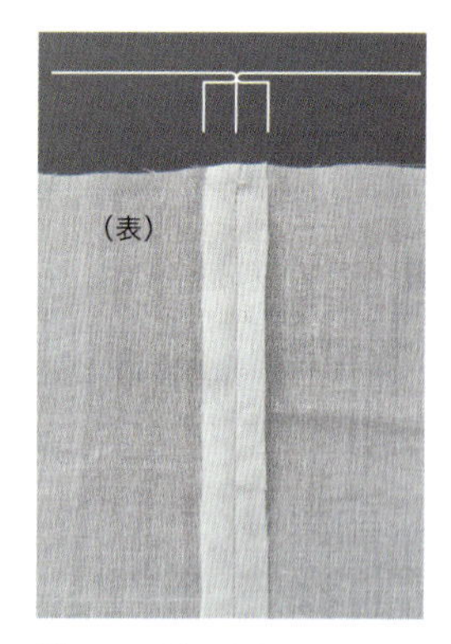

2　1の縫い代をアイロンで割る。

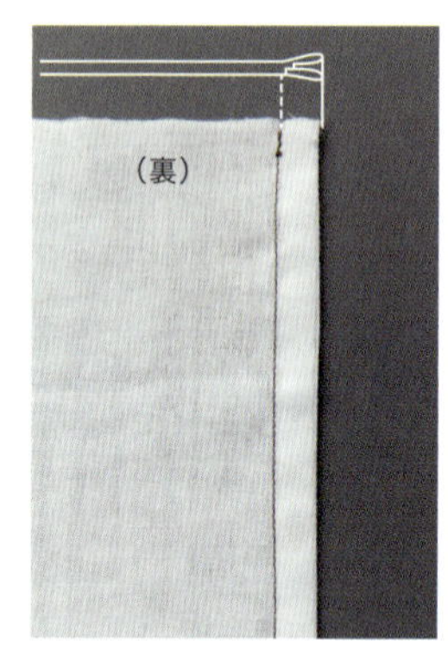

3　縫い目から布を中表に折り、出来上り線を縫う。

4　縫い代を片側に倒してアイロンで整える。→p.14

折伏せ縫い…やや厚手〜薄手の布

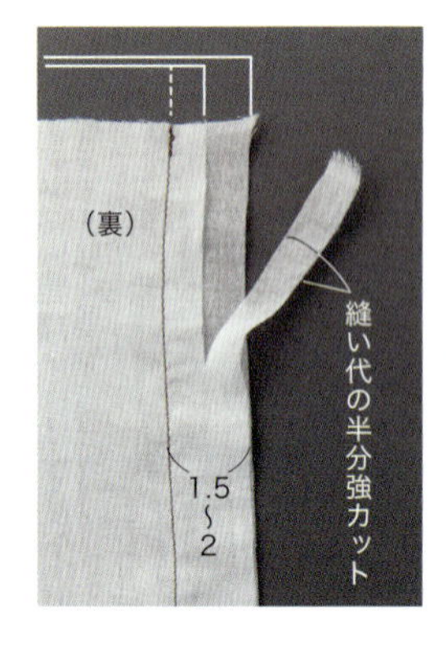

1　1.5〜2㎝の縫い代をつけて布を裁ち、2枚を中表に合わせて縫う。縫うときは縫い代を倒す側の布を下にしてミシンをかける。次に、縫い代を倒す側の縫い代を、半分強裁ち落とす。

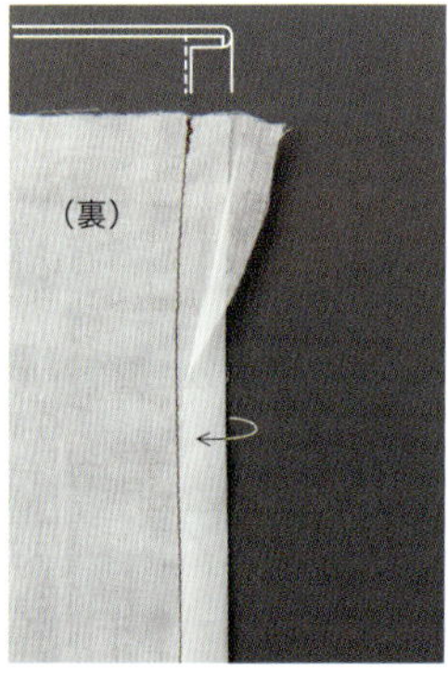

2　狭いほうの縫い代を広いほうの縫い代でくるむように折ってアイロンで整える。

3　2の縫い代をさらにミシン目からアイロンで折る。

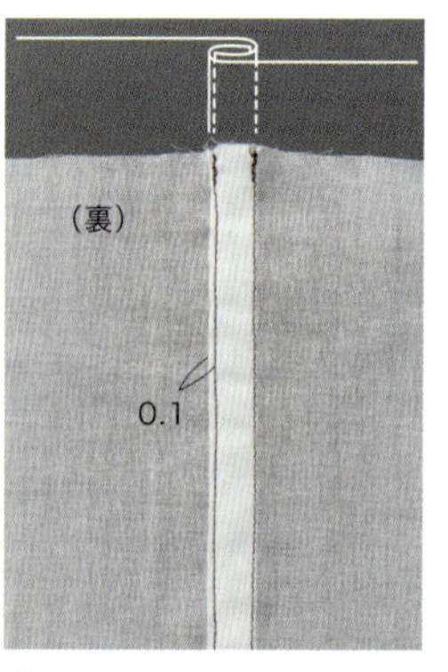

4　下側の布を開き、2の折り山の際にステッチをかける。

5　表面から見るとステッチが1本かかっている。

ダーツを縫う

ダーツ位置に目打ちで印をつけて縫います。ウールなど目打ちでは印がつきにくい布には切りじつけ（→p.19）で。

1 裁断した布に型紙を重ね、ダーツ位置の縫い代端 3 か所にノッチ（0.3 ㎝程度の切込みを入れてつける合い印）を入れる。

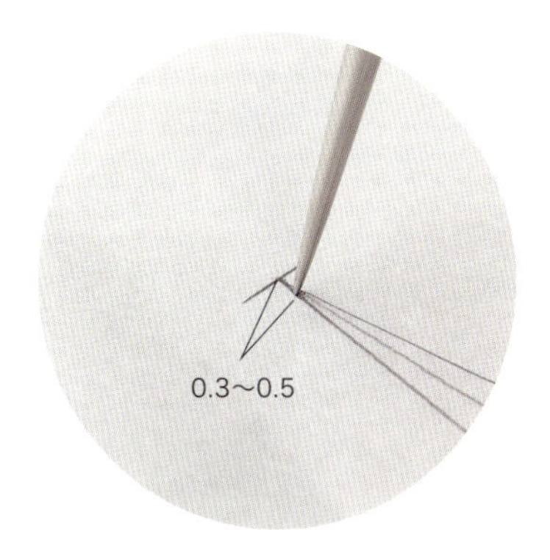

2 ダーツの先から 0.3 〜 0.5 ㎝手前に、垂直に目打ちを刺して、布に印をつける。

3 さらにダーツ分の中心線上に、目打ちで 2、3 か所印をつける。

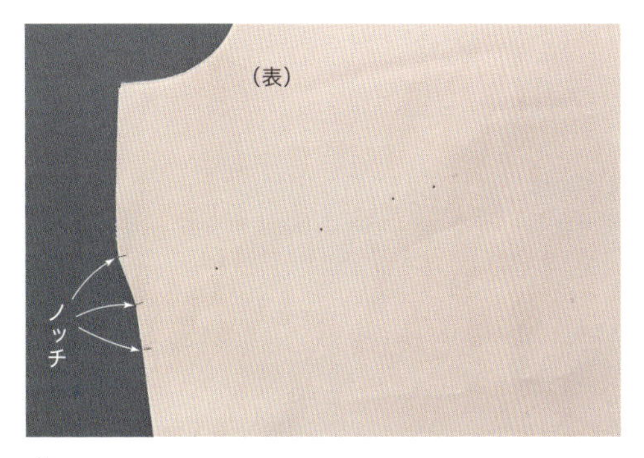

4 印つけの出来上り。

5 ノッチを合わせてダーツ分を中表に折る。ダーツの先（目打ちの印の 0.3 〜 0.5 ㎝先）をまち針でとめ、折り山に爪で折り目をつける。

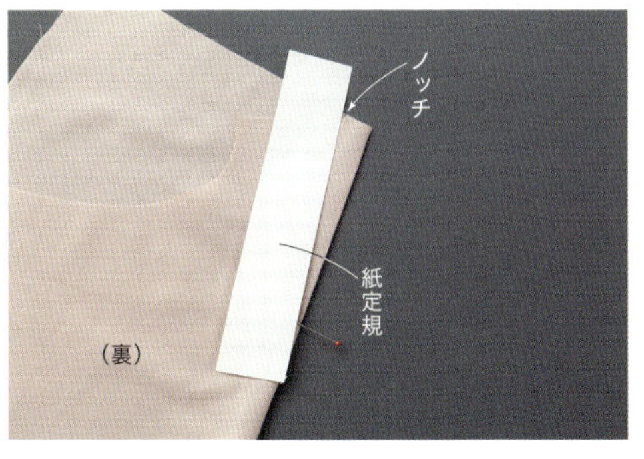

6 はがき程度の厚紙で、ダーツの長さより長い長方形の紙定規を作り、ノッチとダーツの先に合わせて当てる。

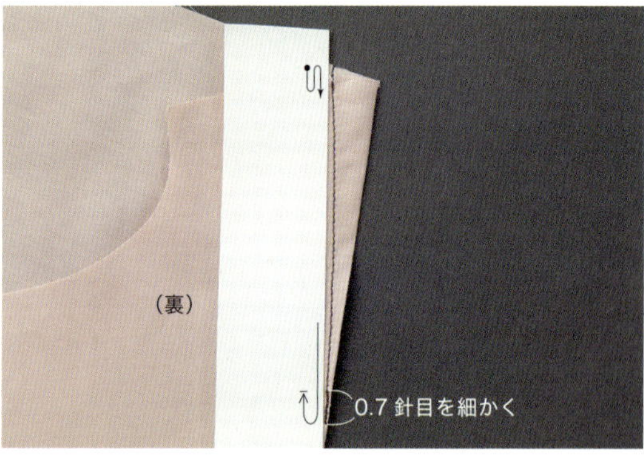

7 紙定規を当てて、ノッチから先に向かってダーツを縫う。返し縫いをして縫い始め、写真のように少しカーブに縫うといい。ダーツの先は、0.7 ㎝程度針目を細かくして縫い、返し縫いをする。

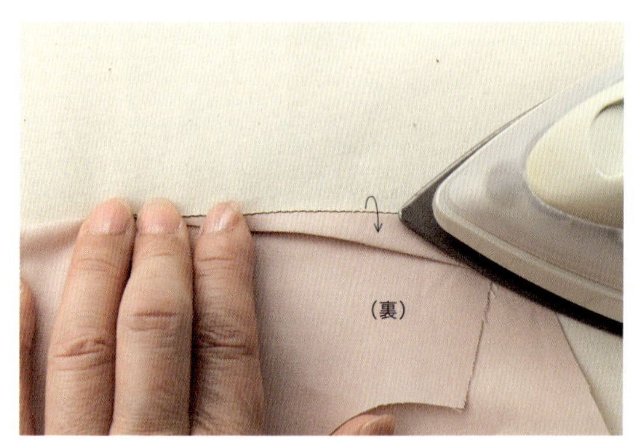

8 縫い目の際からダーツの縫い代を片側に折ってアイロンをかける。このようにいったんアイロンで折ると、縫い目がふっくら仕上がる。

9 表面からダーツの縫い目をアイロンで整える。

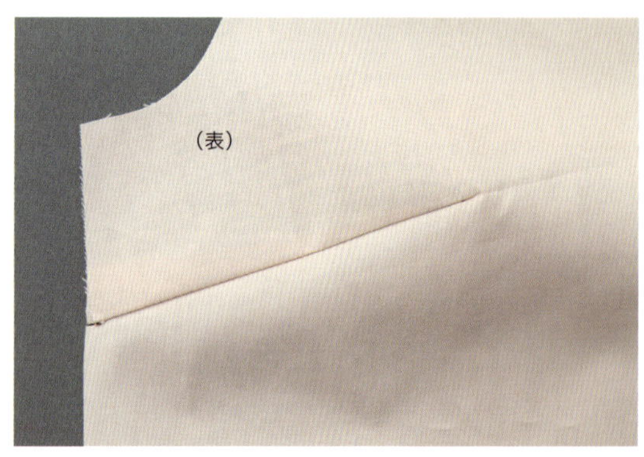

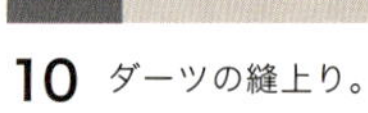

10 ダーツの縫上り。

目打ちで印がつきにくい布…ウールなど

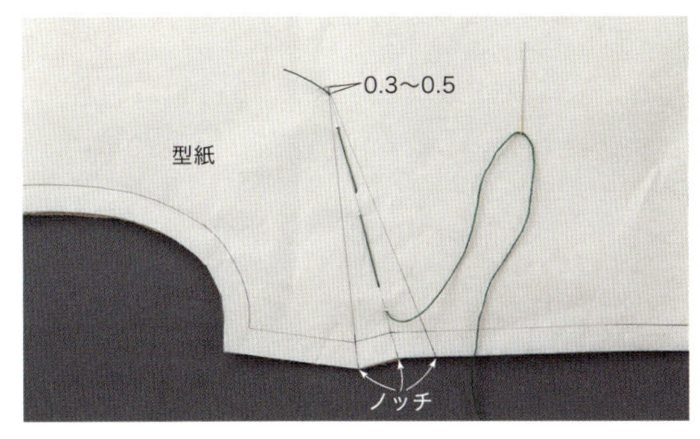

1 裁断した布に型紙を重ね、ダーツ位置の端にノッチを入れる。
次にしつけ糸１本どりでダーツの中央を粗く縫う。

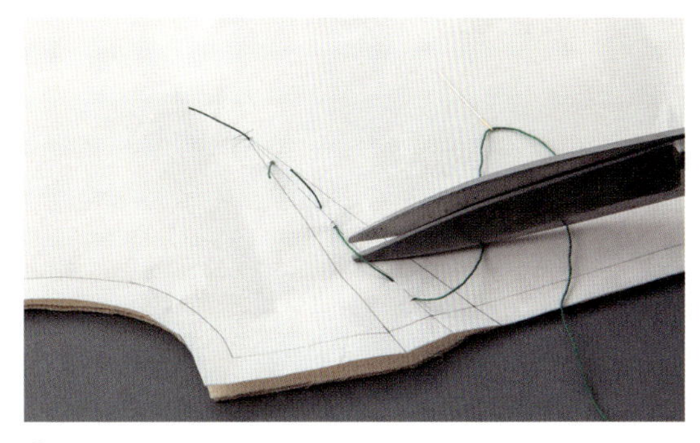

2 粗く縫った糸の中間を切る。

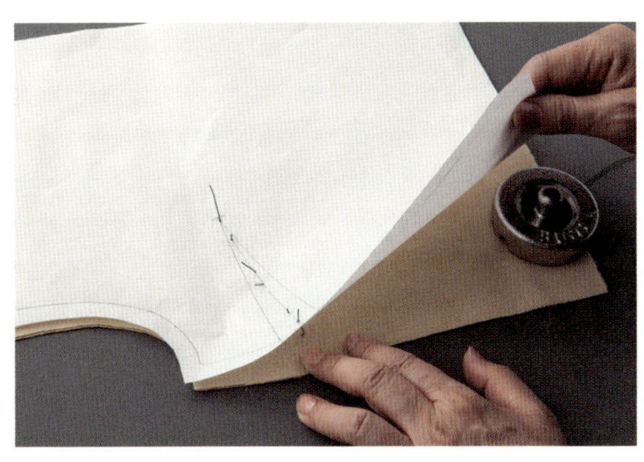

3 糸が抜けないように気をつけて型紙をそっとはずす。

4 上の布をそっとめくり、間の糸を切る。

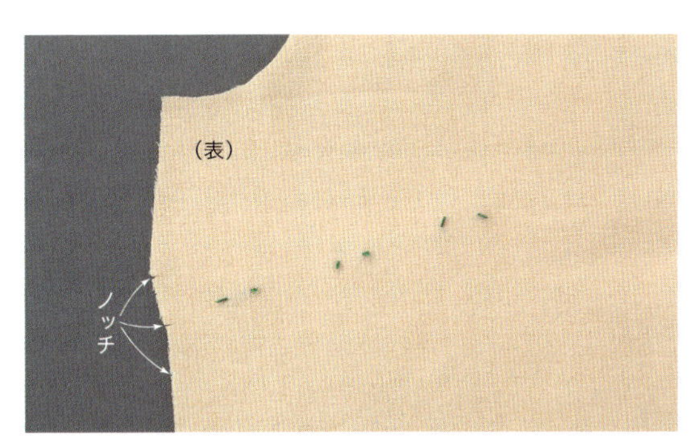

5 上側の布の糸を短くカットして印つけの出来上り。

6 p.17、18 **5**～**7** の要領でダーツを縫う。

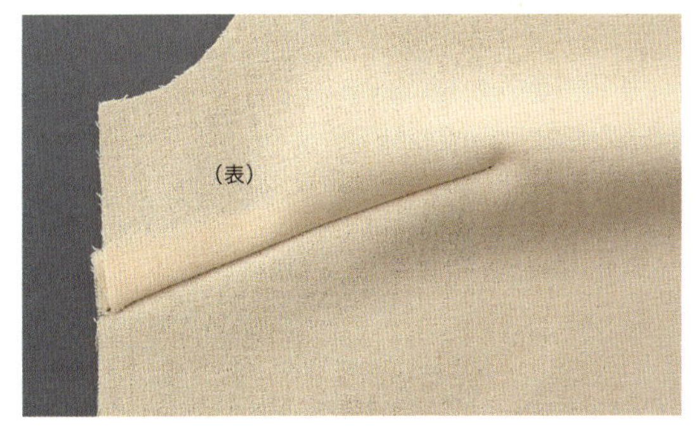

7 p.18 **8**、**9** の要領でアイロンで整える。

肩をいせる

後ろの肩にいせを入れる場合の肩の縫い方。
いせを入れる後ろ身頃を下にしてミシンをかけます。

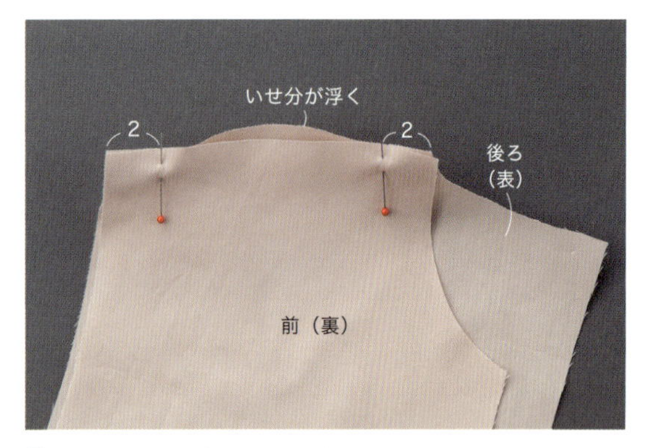

1　前身頃と後ろ身頃の肩を中表に合わせる。両端から 2 ㎝くらいを平らに合わせてまち針でとめる。後ろの肩は、いせ分が余って浮いた状態になる。

2　前身頃を上にしてミシンにのせ、上側の布端からまち針の位置まで縫う。

3　下側のまち針の位置で布を少し引いて前身頃の肩を伸ばし、2 枚を平らに合わせる。

4　そのまま布を少し引きながら 2 枚を平らに合わせた状態で、まち針の位置まで縫う。

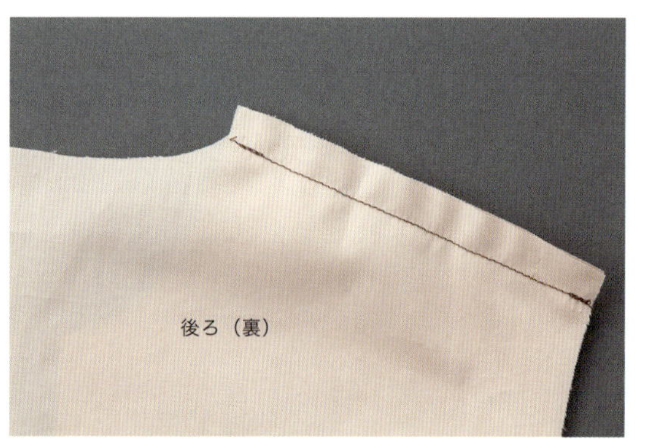

5　布端まで残りの部分を縫う。後ろにいせが入って縫い上がる。

いろいろな押え金を使って縫う

直線押え

●直線縫い専用の押え金。特に薄手の布がきれいに縫える。
●家庭用ジグザグミシンの基本の押え金（ジグザグ押え）はジグザグ縫いにも対応しているので、針の落ちる穴が広い。直線押えは穴が小さく針が落ちる位置の際まで押え金が布を押さえているので、針が落ちたときに布を引き込みにくい。そのため薄手の布でも縫い目のぴりつきを抑えられる。
●薄手の布を縫うときは、縫始めと終りに紙（ハトロン紙、トレーシングペーパーなど）を当てて縫うといい（→p.11）。

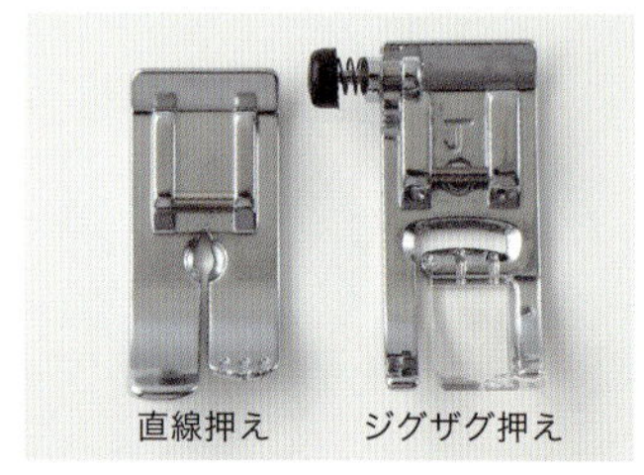

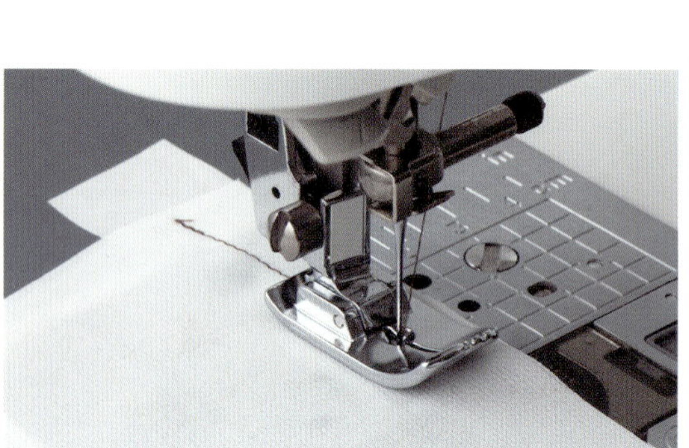

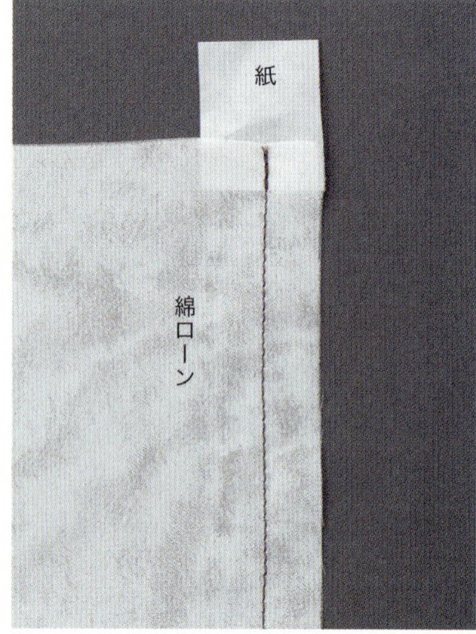

裁ち目かがり押え

●布端に裁ち目かがりミシンをかける押え金。布端を押え金のガイドにそわせながら縫うので、裁ち端にきれいにミシンをかけることができる。ジグザグ縫いで裁ち端を始末するときに使用してもいい。
●１枚の布端にかけるときは、布の表面からミシンをかける。
●綿ローンなどの薄手の布の場合は、縫い合わせた後、２枚一緒に裁ち目かがりミシンをかけて片側に倒す。

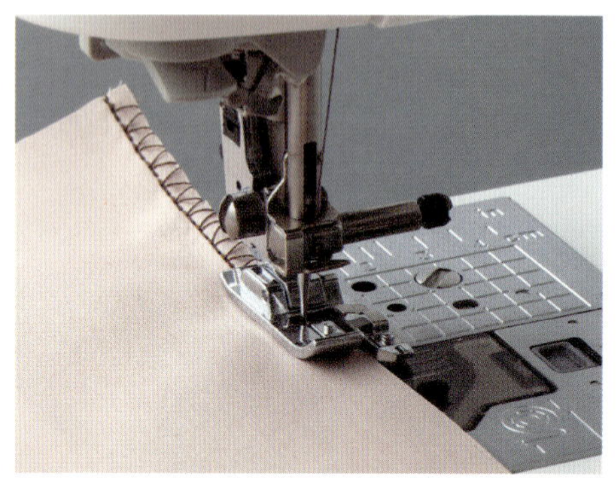

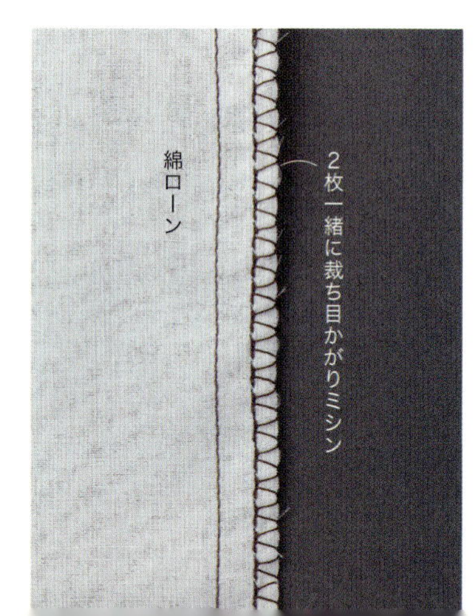

三つ巻き押え

●布端の始末に使用。布端を細い三つ折りにしながら縫う押え金。
薄手～ブロード程度の布に適している。

直線の縫い方… 布：綿ブロード

1 布端を細い三つ折り（0.3～0.5 ㎝）にし、上端を目打ちで押さえて押え金の下に入れる。

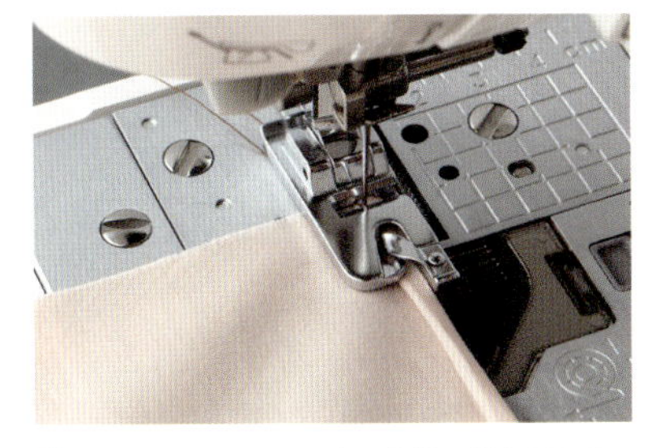

2 押え金を下ろして布の上端に針を下ろす。

3 布に針を刺したまま、押え金を上げ、押え金のカールした部分に、目打ちで布端を巻き込む。

4 押え金を下ろし、返し縫いをして縫い始める。右手で手前の布端を0.5㎝ぐらい折りながら、左の指先は押え金の手前で折り山を立てるようにして、押え金のカールした部分に巻き込ませながらミシンをかける。

5 縫上り。

薄手の布の縫い方… 布：シフォンジョーゼット

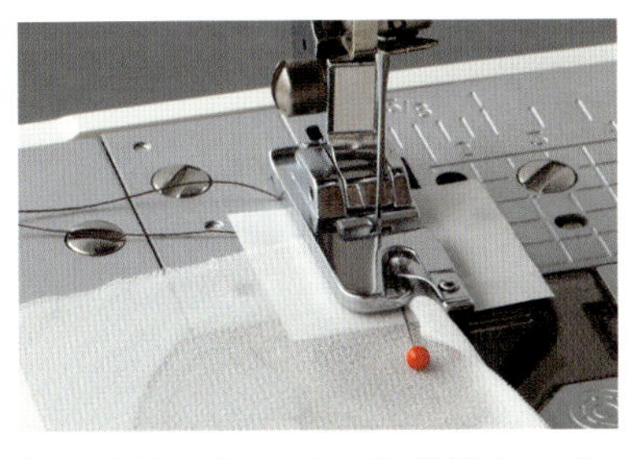

1 布端を細い三つ折り（0.3～0.5 ㎝）にして上端をまち針でとめる。布の下に紙（ハトロン紙、トレーシングペーパーなど）を当て、目打ちで押さえて押え金の下に入れる。

2 まち針を抜き「直線の縫い方」2～4と同じ要領で縫う。

3 縫終りも、縫始めと同様に紙を当てて縫い、縫い終わったら破り取る。

4 縫上り。薄手の布は、布端が巻き込まれずに縫い目がパンクしやすいので気をつけてミシンをかける。

カーブの縫い方… 布：綿ブロード

カーブは布端の巻込みがはずれて縫い目がパンクしやすいので、
捨てミシンをかけてから三つ巻き縫いをするときれいにできる。
直線でも縫い目がパンクしてきれいにできないときにおすすめ。

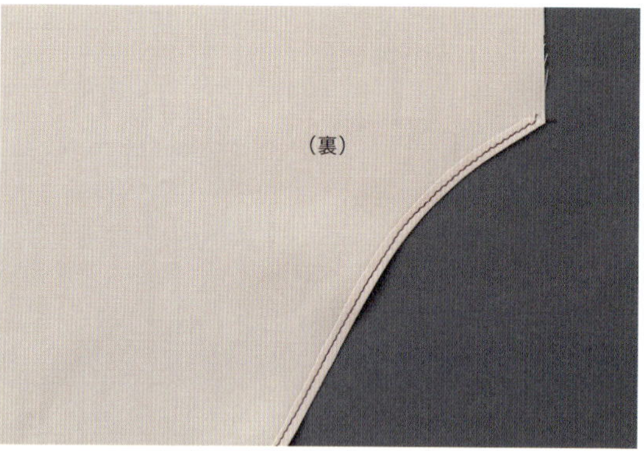

1 布端を0.3～0.5㎝裏面に折って捨てミシンをかける。押え金は基本のジグザグ押えを使い、目打ちで布端を折りながら縫う。

2 押え金を三つ巻き押えに替え、ひと折りした布端を押え金のカールした部分に巻き込む。

3 布端を立てるようにしながら押え金に巻き込ませて縫う。

4 縫上り。裏面は縫い代に捨てミシンと三つ巻き縫いの2本のミシン目が、表面には三つ巻き縫いのミシン目が1本だけかかっている。捨てミシンが気になる場合は抜く。

角の縫い方…布：綿ブロード

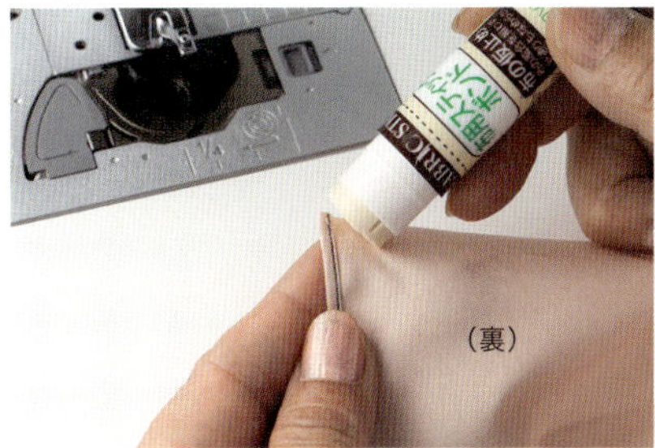

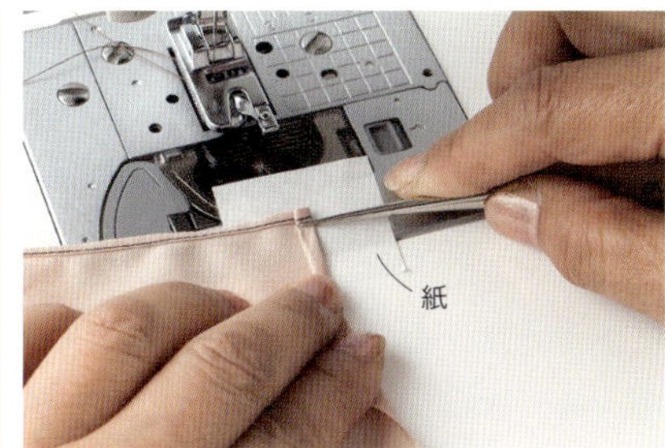

1 1辺の三つ巻き縫いをし、次の辺の上端を三つ折りにする。このとき上端は縫い代が重なるので、布用のボンドをつけて仮どめし、布の下に紙（ハトロン紙、トレーシングペーパーなど）を当てて押え金の下に入れる。

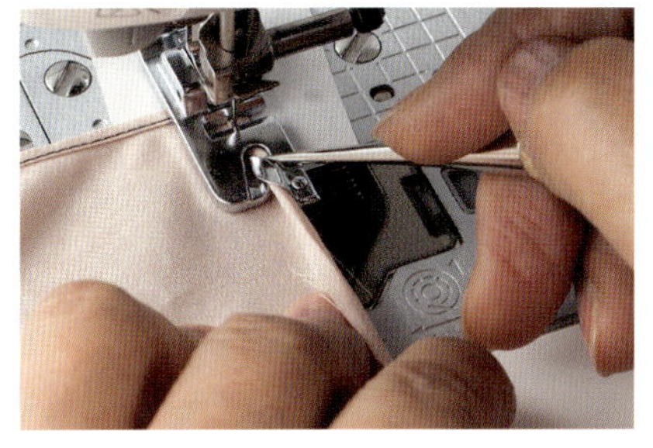

2 「直線の縫い方」**2**～**4**（p.23）の要領でミシンをかけるが、縫始めの角は縫い代が重なって針が進みにくいので、ミシンのはずみ車を回して1針ずつ縫い進める。

3 縫上り。

布用ボンド

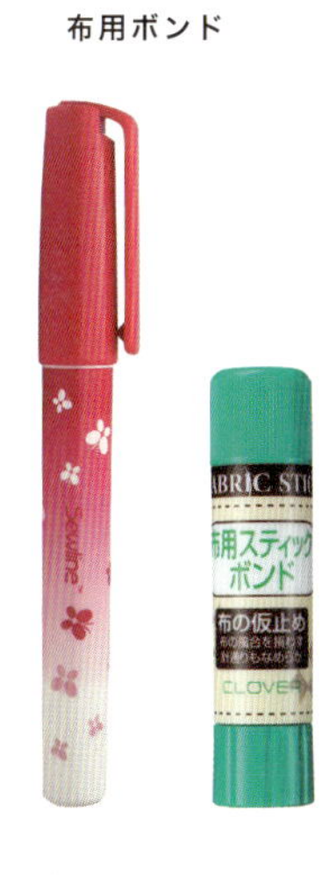

まち針やしつけの代りに、仮どめ用として使うと便利。

輪の縫い方…布：綿ブロード

袖口や裾など輪になっている場合の三つ巻き縫いの縫い方。

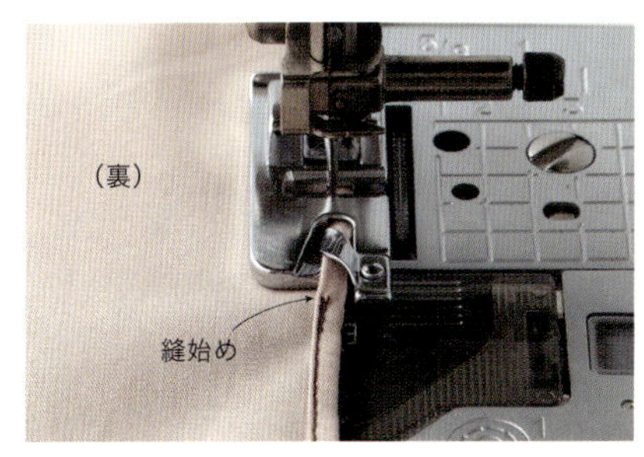

1 「直線の縫い方」（p.23）と同じ要領で、ぐるりとミシンがかけられるところまで三つ巻き縫いで縫う。ミシンがかけられるぎりぎりのところまで縫ったら、布に針を刺した状態で止める。

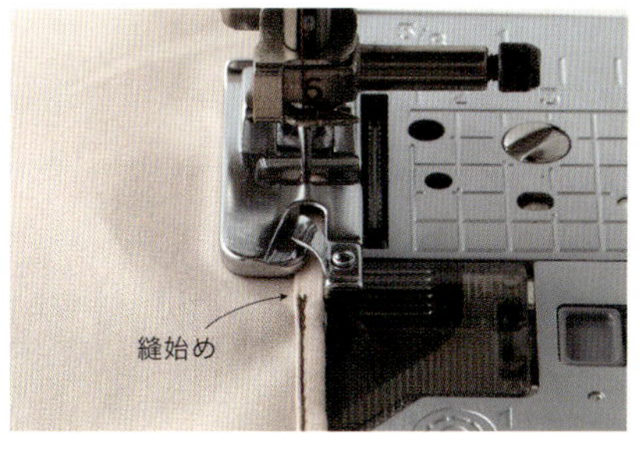

2 針を刺したまま押え金を上げ、カールした部分に巻き込んでいた布端をはずし、押え金の下にする。押え金を下ろし、続けてミシンをかけ、縫始めのミシン目に重ねて縫う。

3 縫上り。

サイドカッター

●布端を切りながら裁ち目かがりをする押え金。カット幅が少ないとやりにくいので、縫い代は１㎝以上多めにつけて布を裁断する。
●綿ローンなど薄手の布には向かない。

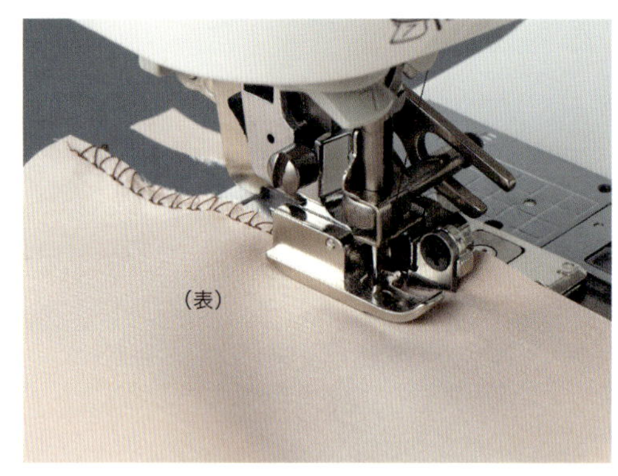

ギャザー押え

●ギャザーを寄せながら縫い合わせることができる押え金。薄手〜ブロード程度の布に適している。
●布によってギャザー量が変わるので、必ず試し縫いをして確認する。また、ギャザー量を一定に縫うのはなかなか難しいので、きれいに縫うには練習が必要。

縫い方

ギャザーを寄せる布（レース）を、表面を上にして押え金の下に置く。ギャザーを寄せない布（綿ブロード）はレースと中表に重ね、布端を押え金の溝に差し込んでミシンをかけると、下側のレースにギャザーが寄せられて縫い上がる。

ボタンホール押え

●ボタンホールを作る押え金。押え金にボタンをセットすると、
大きさに合わせて自動的にボタンホールミシンがかかる。

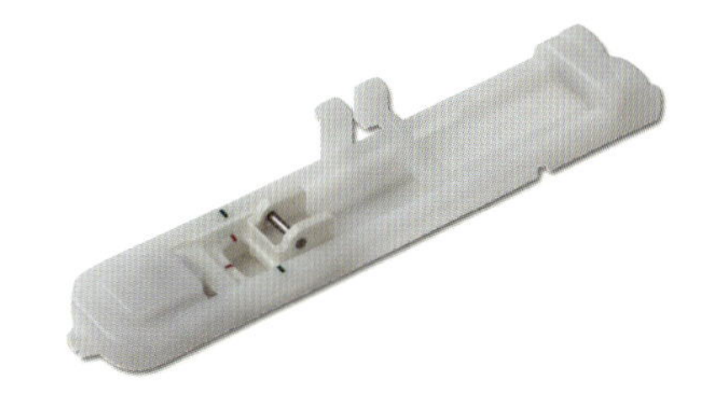

ボタンホールの作り方

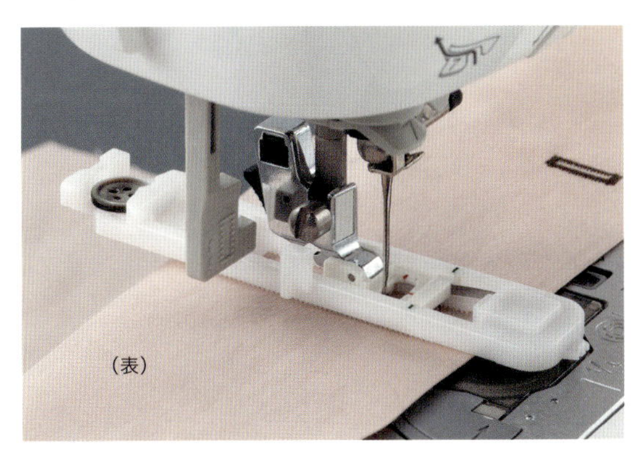

1　ボタンホール位置を布の表面にしるし（ボタンの直径＋厚み）、縫始めの位置に針を下ろしてミシンをスタートさせる。

2　自動的にボタンホールが縫い上がる。

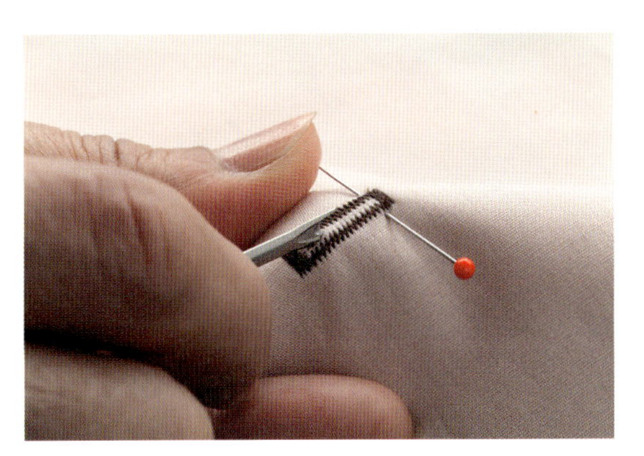

3　切込みすぎを防ぐために、ボタンホールの端にまち針をとめ、縫い目の中央にリッパーで切込みを入れる。

4　ボタンホールの出来上り。

リッパー

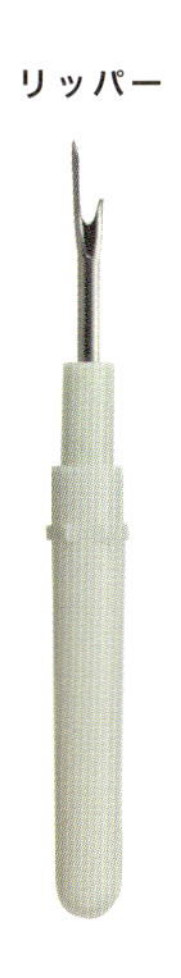

目打ち

仕立てのテクニック

仕立てのテクニック

衿ぐりの仕立て

●ラウンドネック・見返し始末（p.32）

●ラウンドネック・バイアス始末（p.35）

●ラウンドネック・見返し始末・裏つき（p.38）

●Vネック・バイアス始末（p.40）

●Vネック・見返し始末・裏つき（p.43）

衿の仕立て

●シャツカラー（p.45）

●台衿つきシャツカラー（p.53）

あきの仕立て

●スラッシュあき・見返し始末（p.57）

●スラッシュあき・パイピング始末（p.58）

●短冊あき（p.60）

●簡単比翼あき（p.62）

●袖口短冊あき＆カフスつけ（p.64）

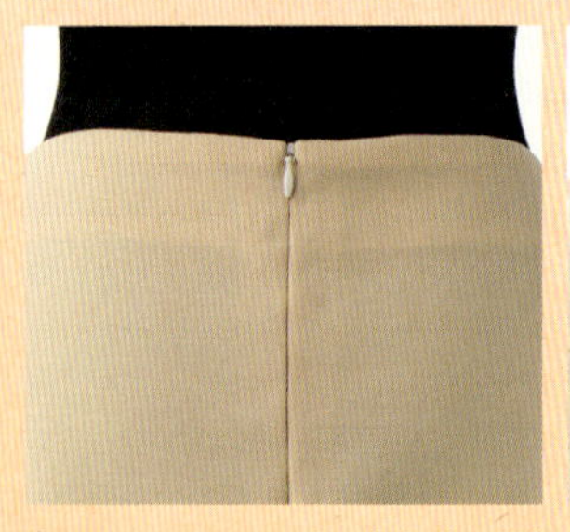

●コンシールファスナーあき（p.67）

●コンシールファスナーあき・切替え線がある場合（p.71）

●ファスナーあき・スカートの脇（p.72）

●パンツの前ファスナーあき（p.75）

●パンツの前ボタンあき・裏つき(p.79)

ポケットの仕立て

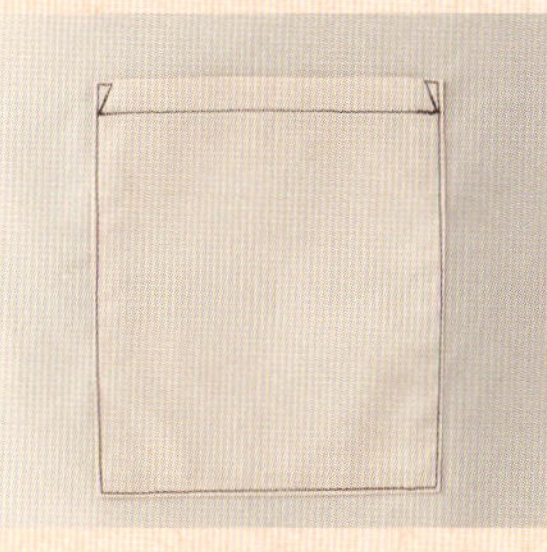

●パッチポケット・四角（p.81）

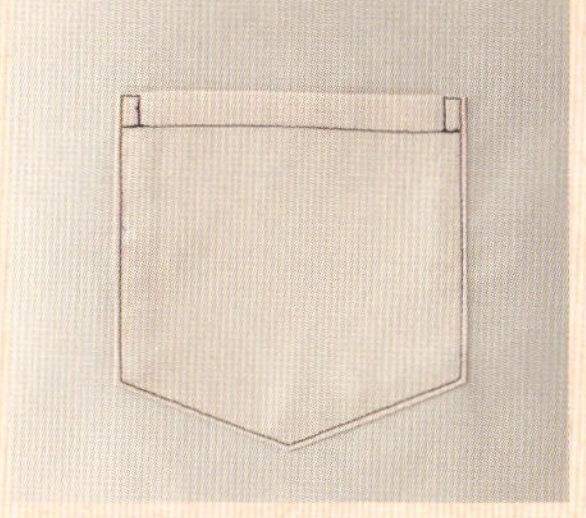

●パッチポケット・底三角（p.83）

●パッチポケット・底カーブ（p.84）

●脇縫い目利用ポケット・袋縫い・脇縫い代片返し（p.85）

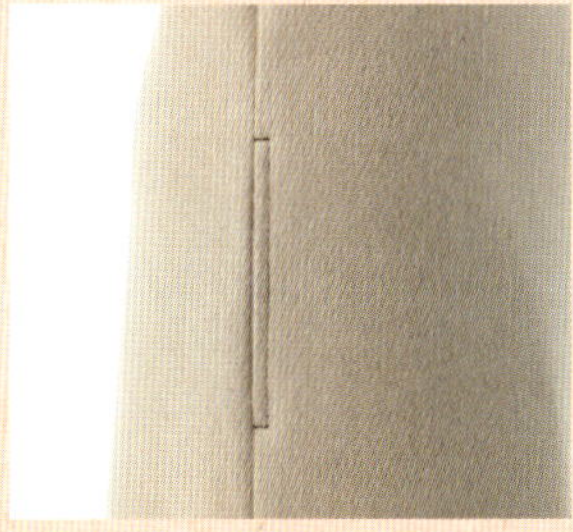

●脇縫い目利用ポケット・脇縫い代割り（p.88）

●片玉縁ポケット・袋布１枚（p.90）

●片玉縁ポケット・袋布２枚・ボタンどめ（p.94）

袖の仕立て

●パフスリーブ（p.97）

●シャツスリーブの袖つけ(p.100)

●シャツスリーブの袖つけ・折伏せ縫い（p.102）

●シャツスリーブの袖つけ・袋縫い(p.104)

●セットインスリーブの袖つけ・いせあり（p.105）

プリーツの仕立て

●プリーツの折り方（p.108）

ニット地の仕立て

●ニット地のラウンドネック・共布テープ始末（p.112）

●ニット地のラウンドネック・衿ぐり布をつける（p.114）

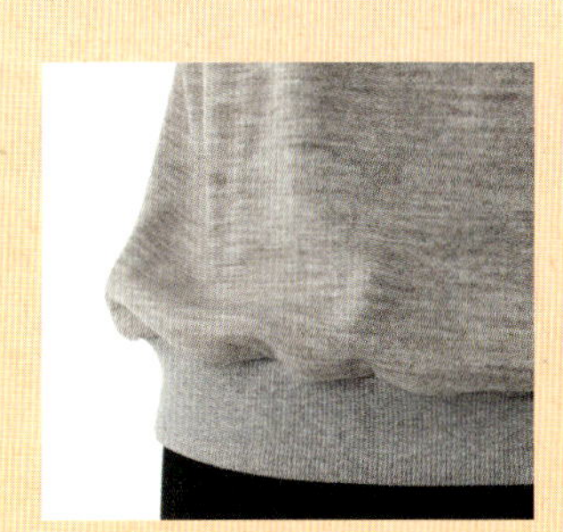

●裾にリブニットをつける（p.116）

ラウンドネック・見返し始末 … 布：綿ブロード

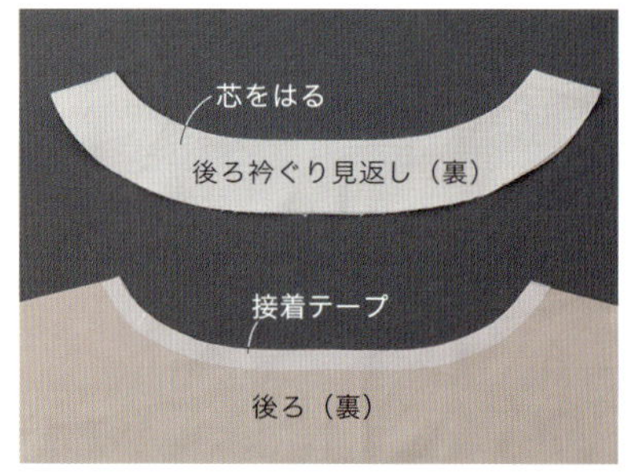

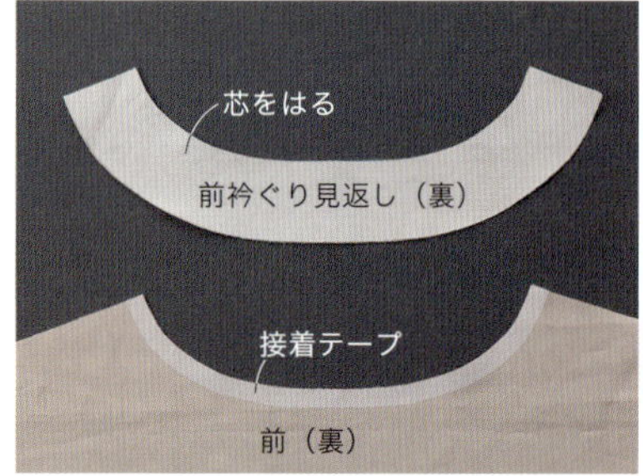

1 身頃、見返しとも衿ぐりは 1 ㎝の縫い代で裁つ。前後とも身頃は裏面の衿ぐり縫い代に接着テープを、見返しは裏面に接着芯をはる。

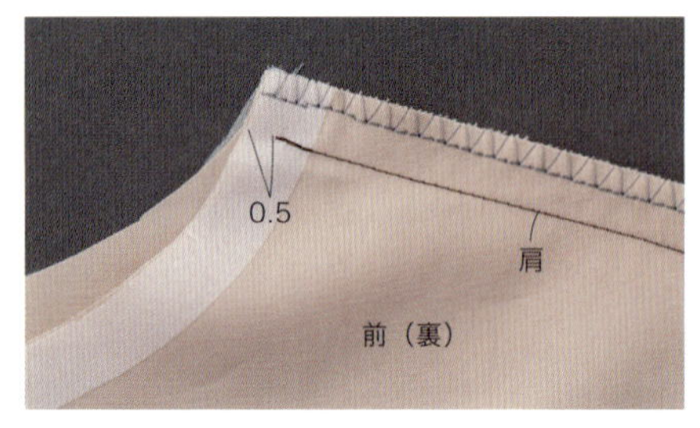

2 前後身頃の肩を中表に合わせて縫う。衿ぐり側は縫い代のつれを防ぐために、布端から 0.5 ㎝ぐらい縫い残す。縫い代は 2 枚一緒に裁ち目かがりミシン（またはジグザグミシン）で始末する。

3 身頃の肩縫い代を後ろ側に倒してアイロンで整える。

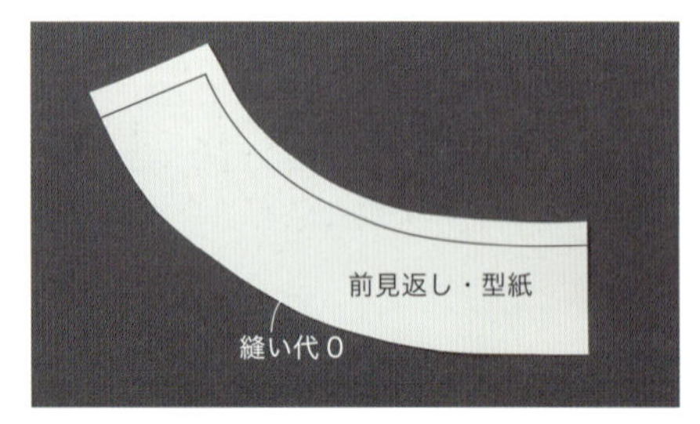

4 前、後ろ見返しとも、はがき程度の厚紙で、外回りの縫い代をカットした型紙を作る。

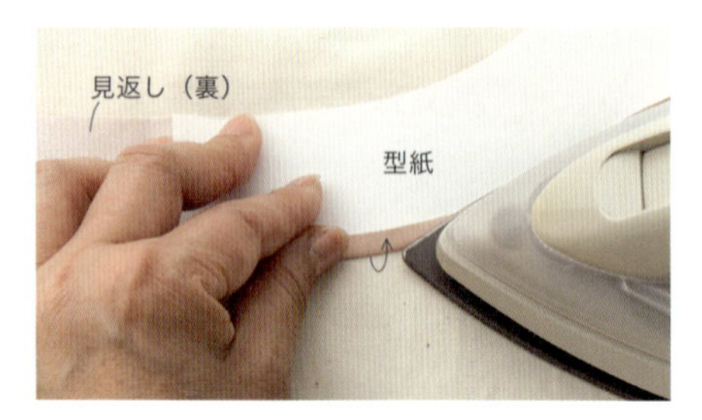

5 前、後ろ見返しとも、裏面に 4 の型紙を当て、外回りの縫い代をアイロンで折る。

接着芯のはり方

●接着芯はまず使用する布の残り布にはって、接着後の風合いを確かめておく。
●接着芯をはるときは、芯からしみ出した接着剤がアイロンの底につかないように、ハトロン紙などを当ててアイロンをかける。このとき市販の「アイロンカバー」を使うとそのままアイロンを当てることができる。

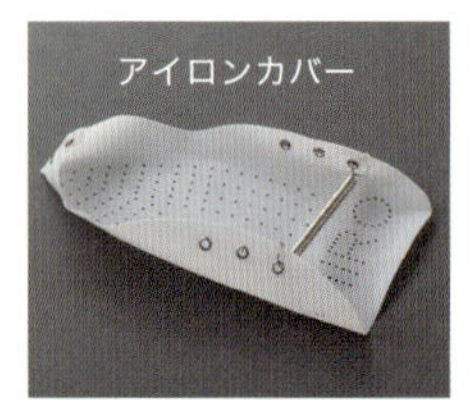

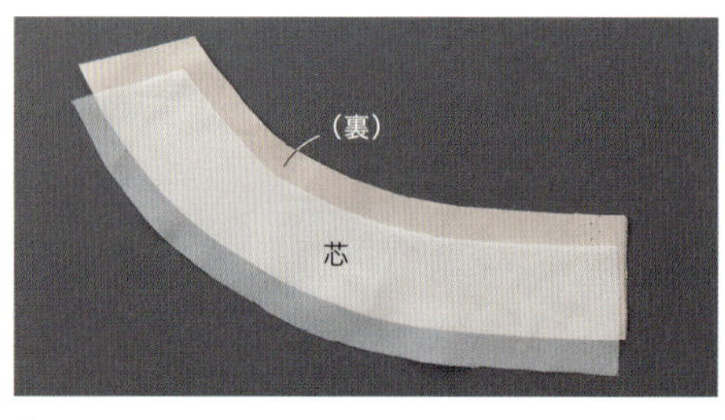

1 接着芯は見返しと同じ大きさに裁ち、見返しの裏面に芯の接着剤のついた面（ざらざらしている面）を合わせて重ねる。

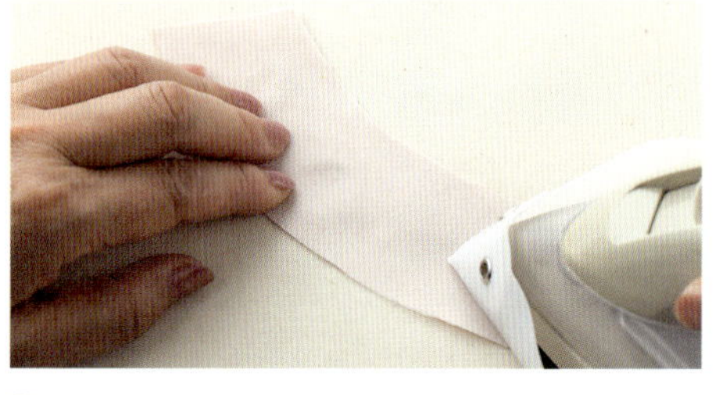

2 アイロンでしっかり押さえてはる。アイロンはすべらせずに持ち上げて移動し、全体にむらなく当てる。

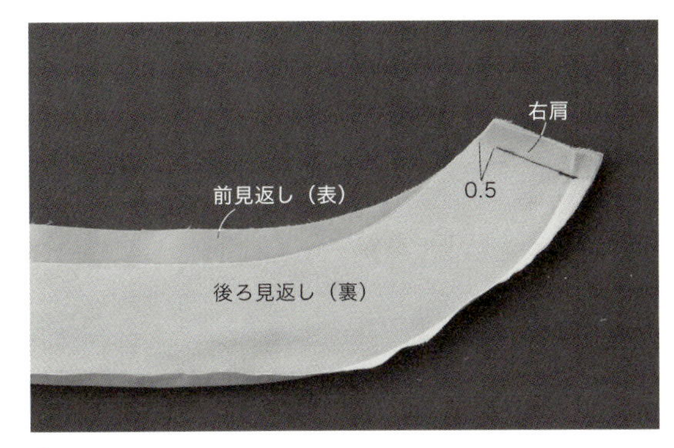

6 前後見返しを中表に合わせ、右肩だけを縫う。縫い代のつれを防ぐために、衿ぐり側は布端から 0.5 cmぐらいを縫い残す。外回り側は折り目の 1 針先で縫い止める。

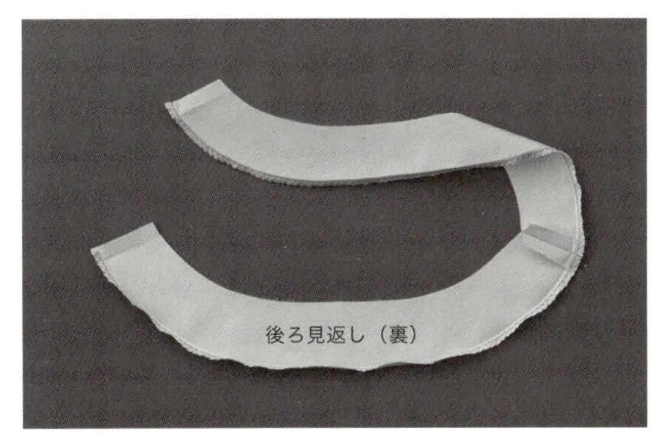

7 見返しの右肩縫い代を割り、外回りの縫い代端に裁ち目かがりミシンをかける。

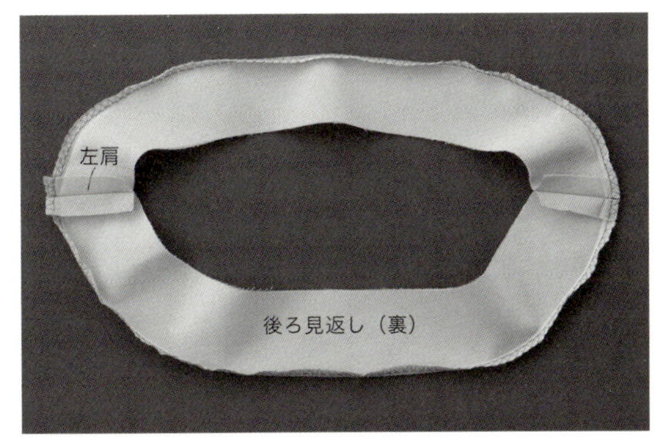

8 見返しの左肩を縫って縫い代を割る。

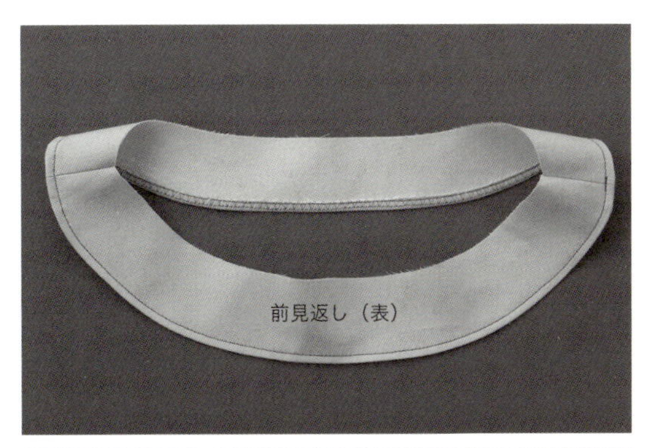

9 見返し外回りの 5 で折った縫い代を整えながら、見返しの外回りに表面からステッチをかける。

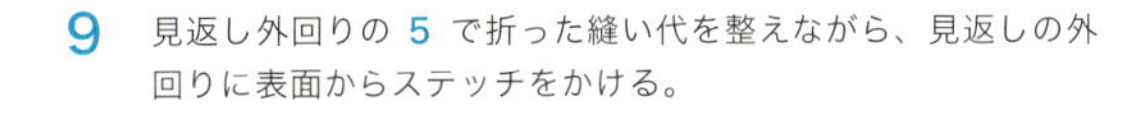

10 身頃の衿ぐりに見返しを中表に重ね、肩、前後中心を合わせてまち針でとめる。

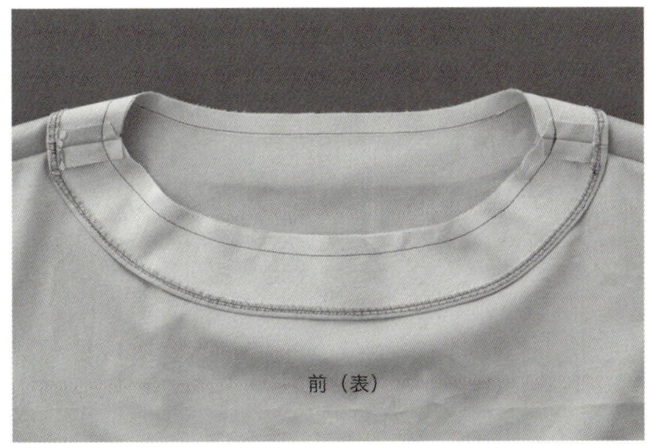

11 衿ぐりをぐるりと縫う。針板の 1 cm（縫い代幅）の目盛りを目安に肩から縫い始め、カーブの強いところは、縫うところをまっすぐにしながらミシンをかける。

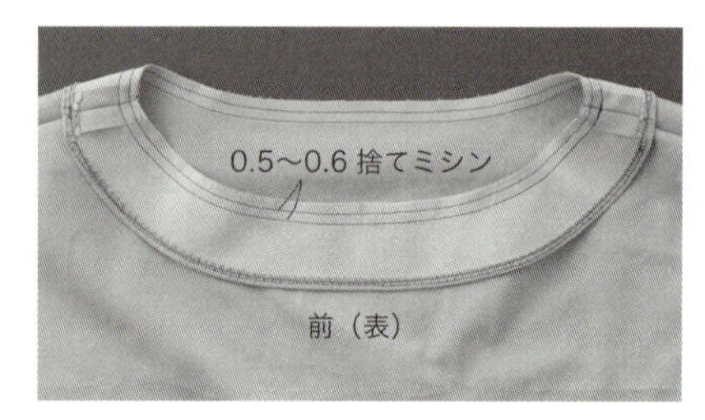

12 縫い目の0.5～0.6㎝縫い代側に、押え金の幅を目安に粗い針目で捨てミシンをかける。この捨てミシンは、縫い代をきれいに裁ちそろえるための案内線。

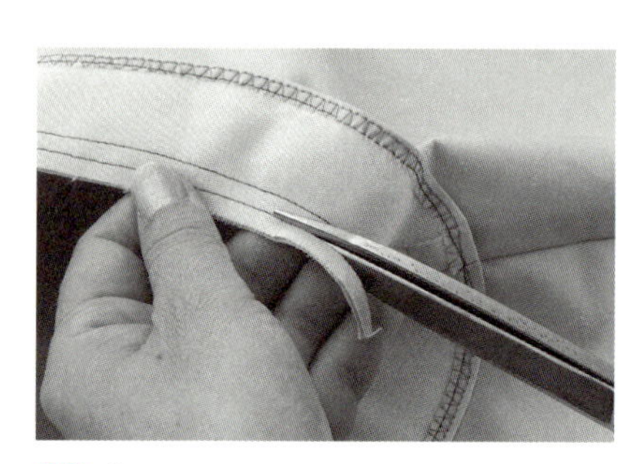

13 捨てミシン目にそって縫い代をカットする。

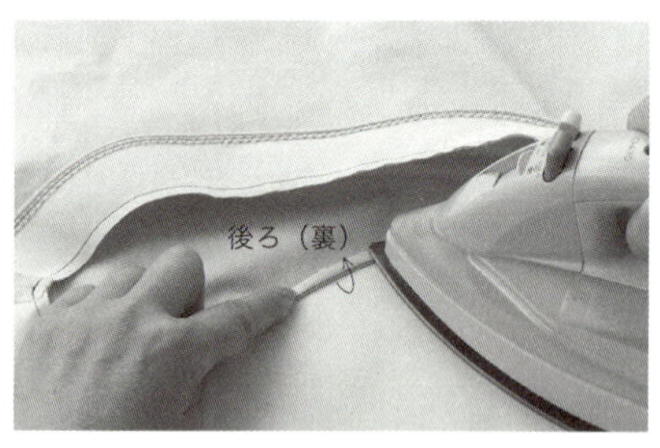

14 衿ぐり縫い代を縫い目の際から身頃側にアイロンで折る。

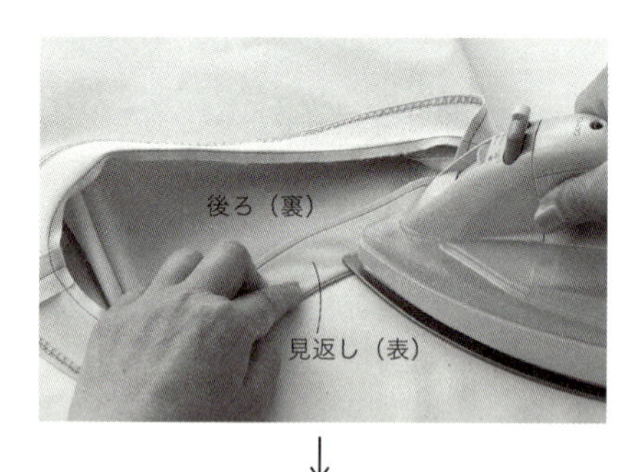

↓

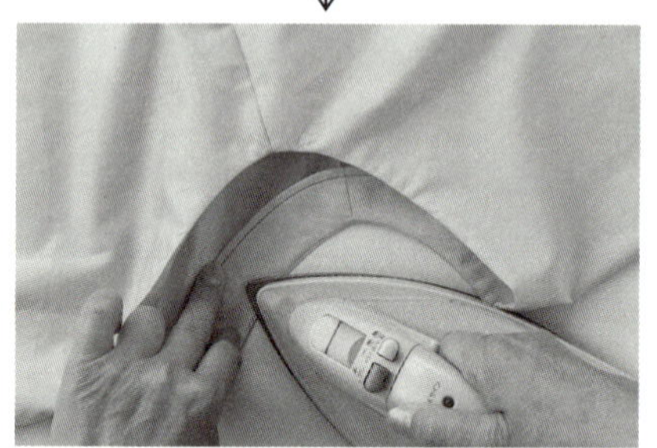

15 見返しを身頃の裏面に返し、見返しを少し控えて衿ぐりにアイロンをかける。左手の指先で控え分を均一にしながら、アイロンの先だけを使い、衿ぐりだけにアイロンをかけていく。

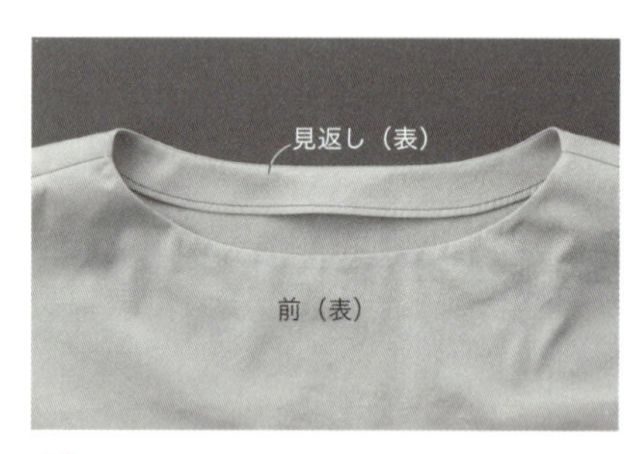

16 衿ぐり全体をアイロンで整えた状態。

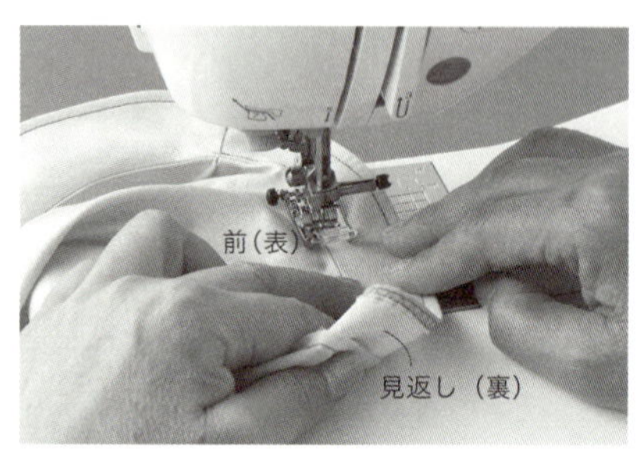

0.1

前（裏）

17 身頃をよけて衿ぐり縫い代を見返し側に片返し、見返しの表面から、見返しと縫い代だけに押えミシンをかける。

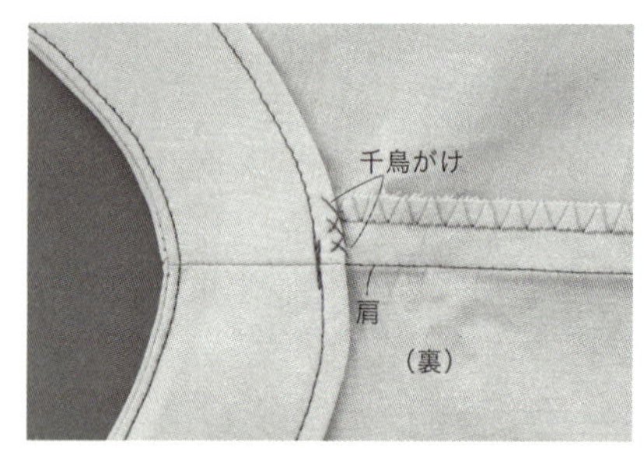

18 見返し端を肩縫い代に千鳥がけまたはまつってとめる。

19 出来上り。

ラウンドネック・バイアス始末 … 布：綿ブロード

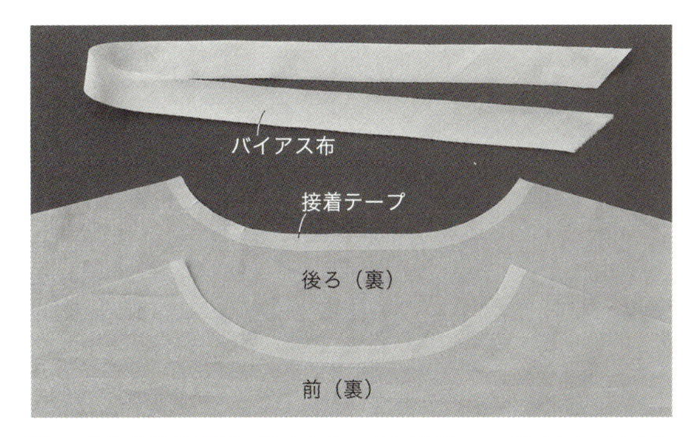

1 前後身頃は裏面の衿ぐり縫い代に接着テープをはる。衿ぐりの始末に使うバイアス布は、2.5 ～ 3 cm幅、衿ぐり寸法＋5 ～ 10 cmの長さにカットしておく。

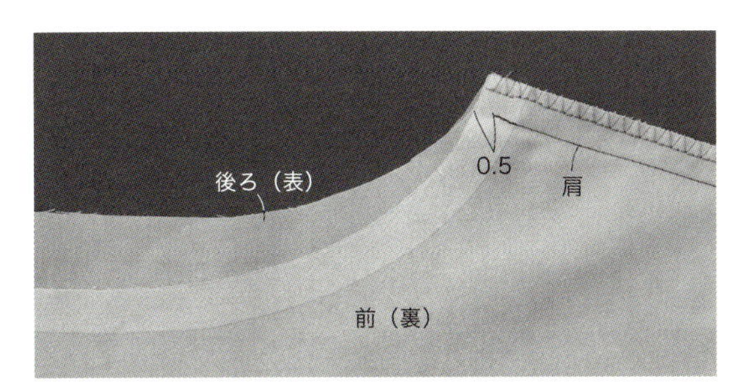

2 前後身頃の肩を中表に合わせて縫う。衿ぐり側は縫い代のつれを防ぐために、布端から 0.5 cmを縫い残す。縫い代は 2 枚一緒に裁ち目かがりミシン（またはジグザグミシン）で始末し、後ろ側に倒しておく。

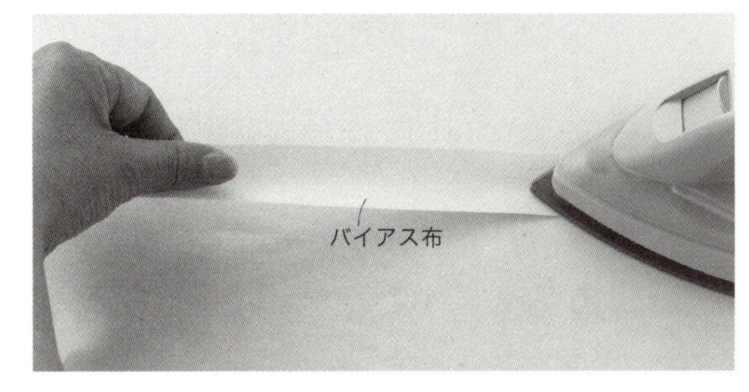

3 バイアス布をアイロンで軽く伸ばす。

接着テープのはり方

●接着テープは衿ぐりや袖ぐり、ポケット口などに伸止めのためにはる。また切込み位置の補強に、接着芯の代りにはることもある。
●接着テープは縫い線にかけて、縫い代にはる。たとえば 1 cmの縫い代には 1.2 cmの接着テープを使うが、1 cmのテープを使うときは、布端から 0.2 cmぐらい内側にずらして縫い線にかかるようにはる。

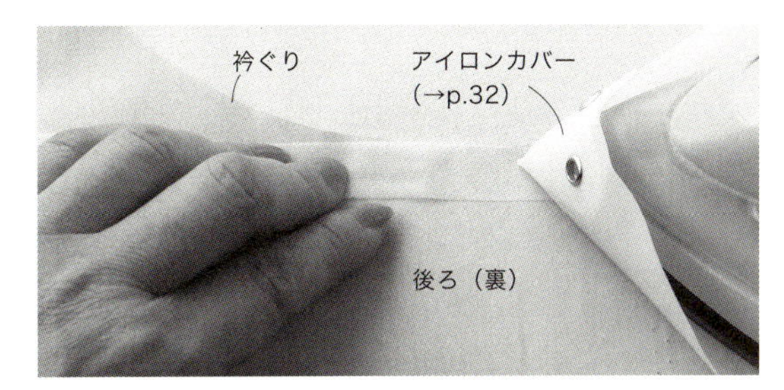

1 直線の部分はテープを平らにそわせてはる。

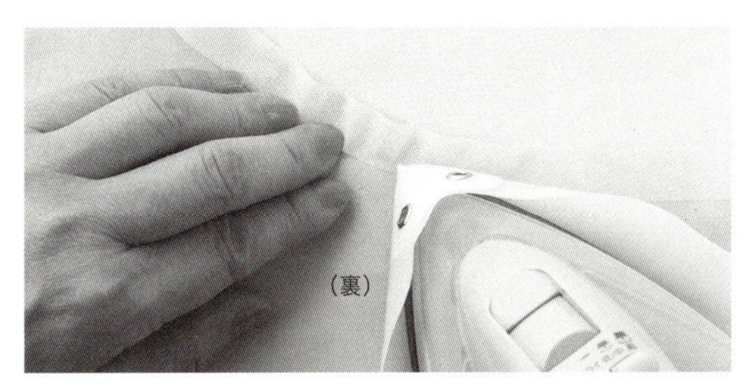

2 凹カーブの部分は、テープの下端を衿ぐりに平らにそわせ、上端は余った分をたるませて、下端だけをアイロンの先で押さえる。テープは引っ張らないこと、少したるませぎみで。

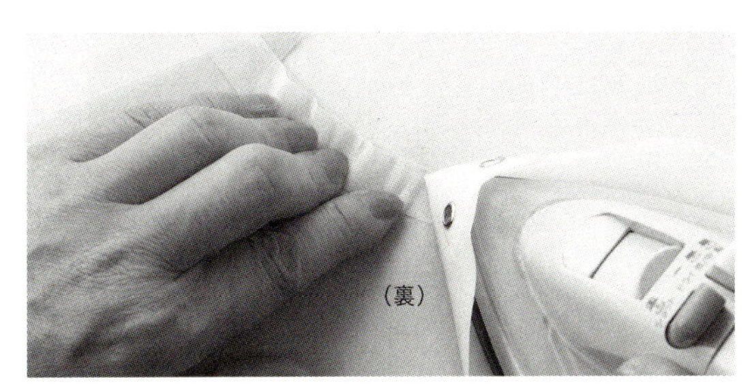

3 上端のたるんだ分を、指先で均一になじませながらアイロンで押さえる。

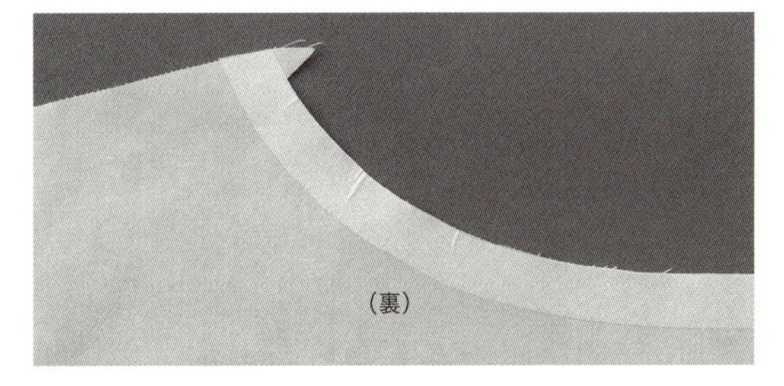

4 全体を押さえて仕上げる。

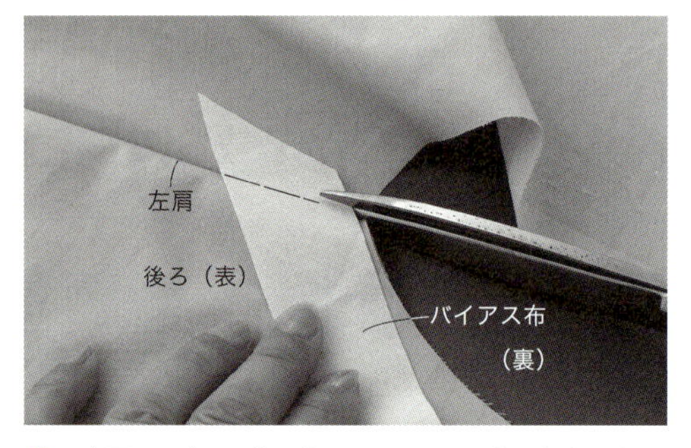

4　左肩から身頃の後ろ衿ぐりにバイアス布を中表に重ね、左肩から 2 cmぐらい衿ぐりの布端にそわせて、肩縫い目にそってバイアス布の端をカットする。

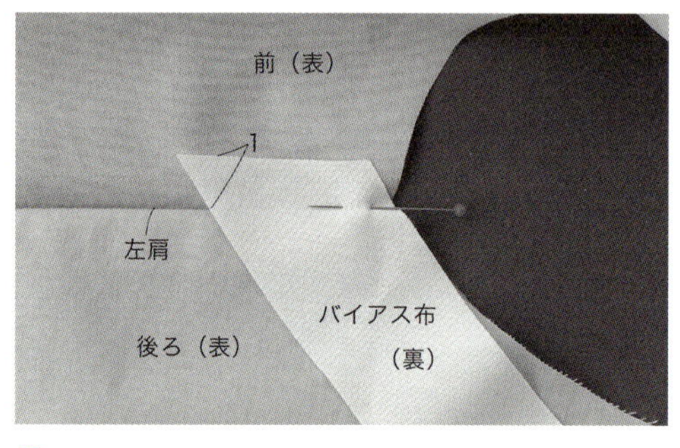

5　4 の裁ち端を左肩縫い目と平行に 1 cm前側にずらして肩にまち針をとめる。

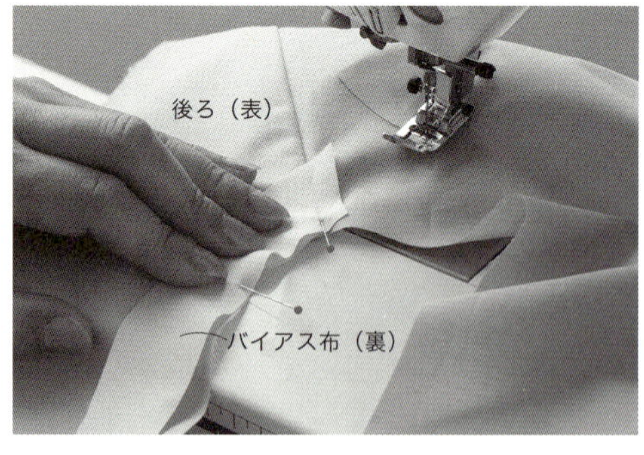

6　肩から 4 cmぐらいのところまで、身頃衿ぐりの出来上り線位置にバイアス布を平らにそわせてまち針でとめる。ここが縫始め位置になる。

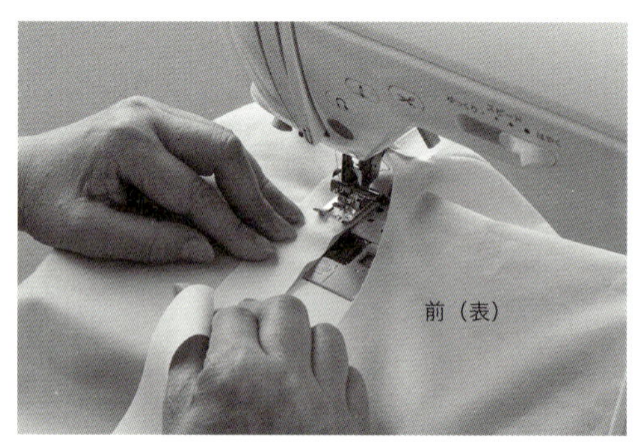

7　まち針の位置から 2 ～ 3 針返し縫いをして縫い始める。バイアス布と衿ぐりの布端を合わせながら、衿ぐりの出来上り線位置（ミシンで縫う位置）にバイアス布を平らにそわせて縫い進める。

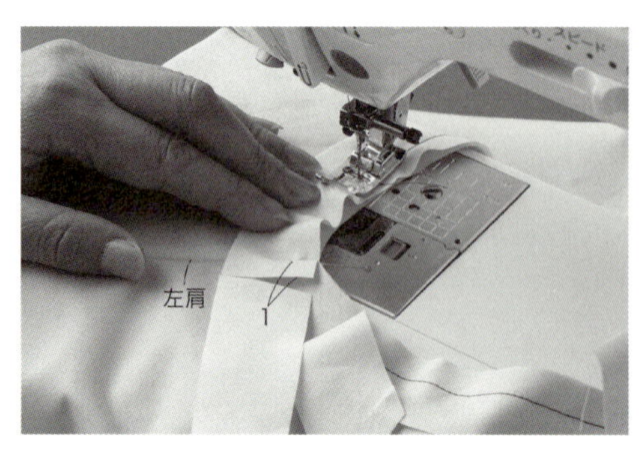

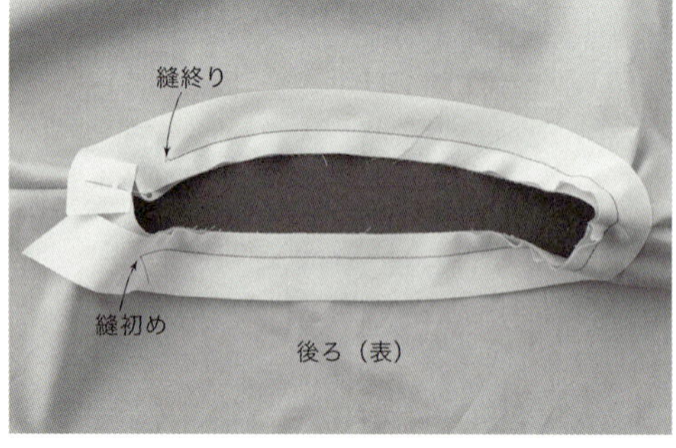

8　ぐるりと縫い進め、左肩の 4 ～ 5 cm手前で 2 ～ 3 針返し縫いをして縫い止める。そこから肩まで 6 と同じ要領で衿ぐりにバイアス布をそわせ、肩にまち針をとめる。次にバイアス布を肩縫い目と平行に 1 cmの縫い代をつけて、余分をカットする。

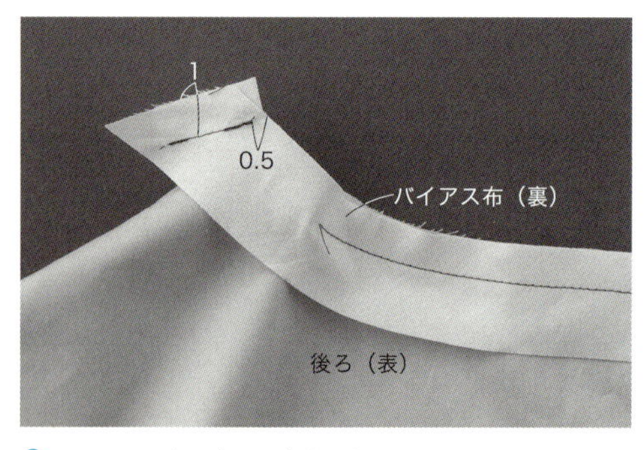

9　バイアス布の左肩を中表に合わせ、1 cmの縫い代で縫う。

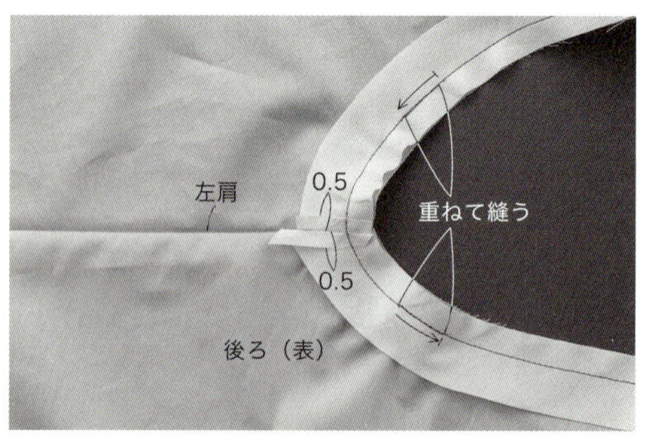

10　9 の縫い代を 0.5 cmにカットして割り、衿ぐりの縫い残した部分を縫う。縫始めと終りは 8 のミシン目に 2 cmぐらい重ねて縫う。

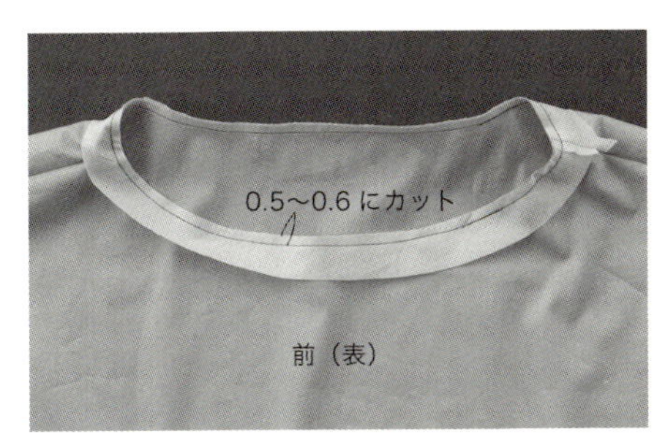

11 衿ぐりミシンの 0.5 ～ 0.6 ㎝縫い代側に捨てミシンをかけ、そのミシン目にそって縫い代をカットする。→p.34 12・13

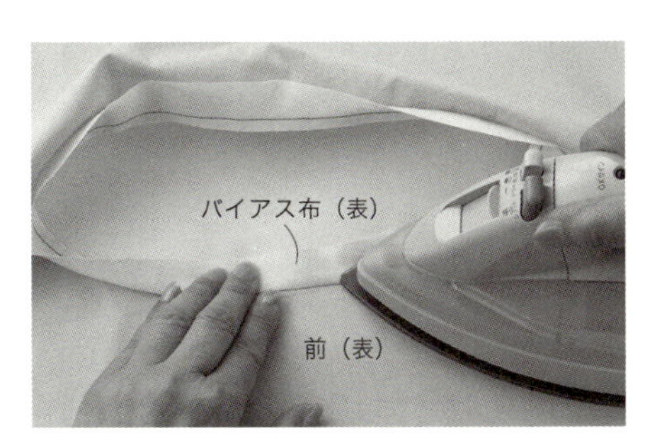

12 バイアス布だけを表に返し、表面からアイロンをかける。

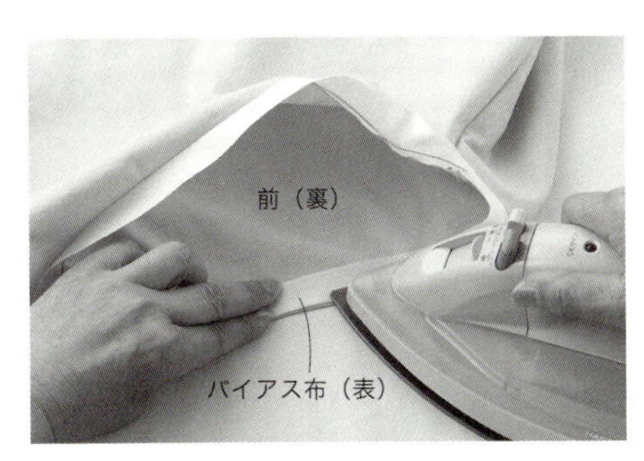

13 バイアス布を身頃の裏面に折り、バイアス布を少し控えてアイロンで整える。

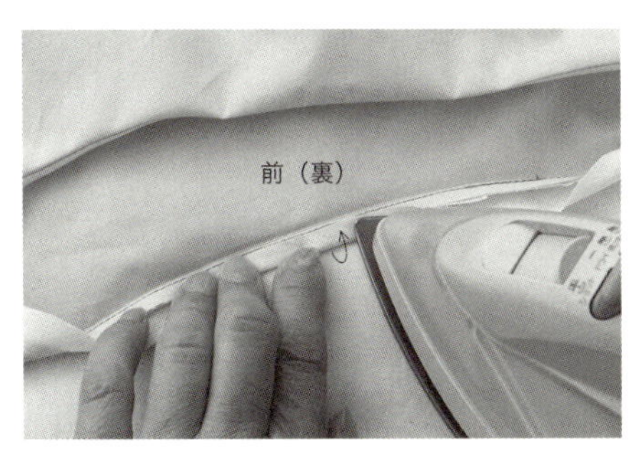

14 13 の折り目をいったん開き、衿ぐり縫い代をくるむようにバイアス布の布端を縫い目に合わせて折る。

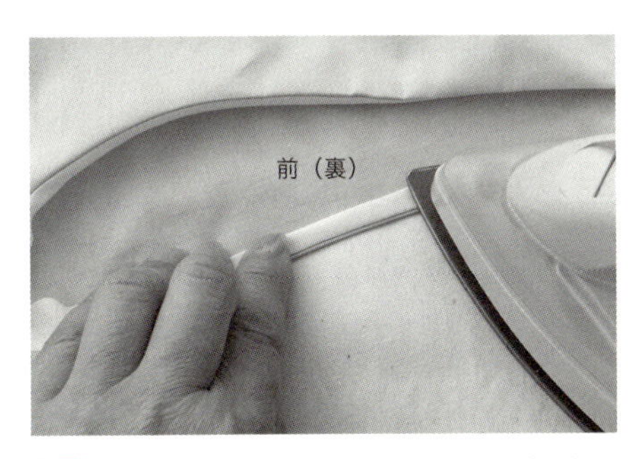

15 14 の縫い代を 13 の折り山から折って身頃側に倒し、もう一度アイロンで整えて三つ折りにする。

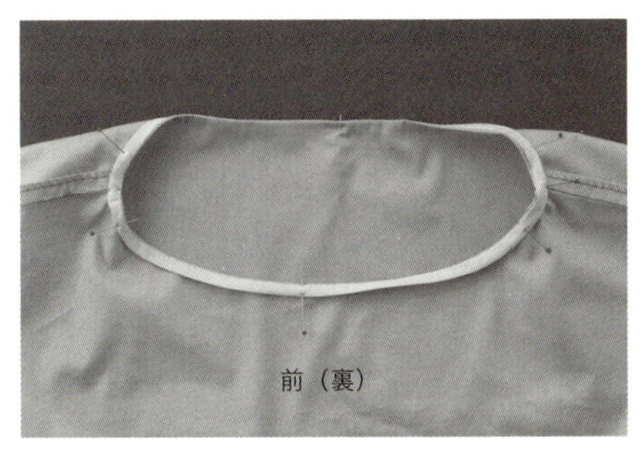

16 三つ折りにしたバイアス布をまち針でとめる。

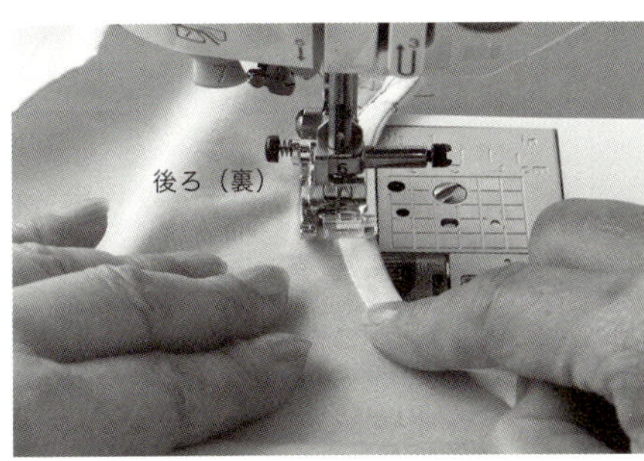

17 バイアス布の端にステッチをかける。ミシンは左肩からかけ始める。

18 出来上り。

ラウンドネック・見返し始末・裏つき …布：厚手ウール

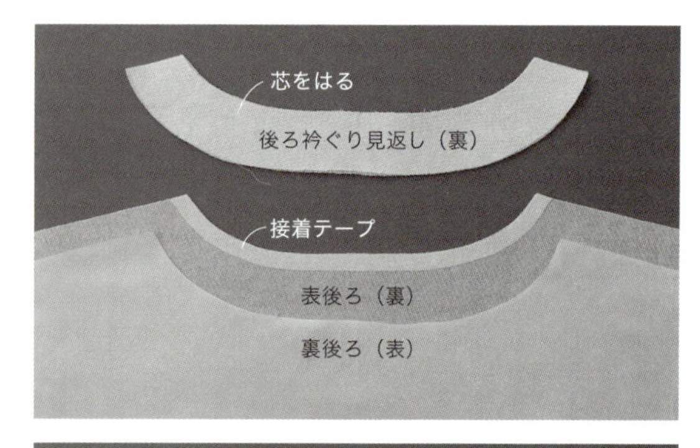

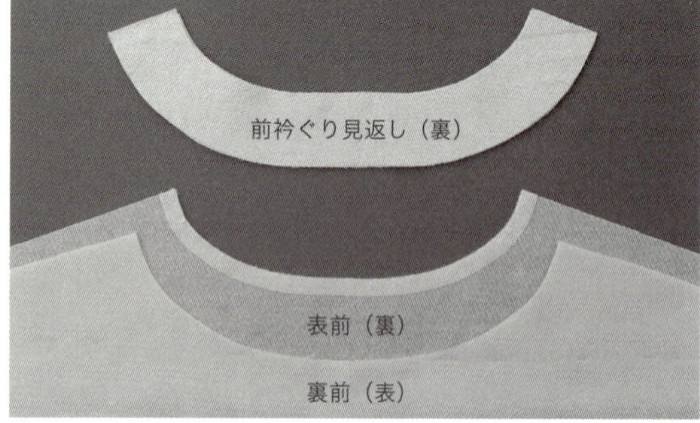

1 前後とも表身頃は裏面の衿ぐり縫い代に接着テープを、見返しは裏面に接着芯をはる。

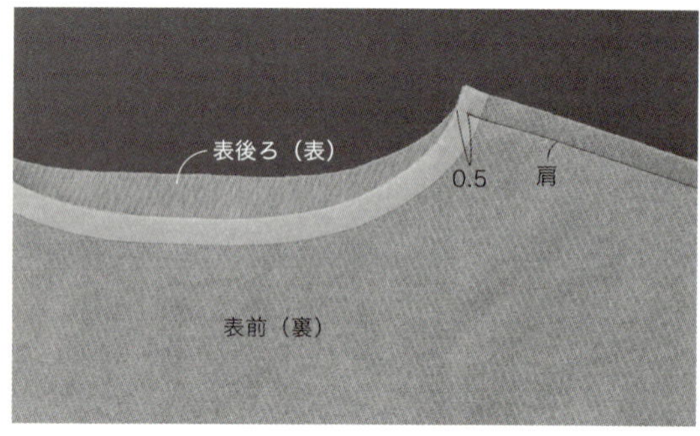

2 表身頃の前後の肩を中表に合わせて縫う。衿ぐり側は縫い代のつれを防ぐために0.5㎝縫い残す。縫い代は割っておく。

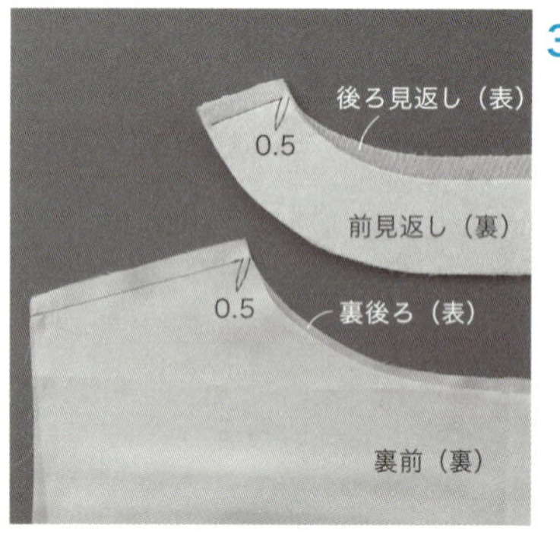

3 見返し、裏身頃とも前後を中表に合わせて肩を縫う。それぞれ衿ぐり側は0.5㎝縫い残す。見返しの肩縫い代は割り、裏布の縫い代は後ろ側に倒しておく。

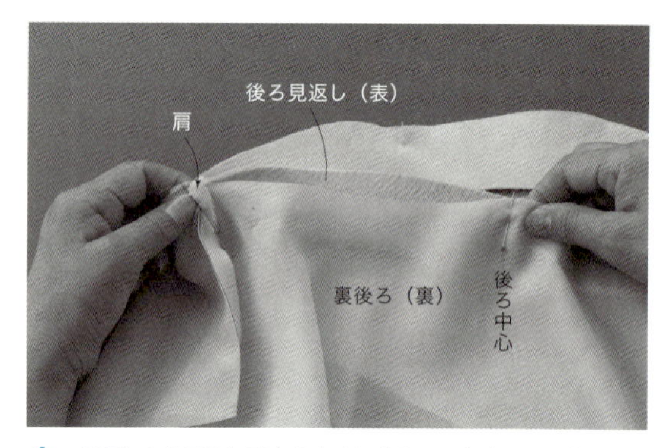

4 見返しの外回りに裏布を中表に合わせ、左右の肩、前後中心をまち針でとめる。

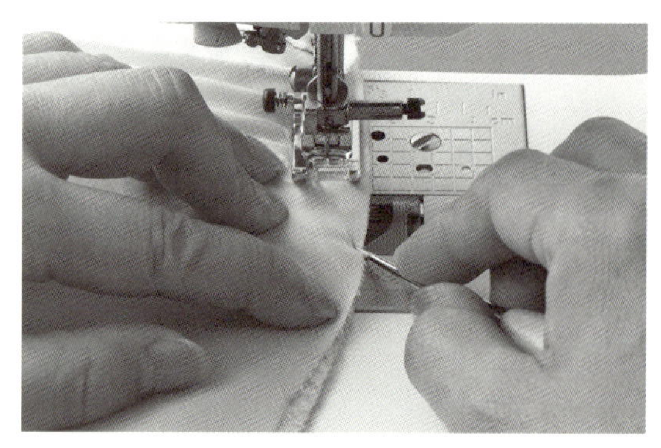

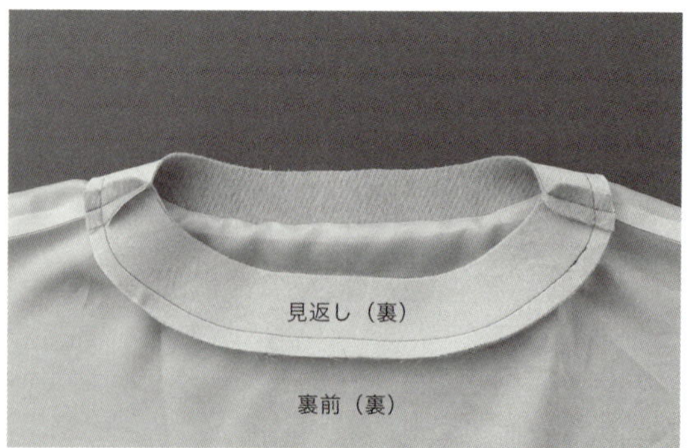

5 裏布と見返しを縫い合わせる。このとき裏布を下にして縫うとミシンの送り歯で裏布がいせ込まれやすいので、裏布を上にして左肩あたりから縫い始める。2枚の布端を合わせて目打ちで押さえ、縫う位置をまっすぐにしながらミシンをかける。縫い代は裏布側に倒すが、裏布がつれる場合は裏布の縫い代に切込みを入れる。

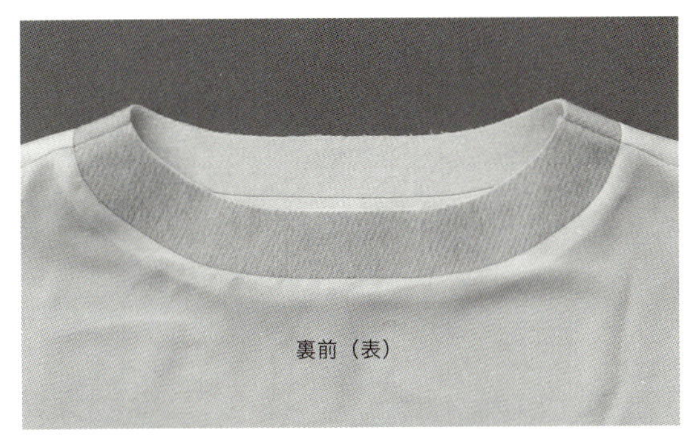

6　5の縫い代を裏布側に倒してアイロンで整える。

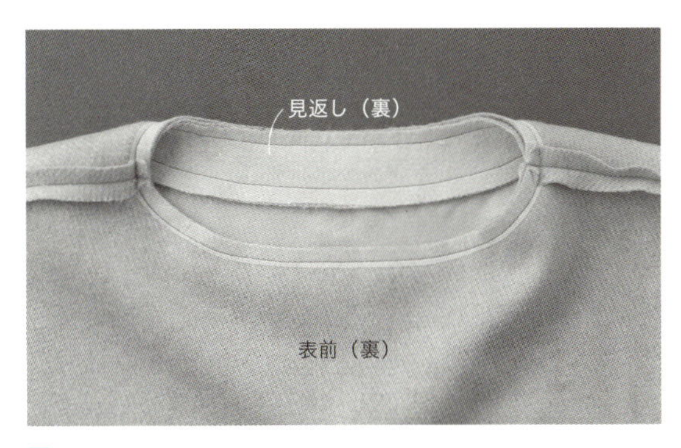

7　表身頃と見返しの衿ぐりを中表に合わせて縫う。

8　衿ぐり縫い目の 0.7 ～ 0.8 cm縫い代側に、粗い針目で捨てミシンをかける。

9　捨てミシンの際から縫い代を裁ち落とす。このとき表身頃側を見てカットする。

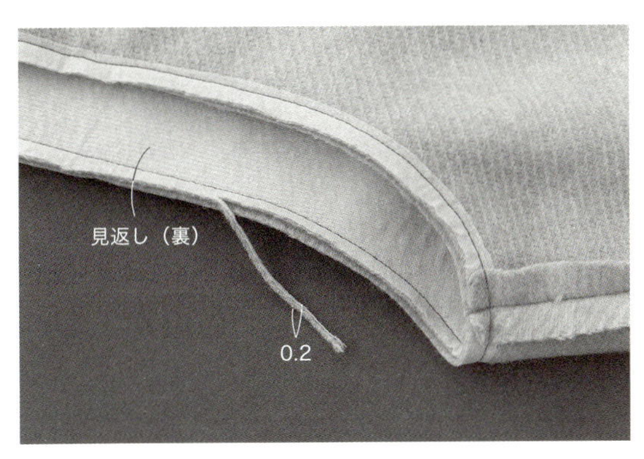

10　見返しの縫い代だけをさらに 0.2 cmカットして、表身頃と見返しの縫い代に差をつける。

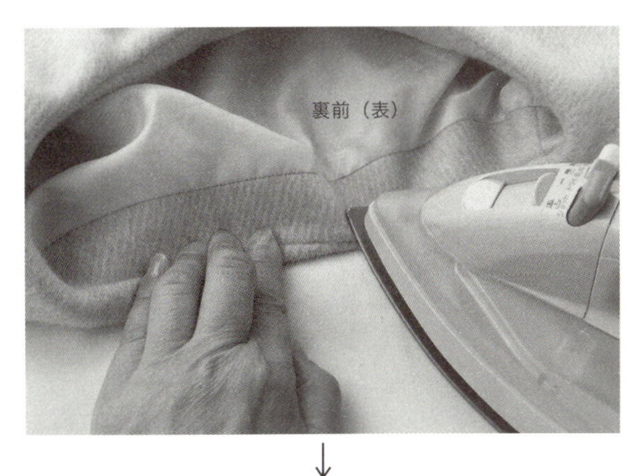

↓

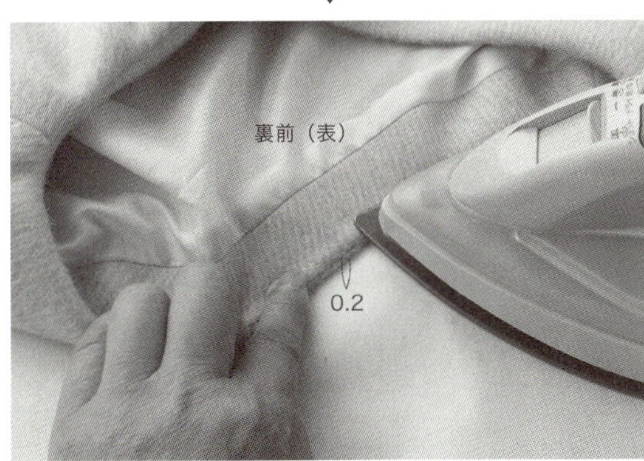

11　表に返して衿ぐりをアイロンで整える。指先で見返しを大きく控えるように押してから少し戻して、控え分を 0.2 cmぐらいに整えながらアイロンをかける。

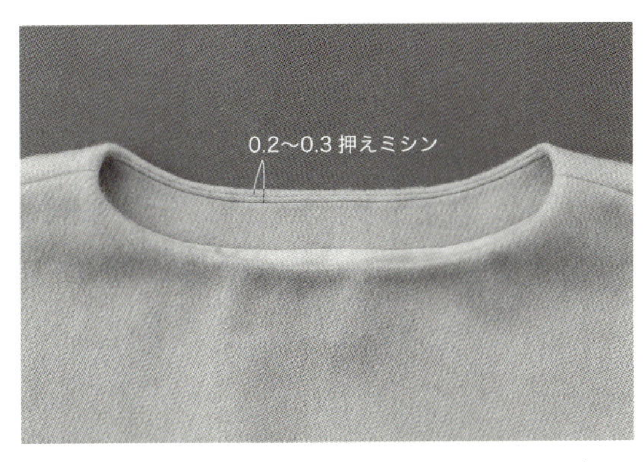

12　見返しと縫い代だけに押えミシンをかけて（→p.34 17）、アイロンで整える。出来上り。

Vネック・バイアス始末 … 布：綿ブロード

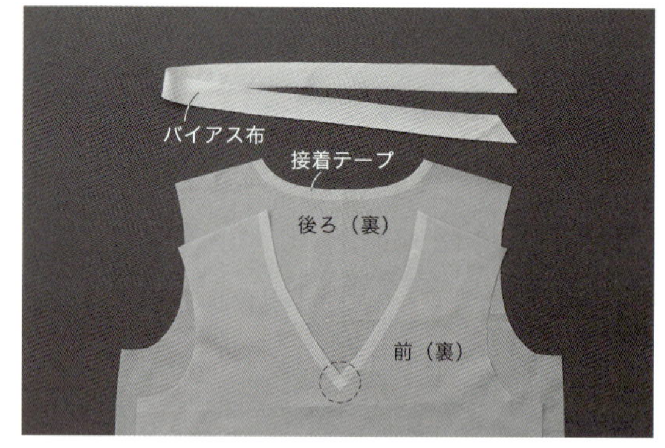

1 前後身頃裏面の衿ぐり縫い代に接着テープをはり、V の角は出来上り位置に印をつける。バイアス布は 2.5 ～ 3 ㎝幅、衿ぐり寸法+5 ～ 10 ㎝の長さにカットする。

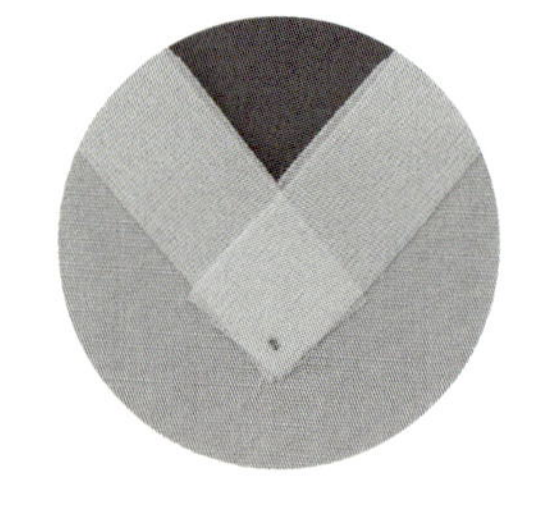

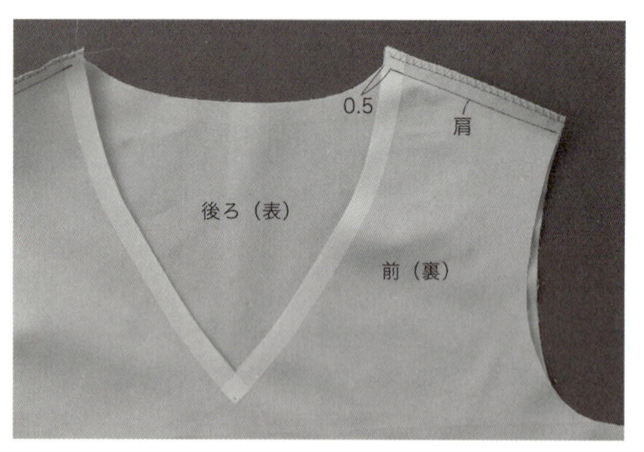

2 前後身頃の肩を中表に合わせて縫う。衿ぐり側は縫い代のつれを防ぐために、0.5 ㎝縫い残す。縫い代は 2 枚一緒に裁ち目かがりミシン（またはジグザグミシン）をかけて後ろ側に倒しておく。

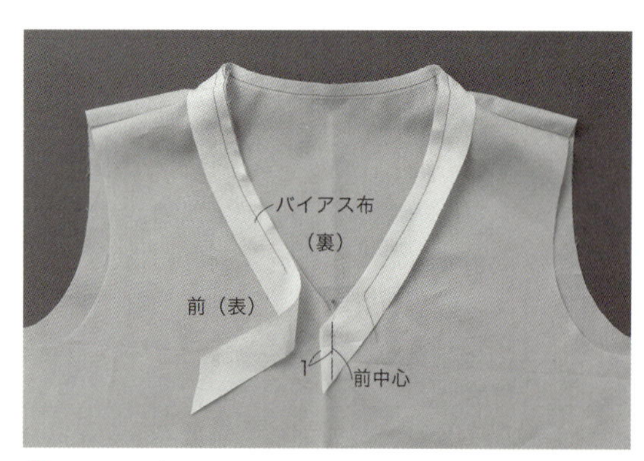

→

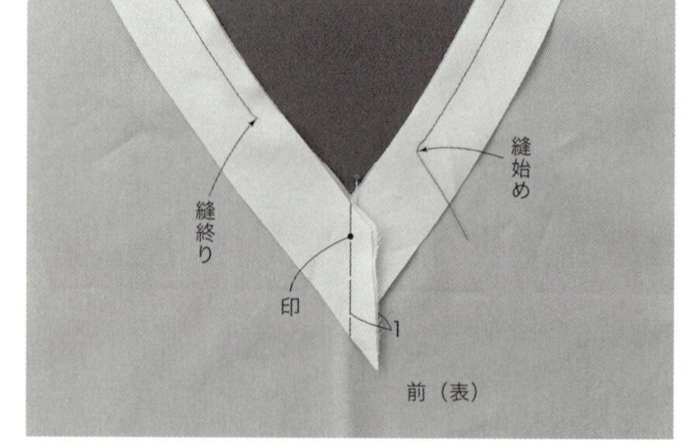

3 バイアス布はアイロンで軽く伸ばしておく（→p.35 3）。身頃の衿ぐりにバイアス布を中表に合わせ、V の角から左右 4 ～ 5 ㎝を残して縫う。このとき縫始め、終りとも V の中心から 1 ㎝の縫い代をつけて余分をカットし、1 の印をバイアス布に写す。

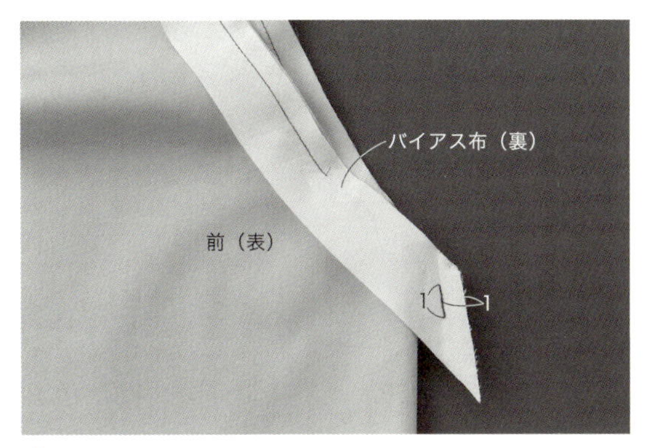

4 バイアス布の両端を中表に合わせ、印から下を 1 cmぐらい（バイアスの仕上げ幅＋0.2 〜 0.3 cm）縫う。

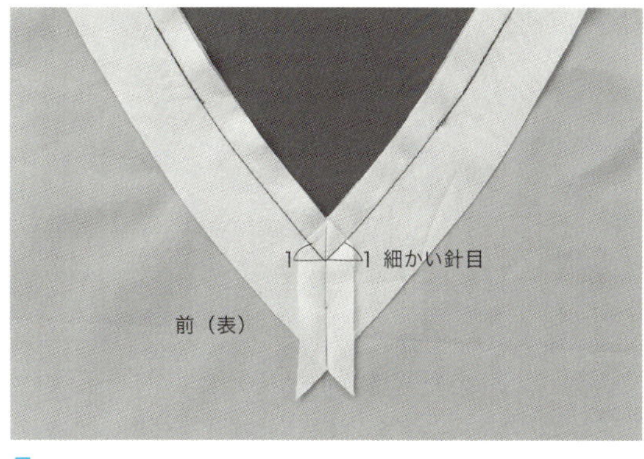

5 4 の縫い代を割り、縫い残した衿ぐりの V の部分を縫う。このとき角から左右 1 cmぐらいは、針目を細かくして縫う。

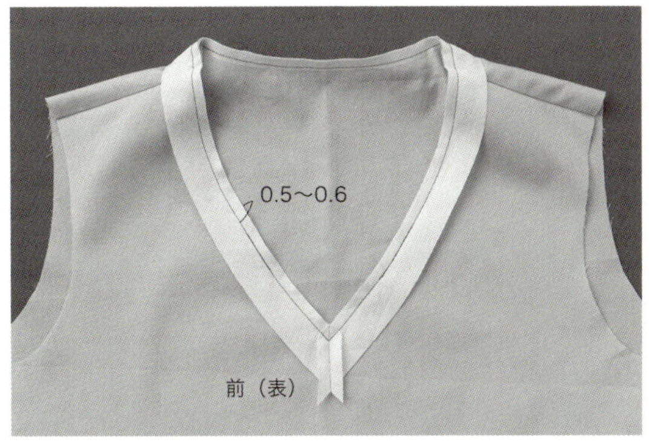

6 衿ぐり縫い目の 0.5 〜 0.6 cm縫い代側に捨てミシンをかけ、縫い目の際から縫い代をカットする。→p.34 12・13

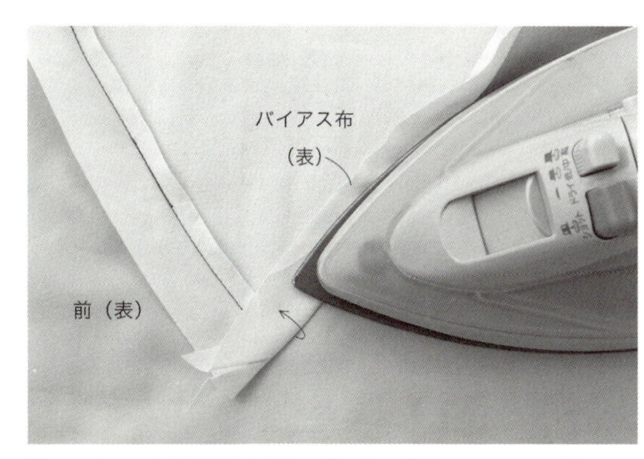

7 バイアス布だけを表に返し、縫い目の際からアイロンで折る。

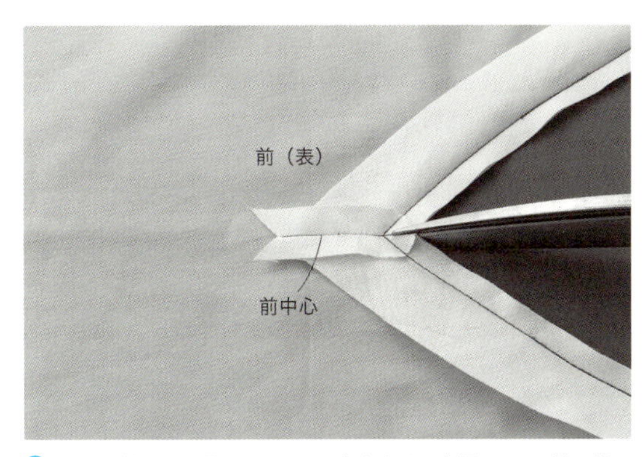

8 7 の折り目を開き、バイアス布をよけて身頃の V の縫い代に切込みを入れる。

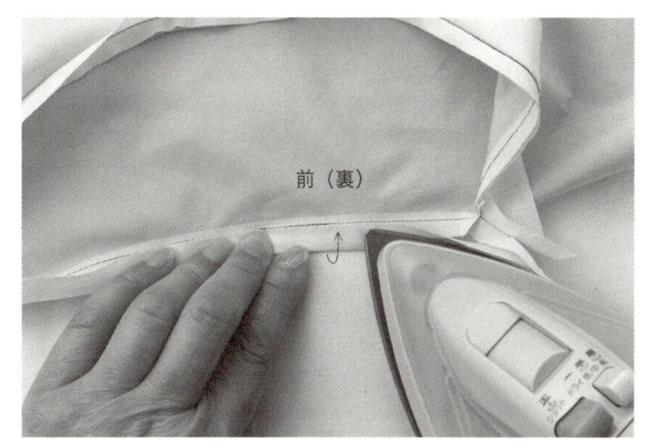

9 バイアス布の端を衿ぐり縫い目に合わせて、縫い代をくるむように折る。

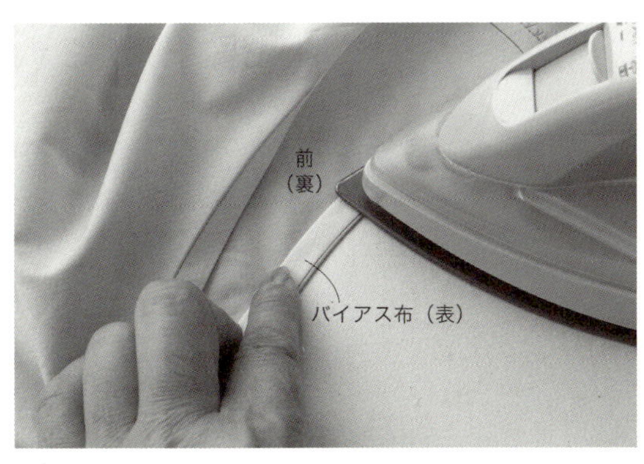

10 くるんだ縫い代を身頃の裏面に返し、バイアス布を少し控えて、V の部分を残してアイロンで整える。

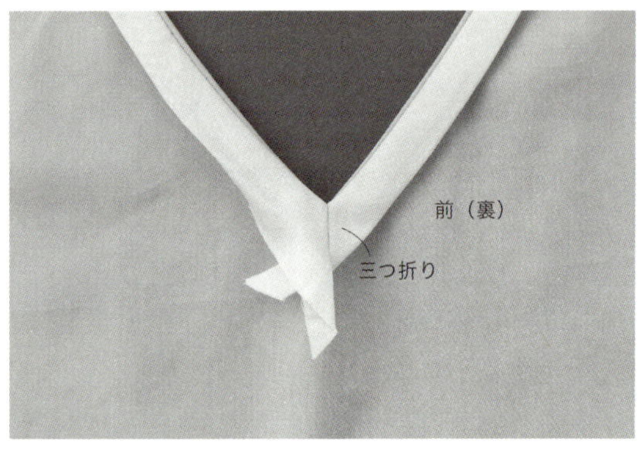

11 V の始末をする。まず V の部分の片側のバイアス布を三つ折りにする。

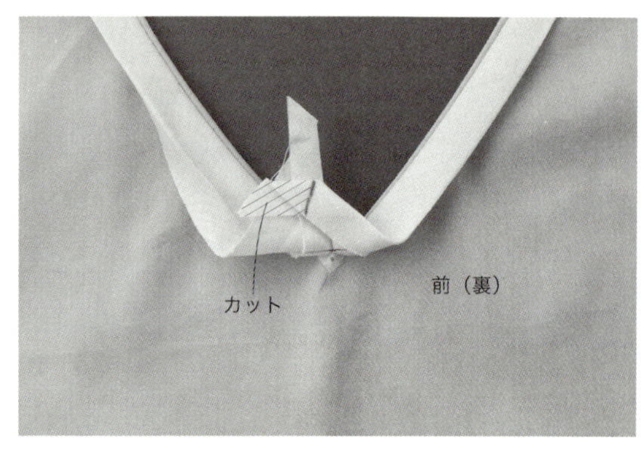

12 11 で折ったバイアス布の端を、裏側で写真のようにカットする。

13 Vの部分のもう一方のバイアス布を三つ折りにする。

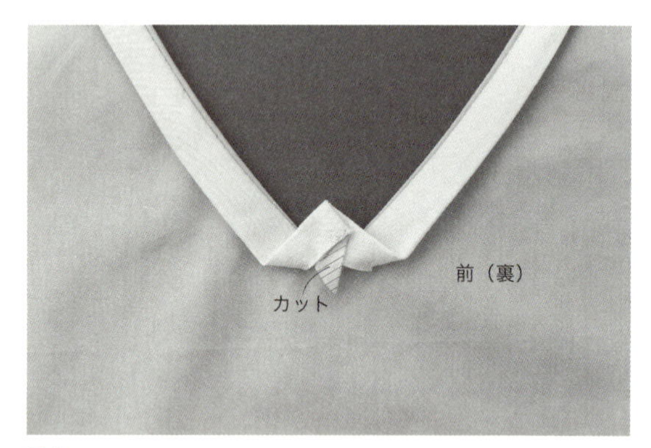

14 13 のバイアス布の飛び出している部分を、写真のように裏側に折り込み、余分をカットする。

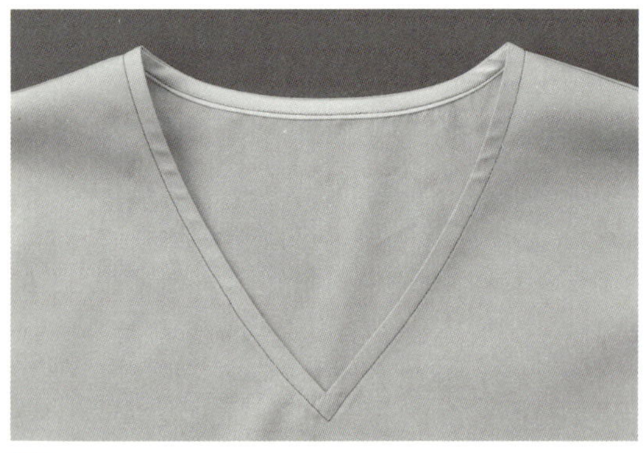

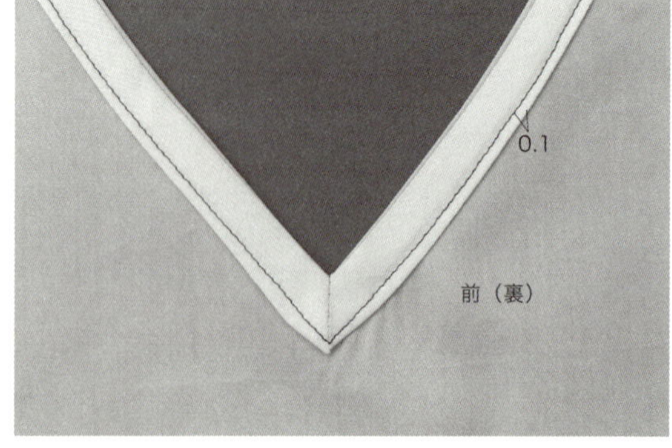

15 アイロンで整え、バイアス布の端にステッチをかける。出来上り。

Vネック・見返し始末・裏つき … 布：ウールジョーゼット

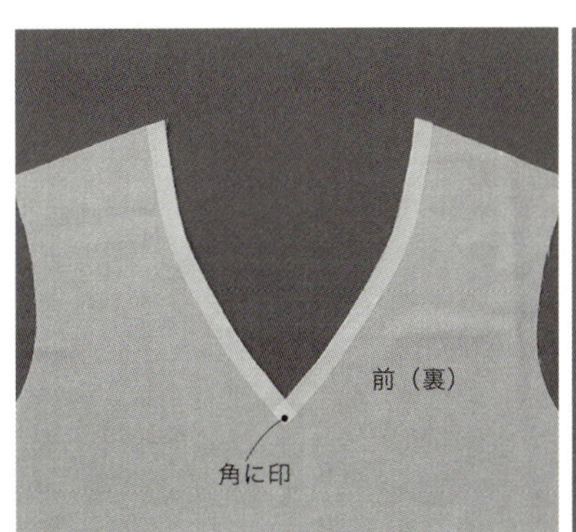

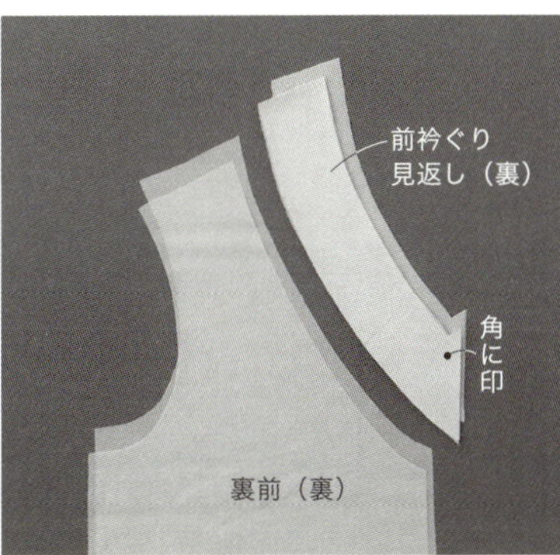

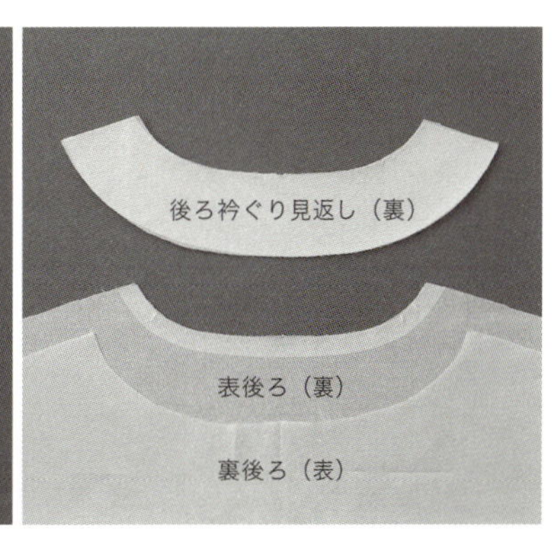

1 前後とも表身頃は裏面の衿ぐり縫い代に接着テープを、見返しは裏面に接着芯をはり、それぞれのVの角に印をつける。裏つきの場合、Vの前中心は表布がわ裁ちでも、見返しと裏布は縫い目にすると縫いやすい。

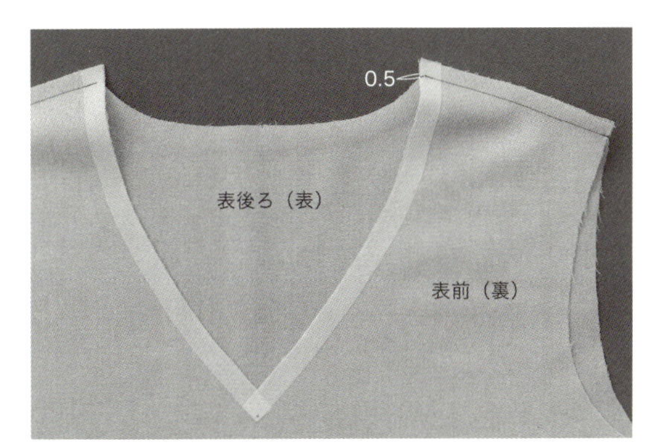

2 表身頃の前後の肩を中表に合わせて縫う。衿ぐり側は縫い代のつれを防ぐために0.5cm縫い残す。縫い代は割っておく。

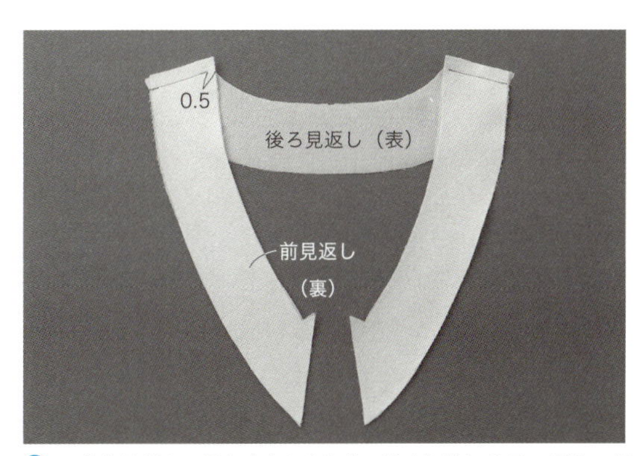

3 前後見返しの肩を中表に合わせ、衿ぐり側を0.5cm残して縫う。縫い代は割っておく。

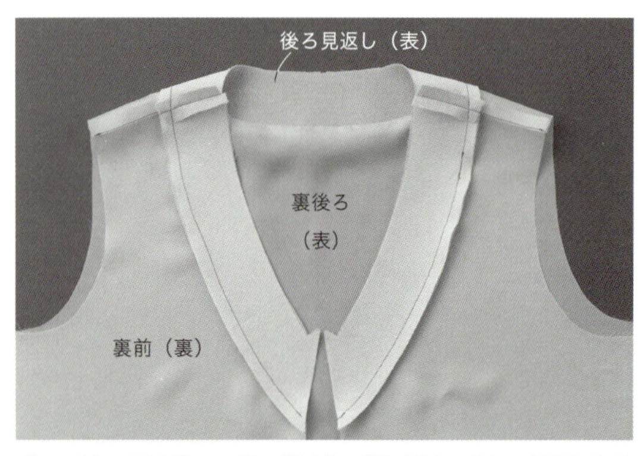

4 裏布の肩を縫い、縫い代は後ろ側に倒す。次に、見返しと裏布を縫い合わせる（→p.38 4・5）。

5 見返しと裏布の前中心を続けて縫う。衿ぐり側の角の印から下を縫い、縫い代は割る。

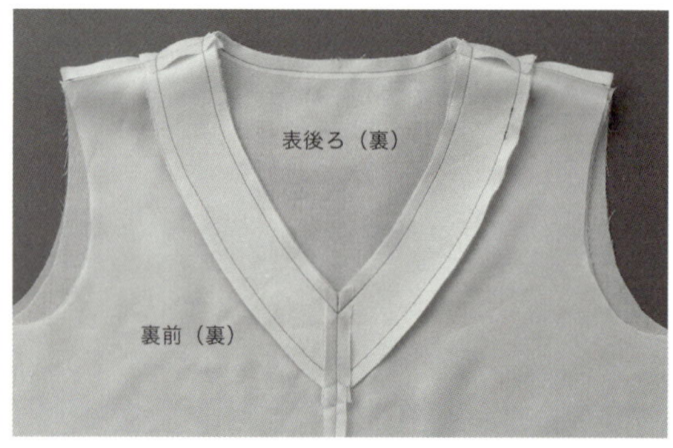

6 表身頃と見返しを中表に合わせて衿ぐりを縫う。V の角から縫い始め、ぐるりと 1 周縫って縫始めのミシン目に 2 ㎝ぐらい重ねて縫い止める。

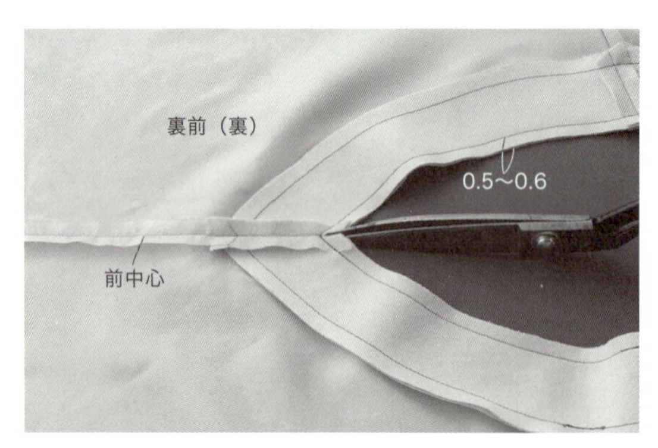

7 衿ぐり縫い目の 0.5 〜 0.6 ㎝縫い代側に捨てミシンをかけ、縫い目の際から縫い代をカットする（→p.34 12・13）。次に見返しの縫い代をよけて、身頃の V の縫い代に切込みを入れる。

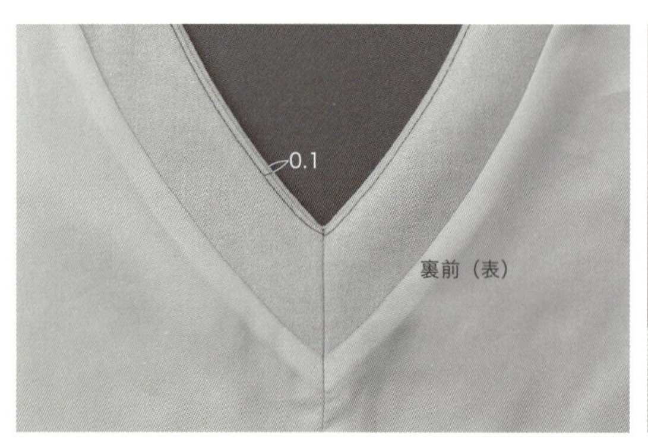

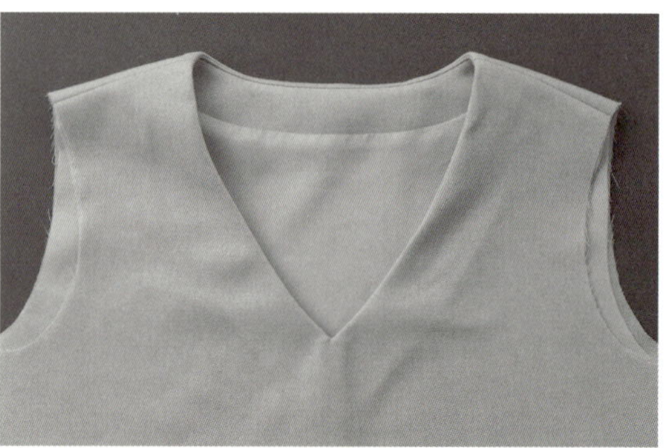

8 表に返し、見返しを少し控えて衿ぐりをアイロンで整え、見返しと縫い代に押えミシンをかける（→p.34 14 〜 17）。出来上り。

衿の仕立て

シャツカラー…布：厚手デニム

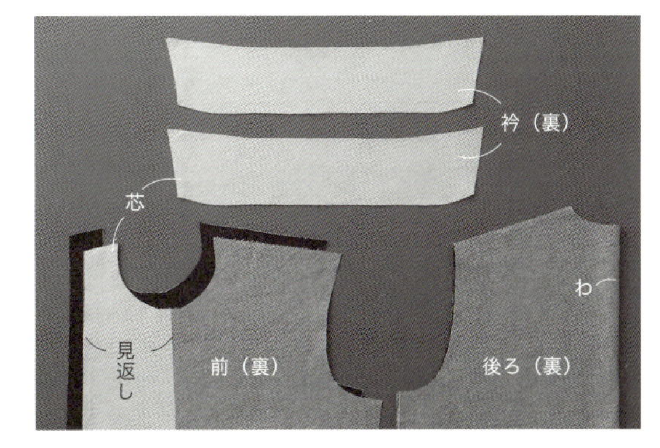

1 衿は 1 cmの縫い代をつけて裁ち、衿と前端見返しの裏面に接着芯をはる。

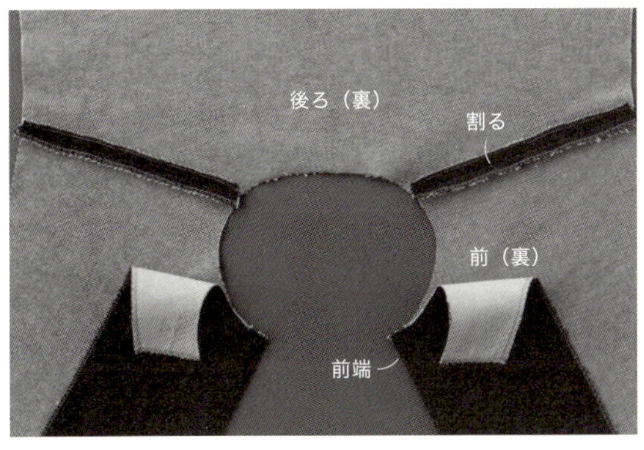

2 前端を出来上りに折ってアイロンで整え、肩を縫い合わせ、縫い代は割っておく。

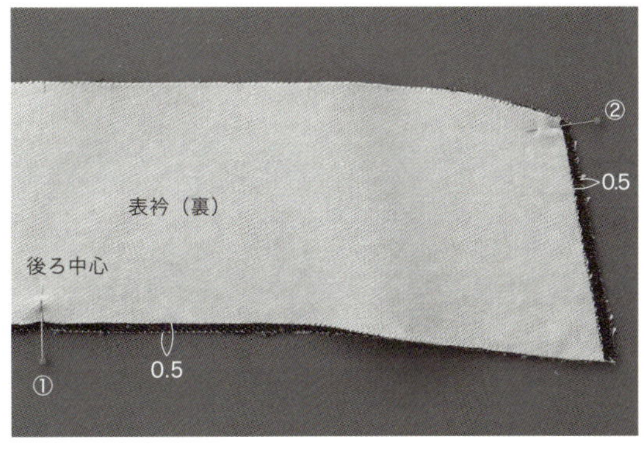

3 2 枚の衿を中表に重ね、布端を 0.5 cmずらして後ろ中心（①)、前中心(②)にまち針をとめる。0.5 cm控えた上側が表衿になる。また、綿ブロード程度の布の場合は、控え分を 0.2 ～ 0.3 cmにする。

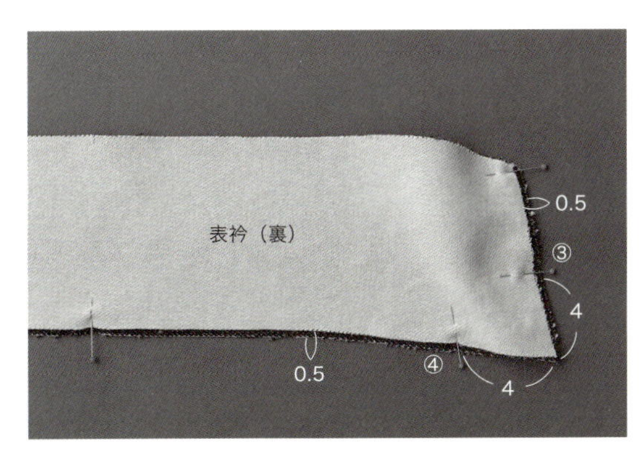

4 0.5 cmずらして平らに合わせ、衿先から 4 cmぐらいの位置にまち針をとめる（③④)。

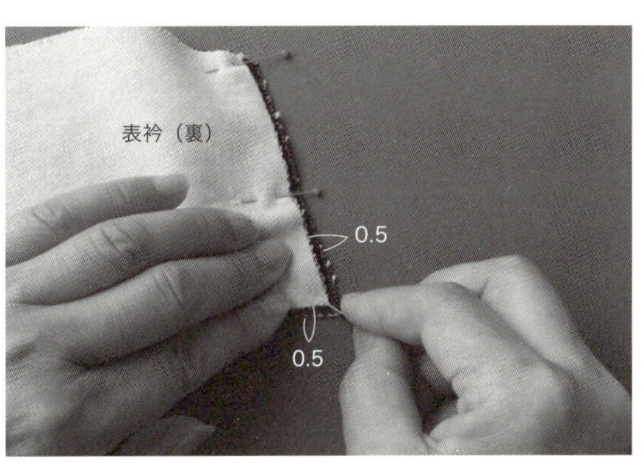

5 衿先を平行に 0.5 cmずらして、衿先にまち針をとめる。

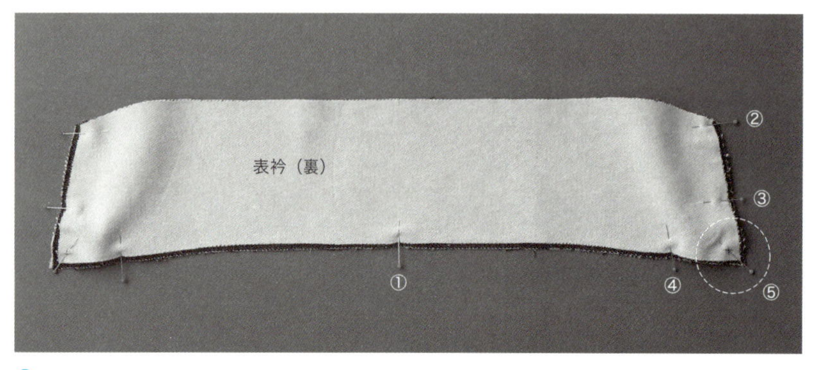

6　残りの半分も同様にまち針をとめ、衿先の角に印をつける。ここで控えた分が衿を折り返したときの表衿のゆとりになる。

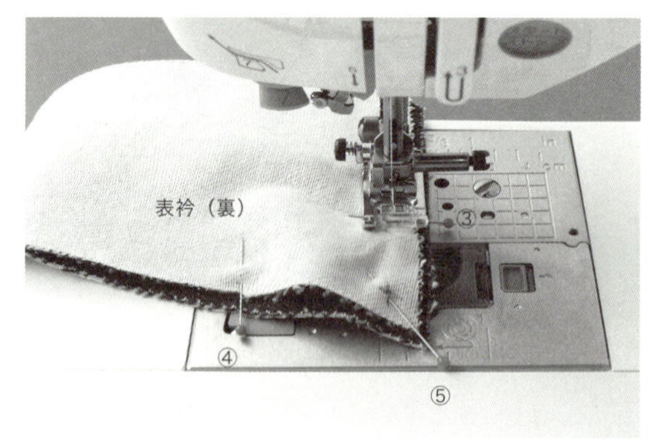

7　表衿を上にし、裏衿（下側の衿）の布端から 1 cmの縫い代で外回りにミシンをかける。まず、まち針②～③までは 2 枚を平らに縫う。

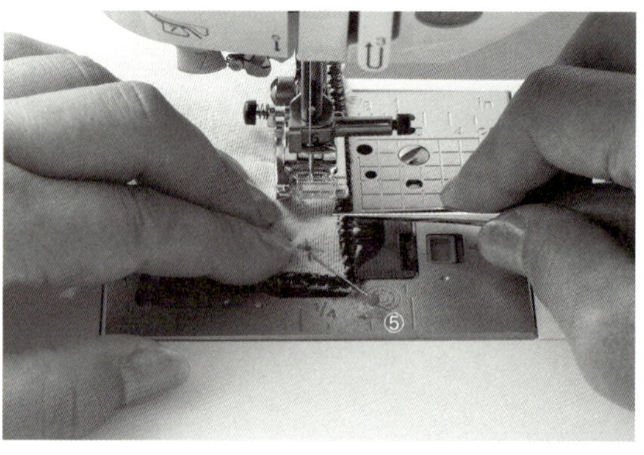

8　③～⑤は表衿のゆとり分を均一にして左手で押さえ、布端側は目打ちで押さえながら縫う。

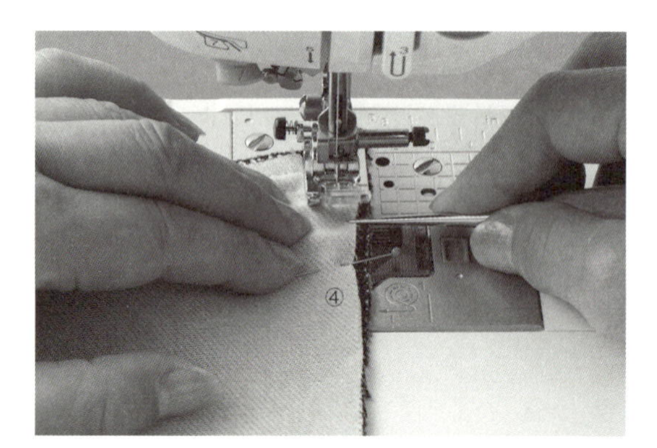

9　⑤の角でミシンの方向を変え、④までは 8 と同じ要領で縫う。

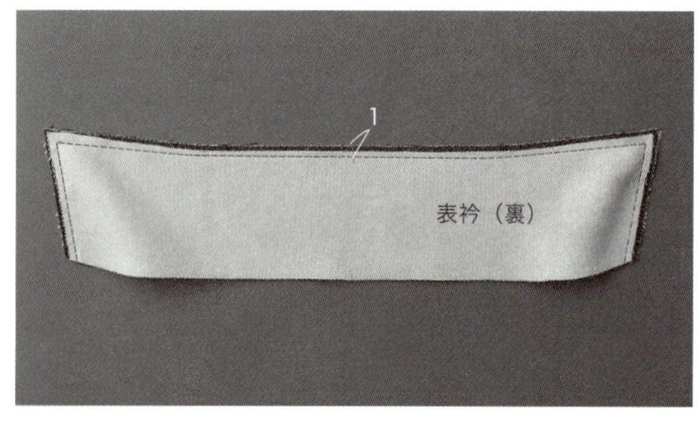

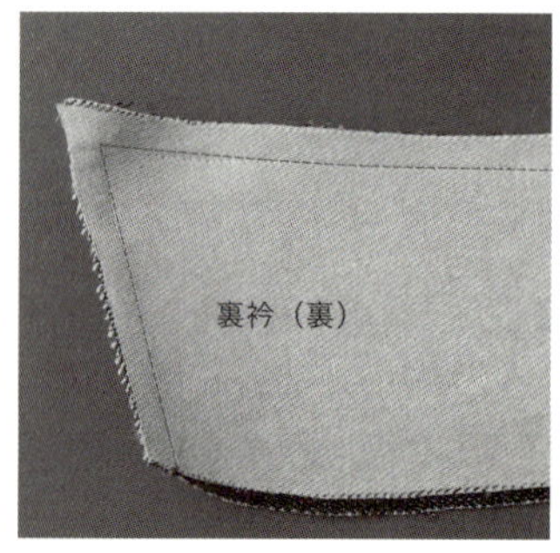

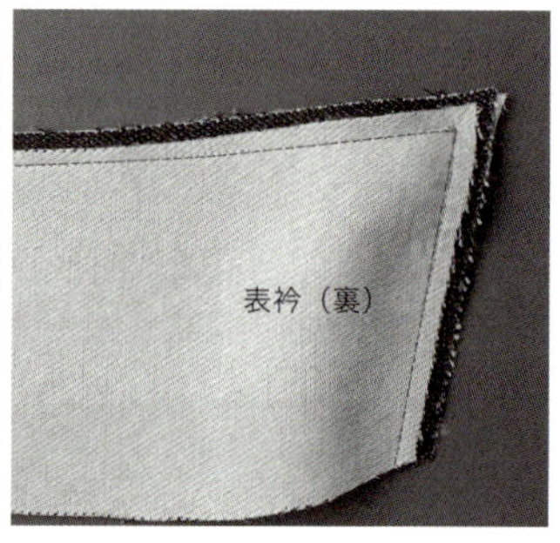

10　④～①は 2 枚を平らに縫い、残り半分も同じ要領で縫う。衿先にゆとりが入って縫い上がる。

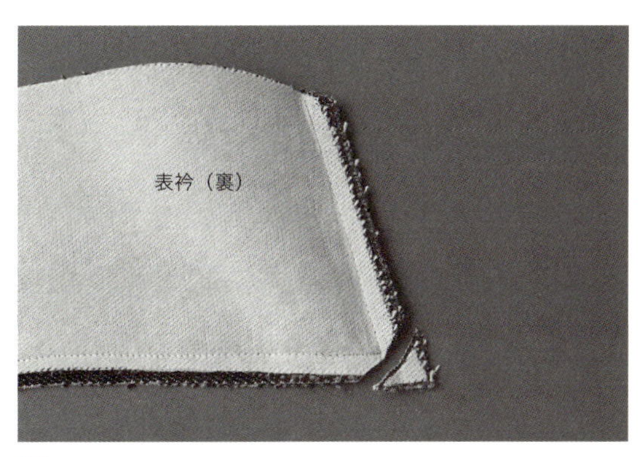

11 衿先の縫い代を斜めにカットする。

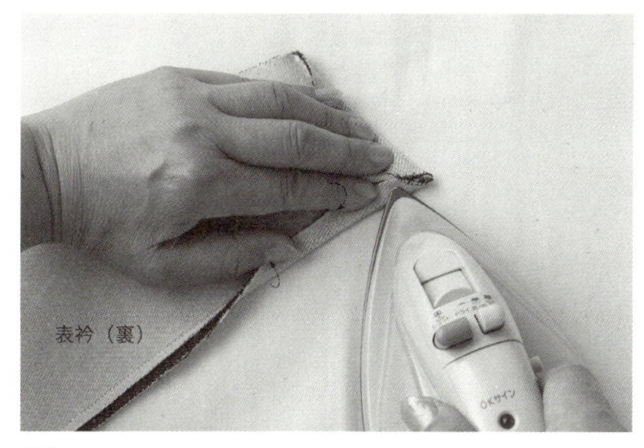

12 衿外回りの縫い代を縫い目の際から表衿側に折る。特に衿先はきちんと折り、アイロンでしっかり押さえておく。

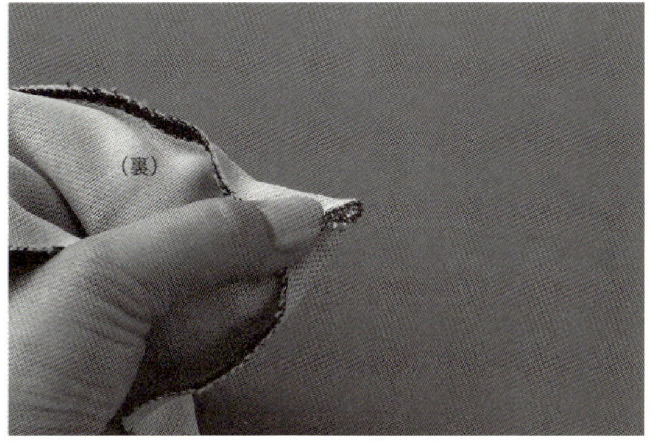

→

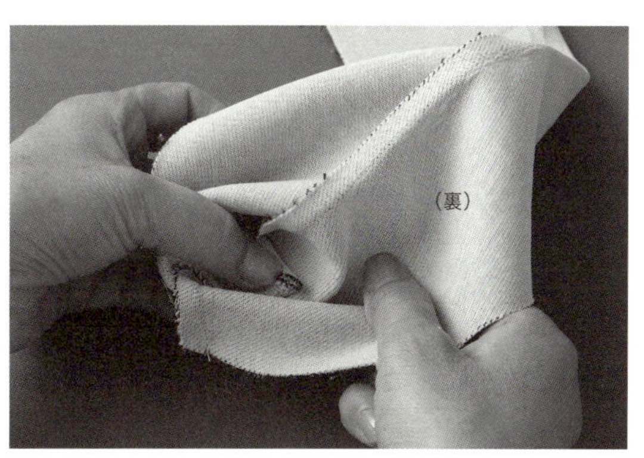

13 衿を表に返す。衿先の折った縫い代を指でしっかり押さえ、そのまま表に返す。

14 衿先の角を目打ちできちんと引き出して形を整える。

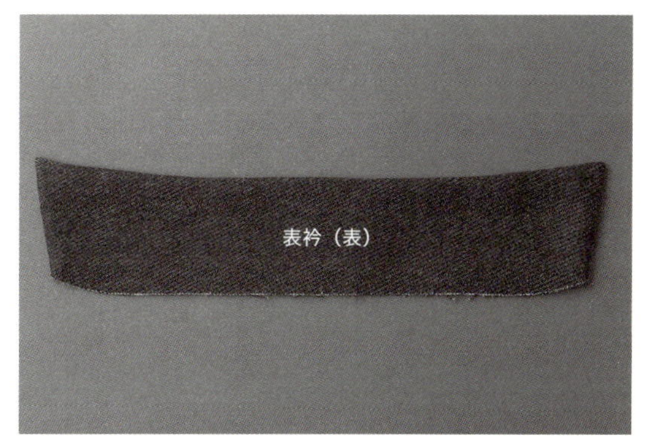

15 裏衿を少し控えてアイロンで整える。

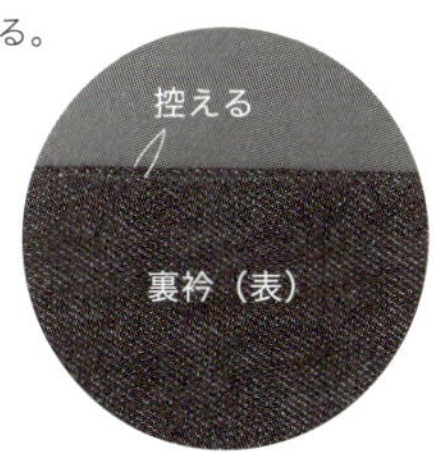

16 衿を写真のように持ち、衿先の左右の形を確認する。

17 衿の外回りに表衿側からステッチをかける。

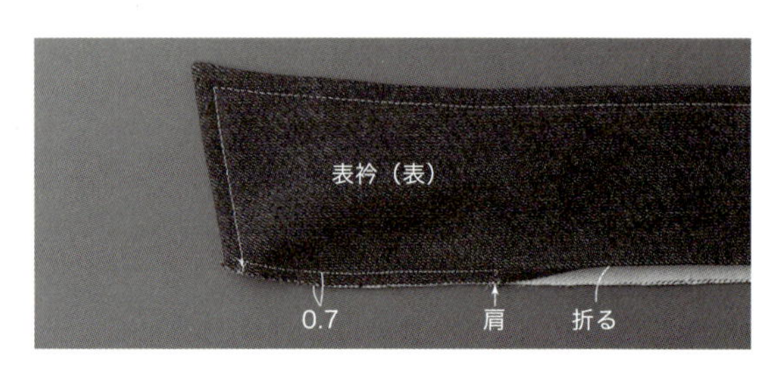

18 表衿と裏衿の前つけ側の布端をそろえて、肩の合い印まで、縫い代に捨てミシンをかける。後ろ側は、表衿の縫い代だけを内側にアイロンで折る。

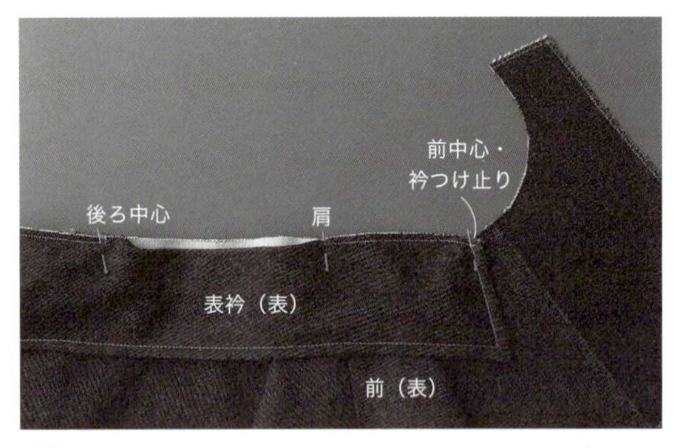

19 前端見返しをよけて、身頃の衿ぐりに裏衿側を中表に合わせて重ね、前後中心、肩をまち針でとめる。

20 衿つけ止りから肩まで、衿つけ線の縫い代に仮どめミシンをかける。

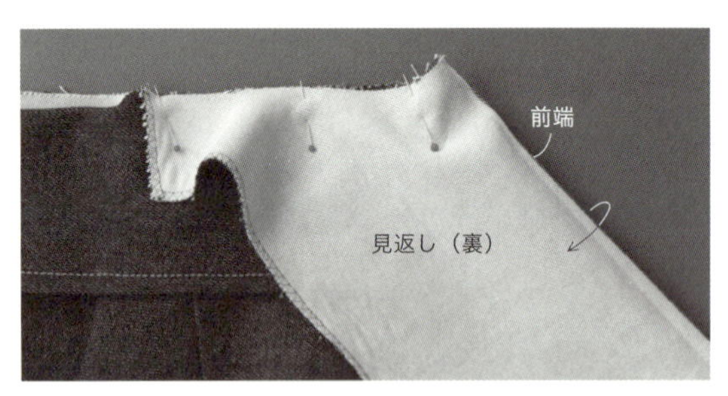

21 前端見返しを中表に折り、衿に重ねてまち針でとめる。

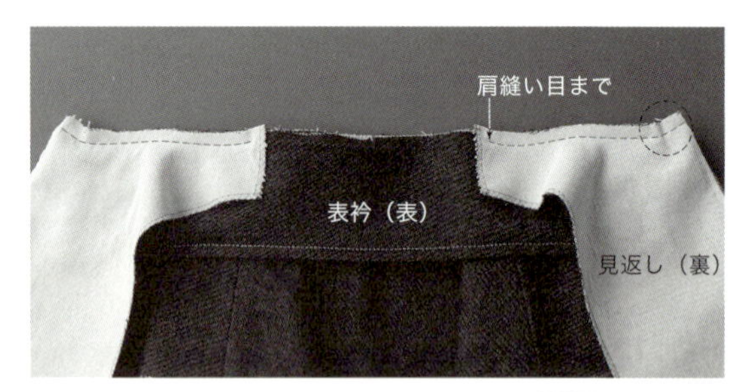

22 前端から肩縫い目まで、前衿ぐりに衿つけミシンをかける。衿つけ止りをはさんで左右0.5㎝ぐらいは、針目を細かくして縫い、肩は身頃の肩縫い目位置で縫い止める。

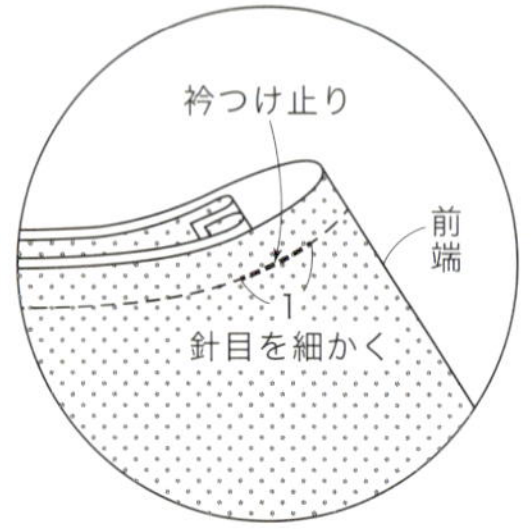

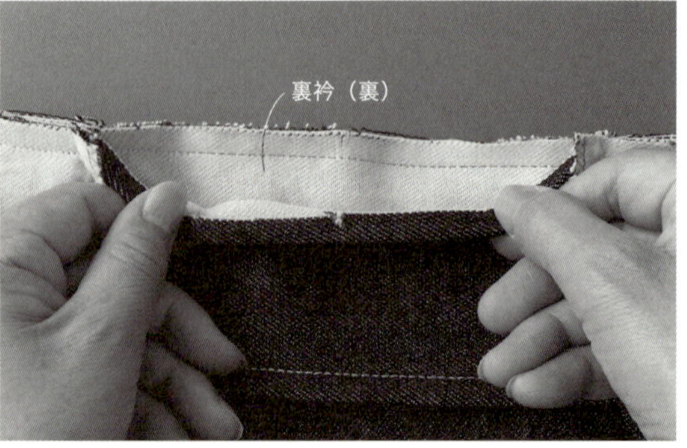

23 肩から後ろ衿ぐりを縫う。このとき表衿をよけて、裏衿と身頃の衿ぐりだけを肩から肩まで縫う。

24 いったん見返しを表に返し、左右の衿を重ねて衿幅を確認する。長さが違う場合は縫い直す。

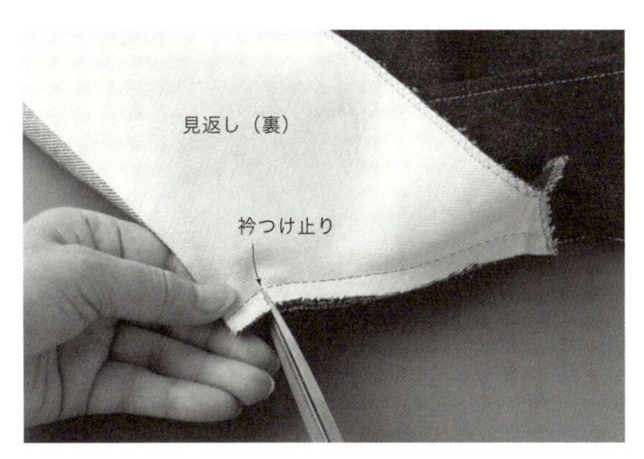

25 見返しを中表に戻し、衿つけ止りの身頃の縫い代に切込みを入れる。

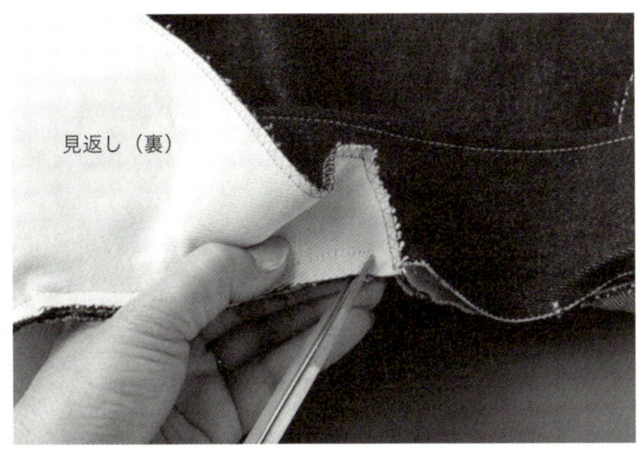

26 22 の肩で縫い止めた位置の縫い代に、斜めに切込みを入れる。布が何枚も重なっているので、切り込みにくいときは、上から順に 2 ～ 3 枚ずつ切り込む。

27 見返しを表に返して整え、前見返しの肩を身頃の肩になじませて、まち針でとめる。

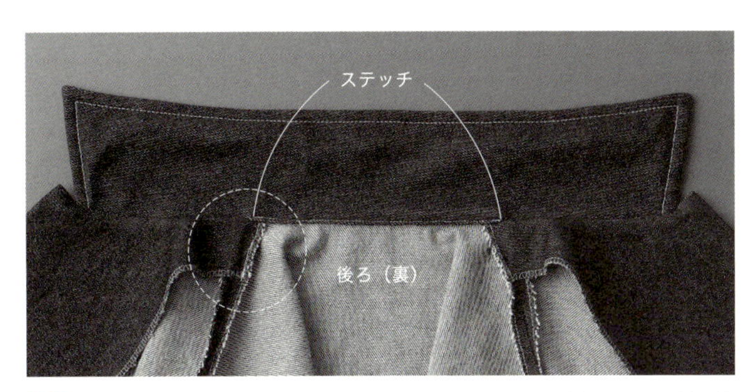

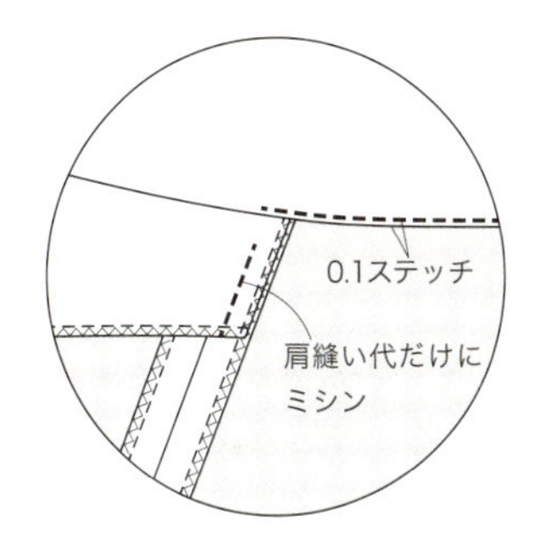

28 表衿の後ろ衿ぐり縫い代を折り込んでステッチでとめる。前見返しの肩縫い代は、身頃をよけて後ろの肩縫い代だけに縫いとめるが、衿ぐり側は縫えるところまで縫う。

29 出来上り。

衿先が小丸の衿の縫返し方 …布：綿ブロード

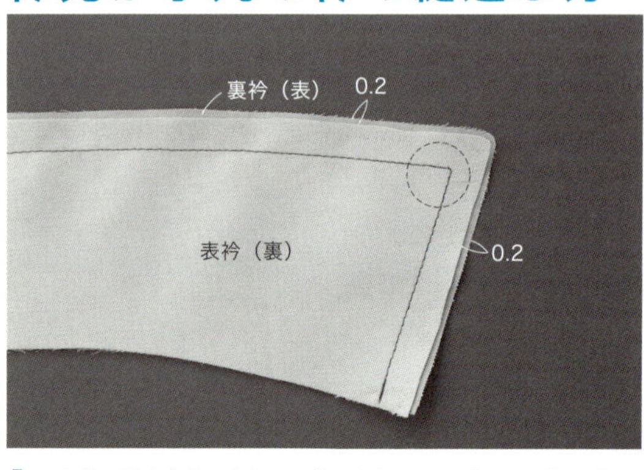

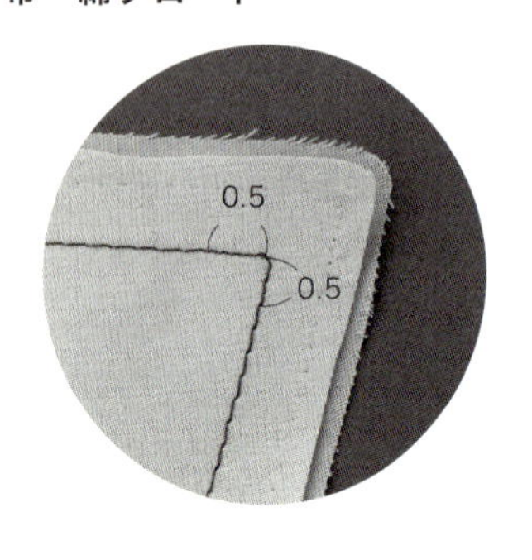

1 2枚の衿を中表に合わせ、外回りを0.2㎝ずらして縫う（→p.45、46 3～10）。このとき衿先の前後0.5㎝ぐらいは針目を細かくして縫う。小丸の部分はミシン目の際まで縫い代をカットするので、縫い目がほつれるのを防ぐため、また小さいカーブを縫いやすくするために針目を細かくする。

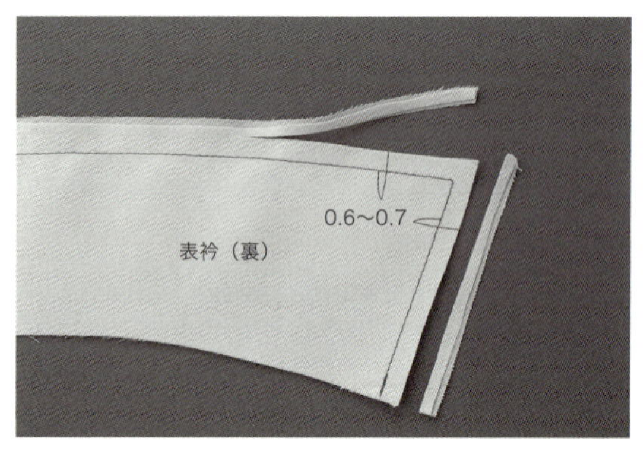

2 衿外回りの縫い代を0.6～0.7㎝ぐらいにカットする。

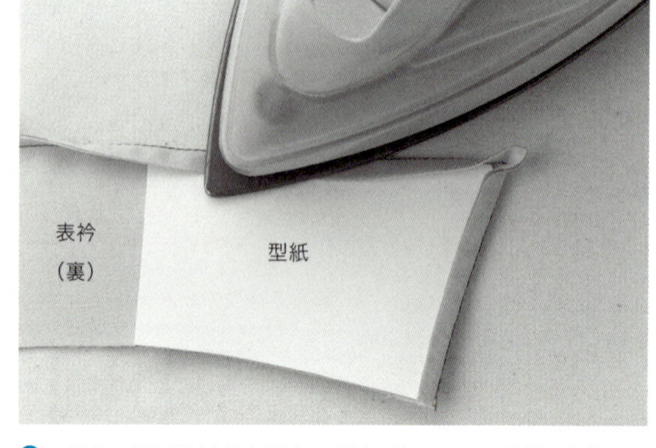

3 衿先の型紙をはがき程度の厚紙で作る。その型紙を表衿の裏面に重ね、外回りの縫い代を、衿先の部分を残してアイロンで折る。衿先の形を左右対称に整えるためにも型紙を使うといい。

4 型紙を当てたまま衿先あたりの折った縫い代を開き、小丸の縫い代をミシン目から0.1㎝ぐらい残してカットする。

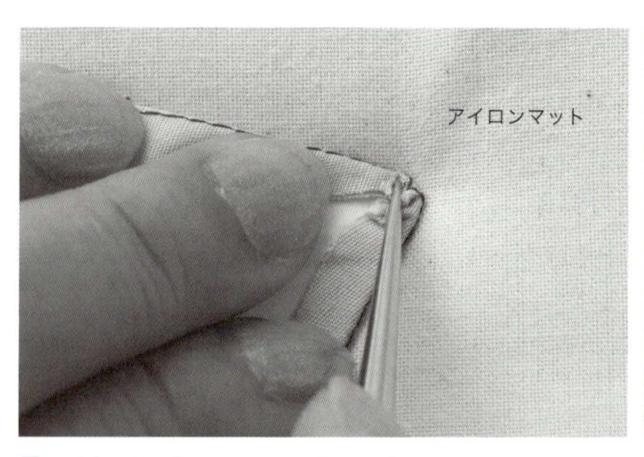

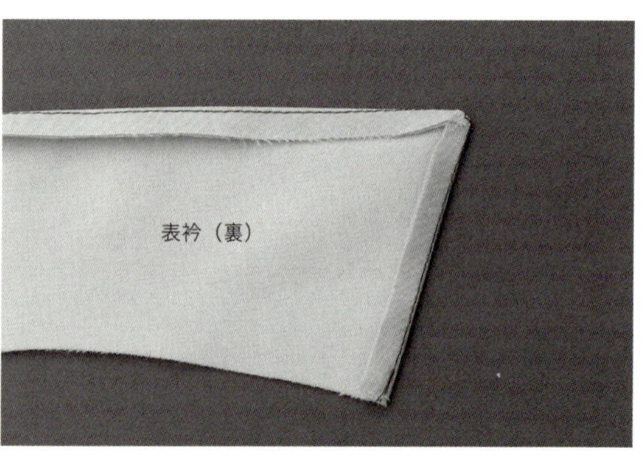

5 小丸の縫い代をミシン目の際から目打ちで折り、アイロンでしっかり押さえる。

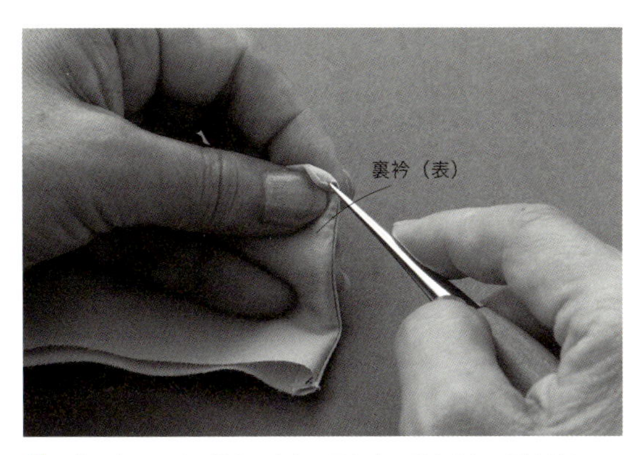

6 衿を表に返す。衿先の小丸は目打ちで引き出して形を整える。

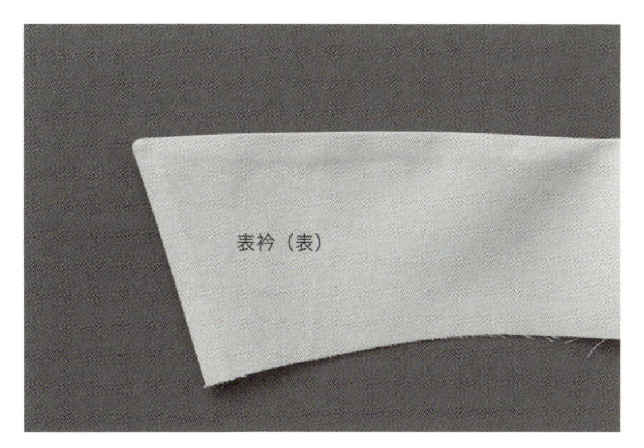

7 裏衿側を少し控えて外回りをアイロンで整える。

シャープな衿先の縫い方 …布：シフォンジョーゼット

衿先が細くとがった衿をシフォンジョーゼットなどの薄手でしなやかな布で縫うと、衿先が細めにやせて仕上がります。やせるのを防ぐために、衿先は出来上り線より少しふくらませて縫うと（下の写真 A)、きれいに形よく仕上がります。また、シフォンジョーゼットは縫い目がぴりつきやすいので紙（ハトロン紙やトレーシングペーパーなど）を当ててミシンをかけます。

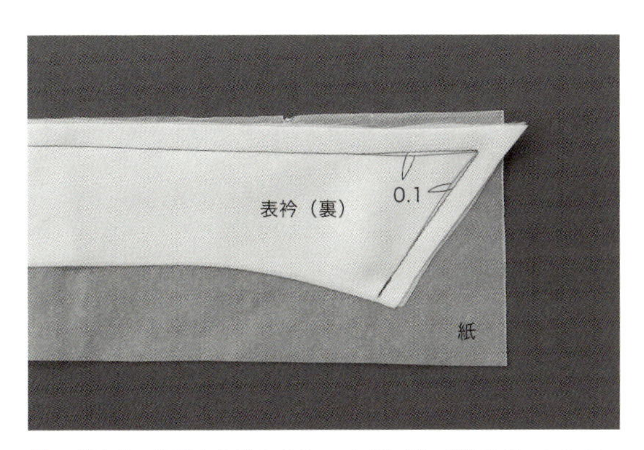

A 衿先を、出来上り線の 0.1 cmぐらい縫い代側を縫ったシフォンジョーゼットの衿。

→

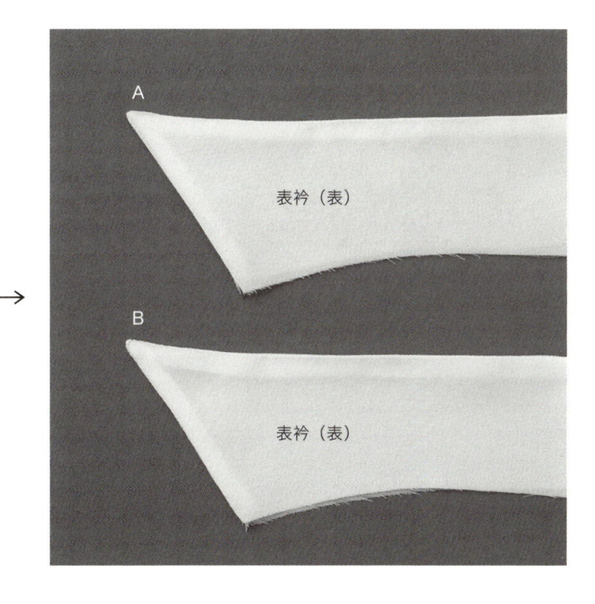

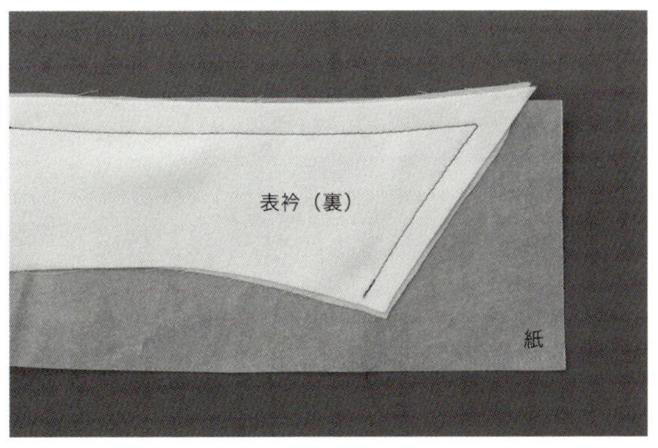

B 出来上り線どおりに縫ったシフォンジョーゼットの衿。

丸い衿の縫返し方 … 布：シルクタフタ

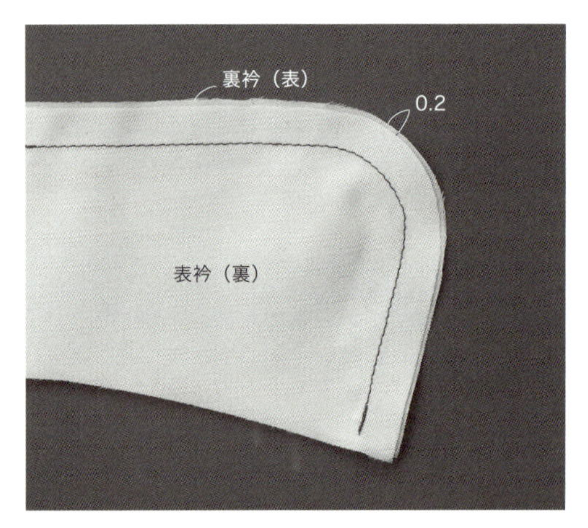

1 2 枚の衿を中表に合わせ、衿外回りを 0.2 cmずらして縫う。→p.45、46 3 ～ 10

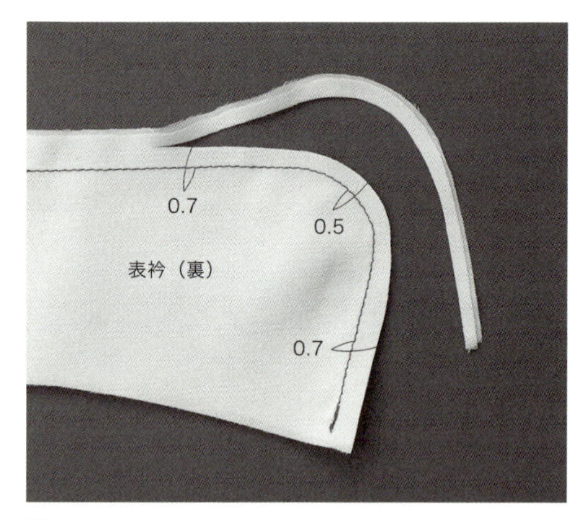

2 縫い代をカットする。カーブの部分は 0.5 cmに、直線部分は 0.7 cmにカットする。

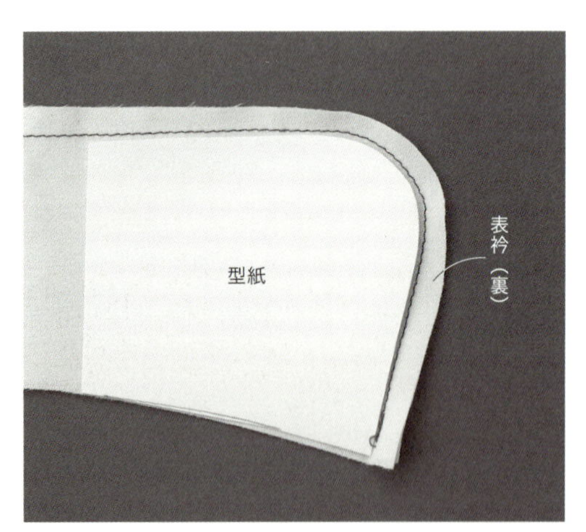

3 カーブの部分の型紙をはがき程度の厚紙で作り、表衿の裏面に重ねる。

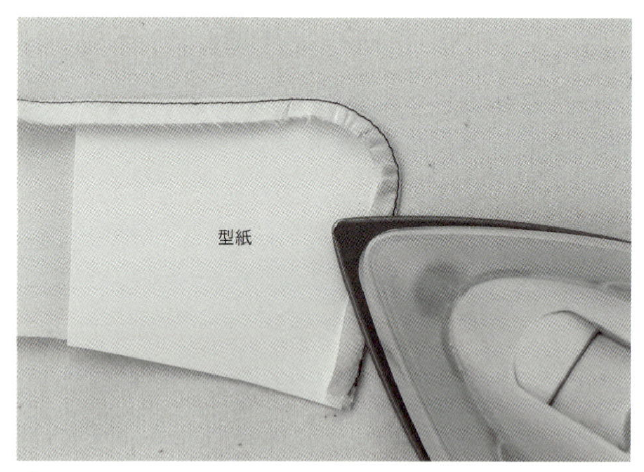

4 型紙をアイロン定規にして、ミシン目の際から衿外回りの縫い代を折る。カーブの部分は、縫い代のしわが片寄らないよう、均一にしわを寄せて、カーブをきれいに形作りながらアイロンをかける。

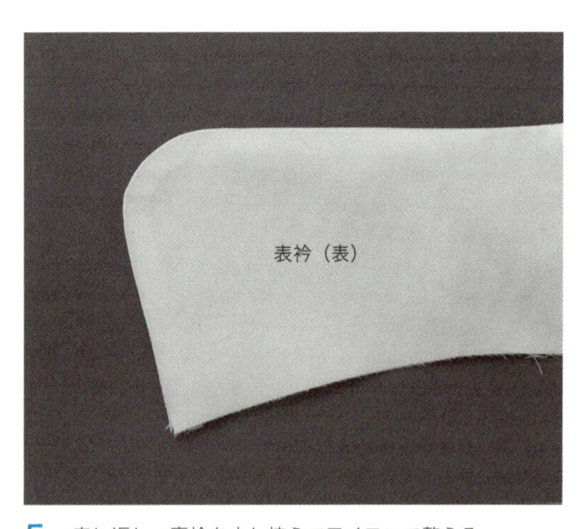

5 表に返し、裏衿を少し控えてアイロンで整える。

台衿つきシャツカラー …布：綿ブロード

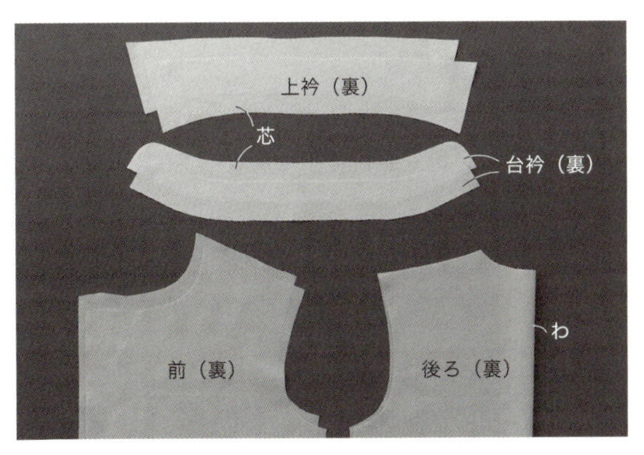

1 台衿、上衿の裏面に接着芯をはる。

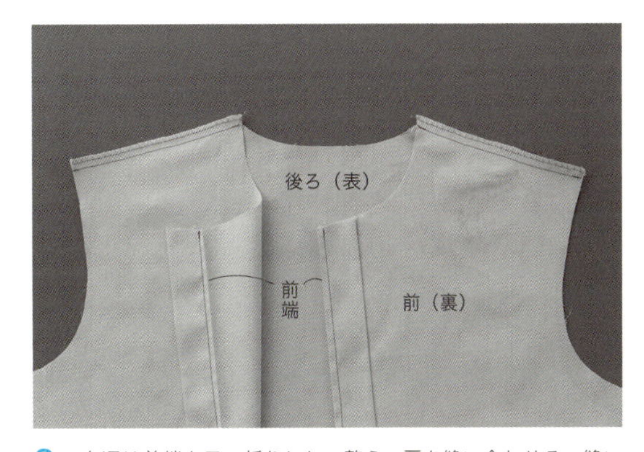

2 身頃は前端を三つ折りにして整え、肩を縫い合わせる。縫い代は 2 枚一緒に裁ち目かがりミシン（またはジグザグミシン）をかけて後ろ側に倒しておく。

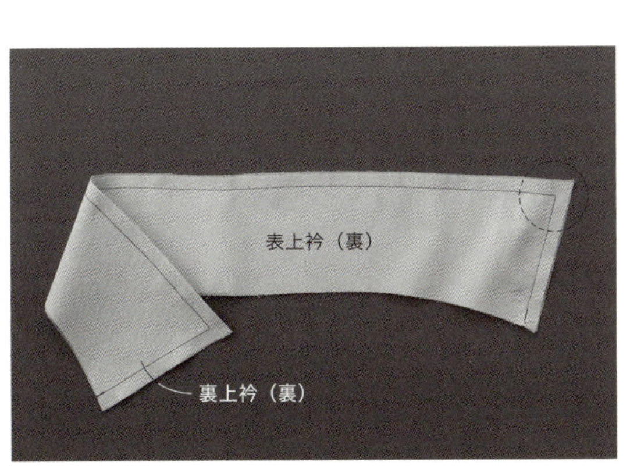

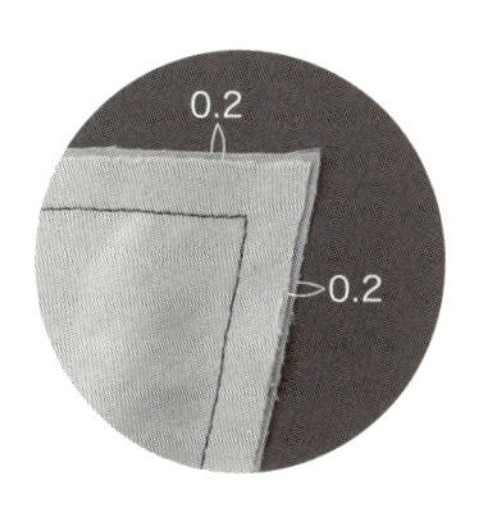

3 2 枚の上衿の外回りを 0.2 ㎝ずらして縫い合わせる。→p.45、46 3～10

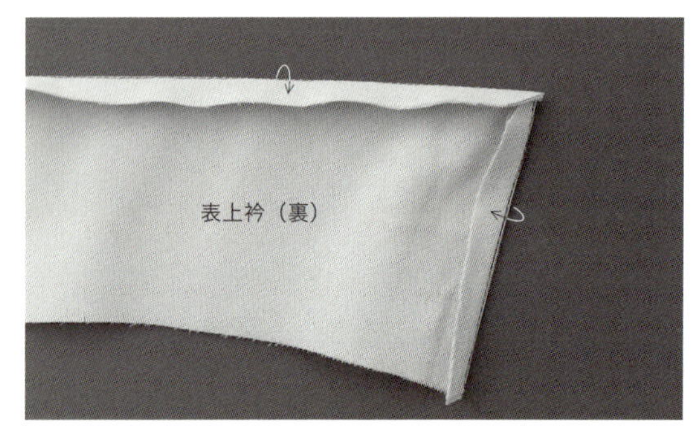

4 上衿の角の縫い代を斜めにカットし（→p.47 11）、外回りの縫い代をミシン目の際から表衿側にアイロンで折る。

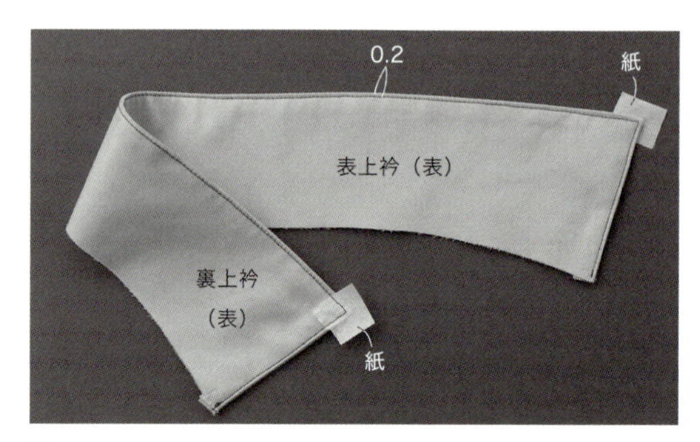

5 上衿を表に返し、裏上衿を少し控えてアイロンで整え、外回りの端に表衿側からステッチをかける。衿先の角はミシンが進みにくくなるので、下に紙（ハトロン紙、トレーシングペーパーなど）を当てて縫うと、スムーズにミシンがかけられる。紙は破り取る。

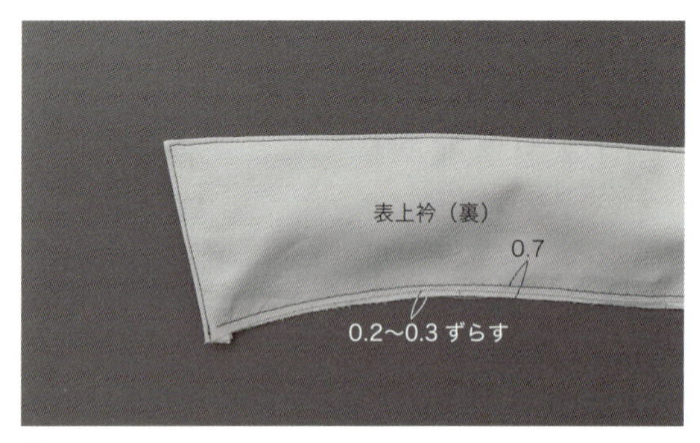

6 表上衿の布端を 0.2 〜 0.3 cmずらして、上衿の下側に押えミシンをかける。

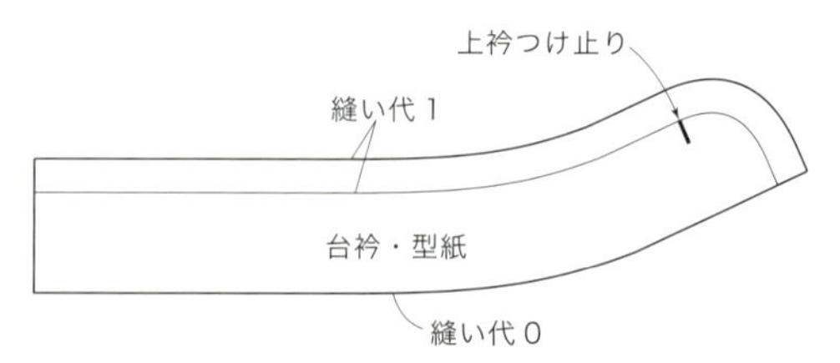

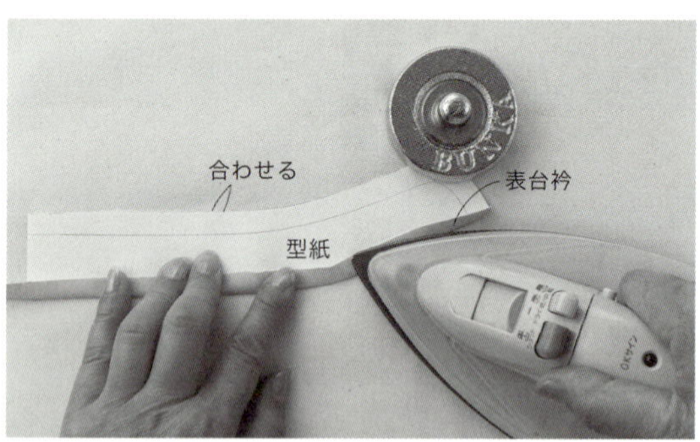

7 台衿の型紙をはがき程度の厚紙で作る。その型紙を台衿の裏面に重ね、布と型紙の上側の端を合わせて、下側（身頃つけ側）の縫い代をアイロンで折る。これが表台衿になる。

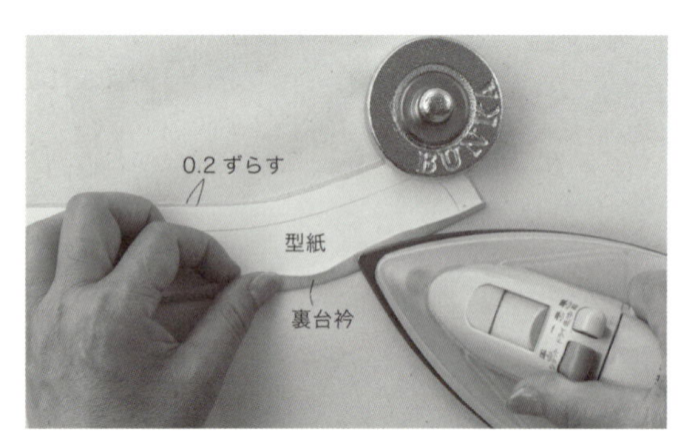

8 7 の型紙をもう 1 枚の台衿の裏面に重ね、上側の端を 0.2 cmずらして、下側の縫い代をアイロンで折る。7よりも折った縫い代が 0.2 cm少なくなる。これが裏台衿になる。

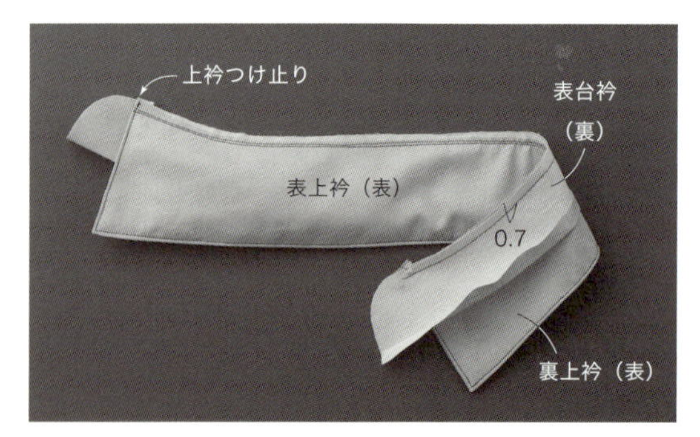

9 表台衿と裏上衿を中表に合わせ、縫い代に仮どめミシンをかける。

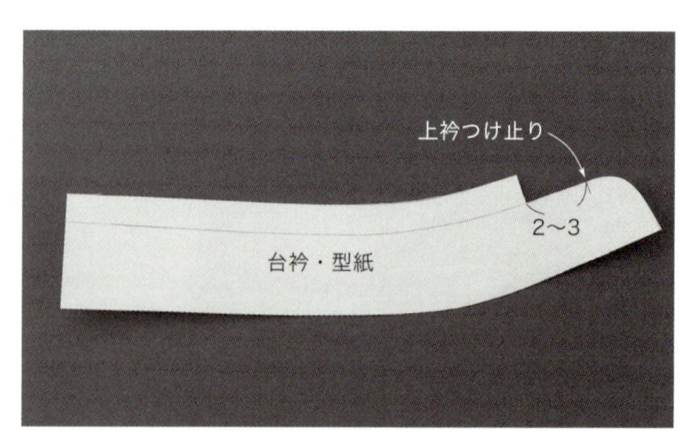

10 7 の型紙の衿先のカーブの部分の縫い代をカットする。

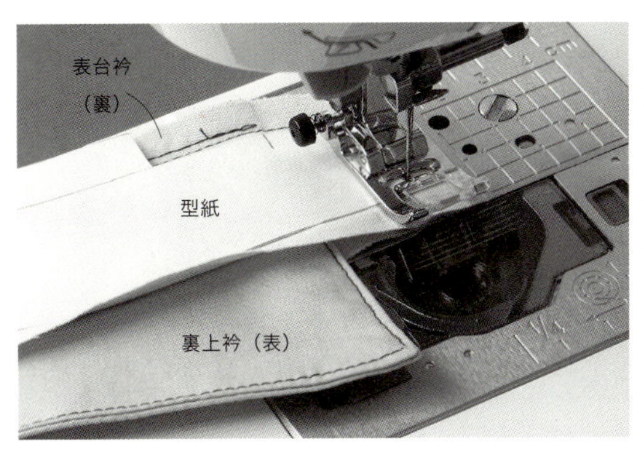

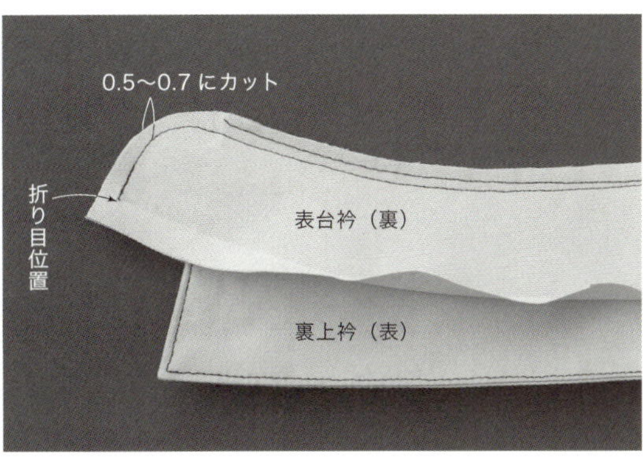

11 9 の表上衿側に、裏台衿を中表に重ね、台衿で上衿をはさんで、表台衿側から縫う。左右の台衿先のカーブをそろえるためには、10 の型紙を当ててミシンをかけるか、縫う前に型紙を当てて、カーブの部分の出来上り線を描いて縫う。また、縫始め、縫終りは、表台衿の下側の折り目位置で。縫い終わったら、カーブの縫い代を 0.5 〜 0.7 ㎝にカットする。

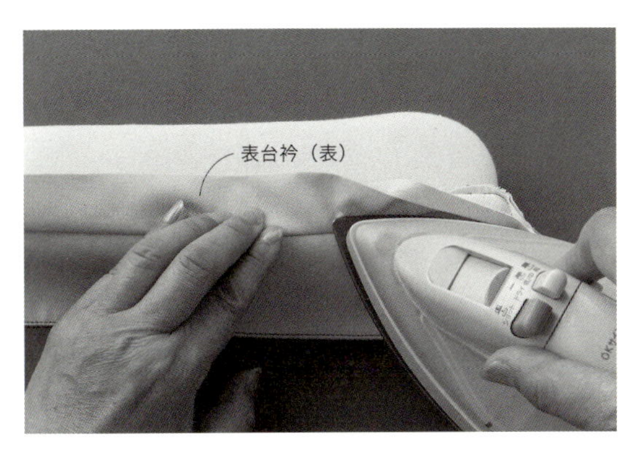

12 表台衿を表に返し、縫い代を台衿側に倒して、上衿つけ止りあたりまでをアイロンで整える。このとき上衿にアイロンが当たらないように、アイロン台の端やまんじゅうを使ってかける。

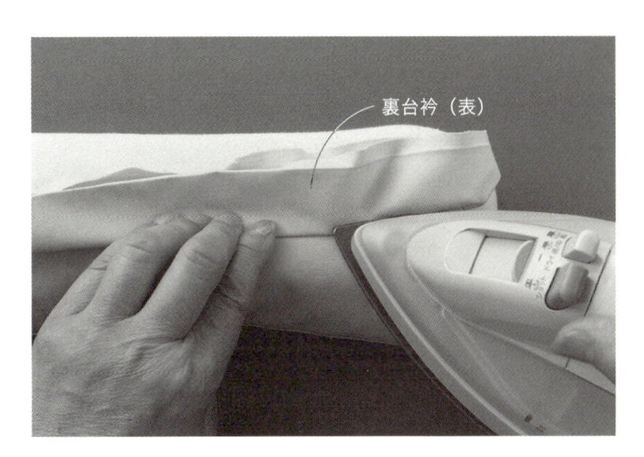

13 裏台衿も表に返し、12 と同じ要領でアイロンをかける。

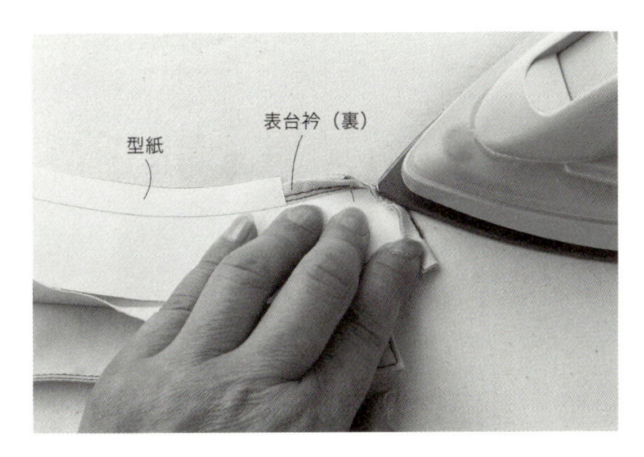

14 表台衿の裏面に 10 の型紙を当て、カーブの縫い代をミシン目の際からアイロンで折る。アイロンの先を使い、縫い代に均一にしわを寄せてアイロンをかける。

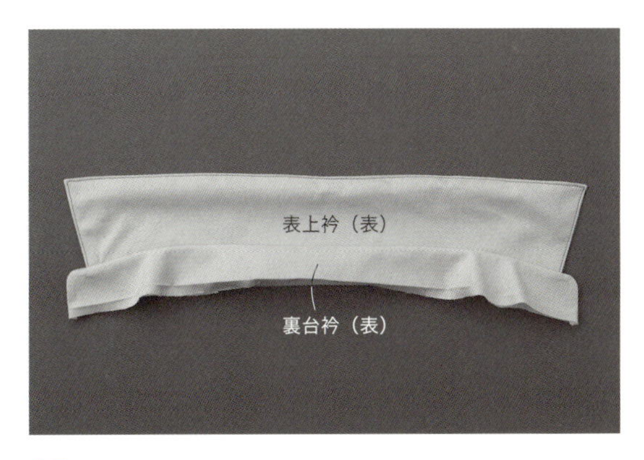

15 台衿を表に返して全体をアイロンで整える。

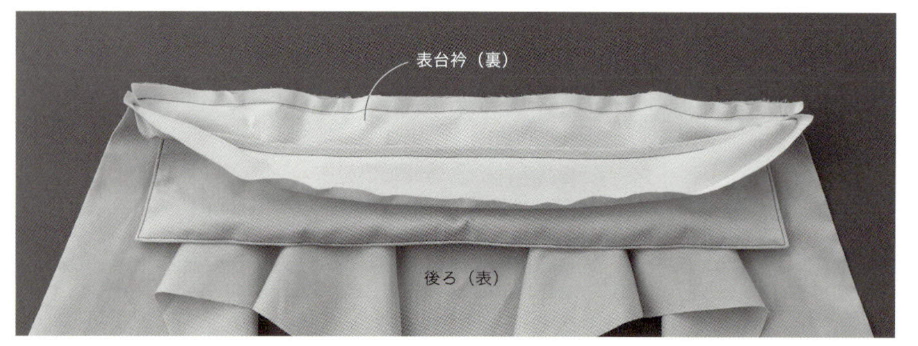

16 身頃の衿ぐりに表台衿を中表に合わせ、裏台衿をよけて衿つけミシンをかける。このとき身頃の前端から台衿を 0.1 ～ 0.2 ㎝控えて合わせると、表に返したとき台衿が飛び出しにくい。

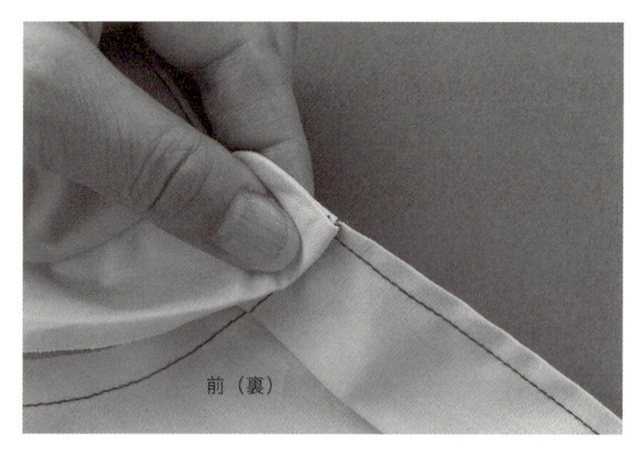

17 表に返して 16 の縫い代を台衿側に倒し、台衿の前端の縫い代をきちんとたたんで折り込む。

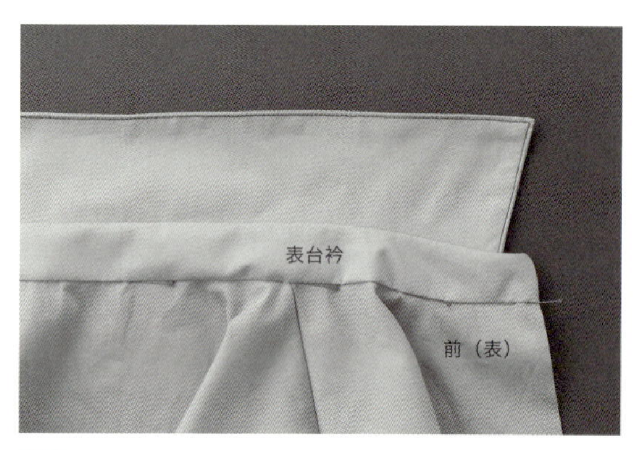

18 裏台衿のつけ側の縫い代を、8 の折り目で折り、表台衿側から、縫い目にまち針をとめる。

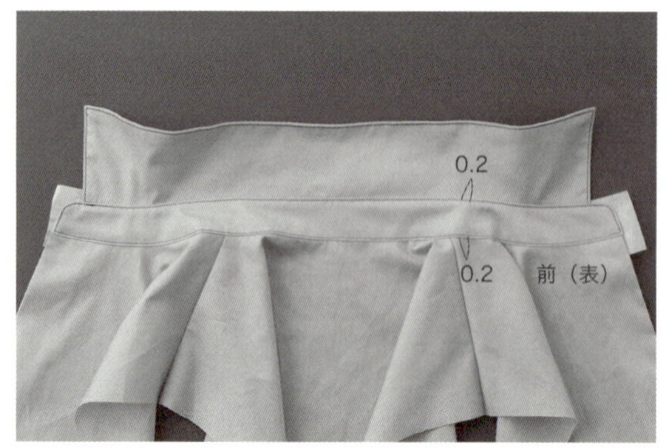

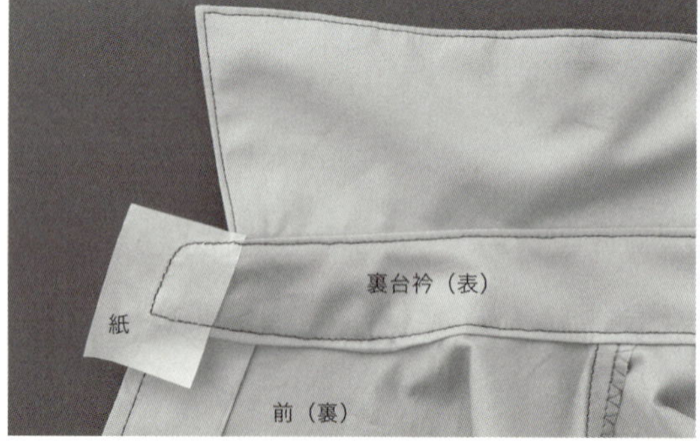

19 表台衿側から、台衿の周囲にステッチをかける。このとき台衿の先には、裏台衿側に紙（ハトロン紙、トレーシングペーパーなど）を当てて縫う。これはミシンの送りをスムーズにするためと、カーブの部分を伸ばしてしまうのを防ぐため。

20 台衿先の紙を破り取り、台衿をアイロンで整えて出来上り。

スラッシュあき・見返し始末 … 布：ウールジョーゼット

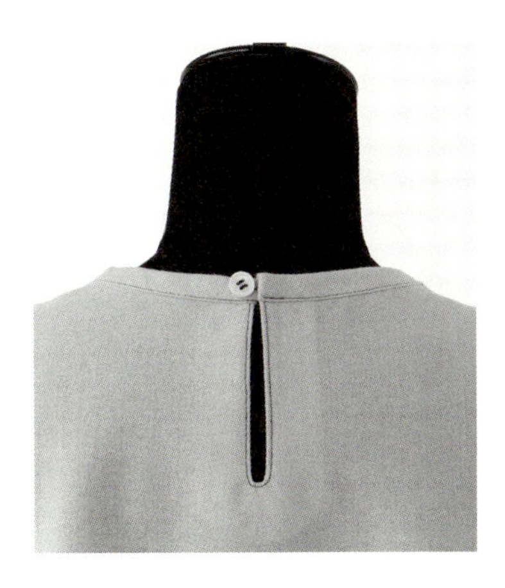

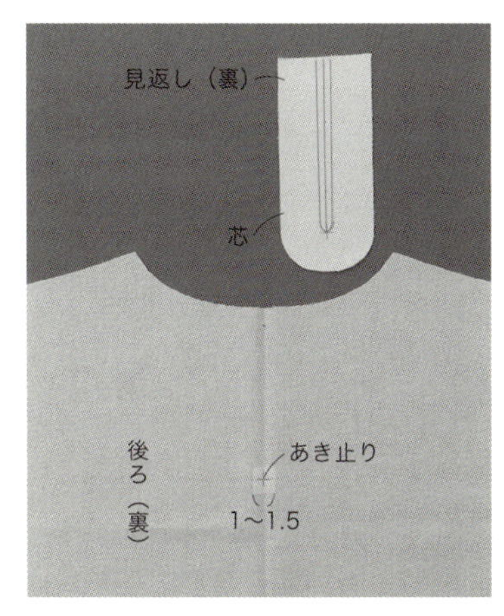

1 後ろ身頃は裏面のあき止りに接着芯をはり、あき止りに印をつける。見返しは裏面に接着芯をはり、あきの出来上り線を描く。

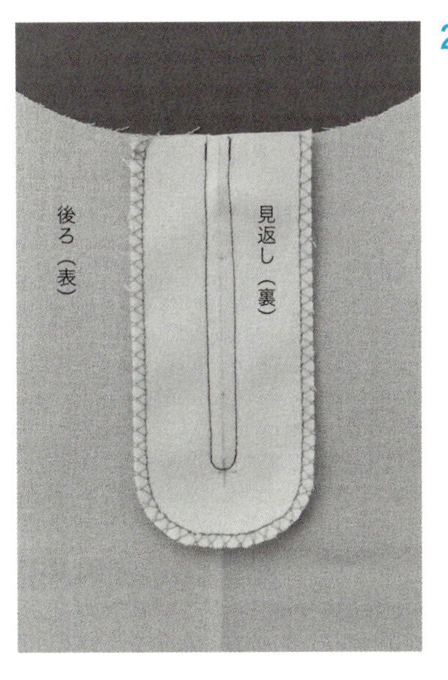

2 見返しの外回りに裁ち目かがりミシン（またはジグザグミシン）をかけ、後ろ身頃と中表に合わせてあきをＵ字に縫う。このときあき止りの前後0.5㎝ぐらいは針目を細かくする。→図右下

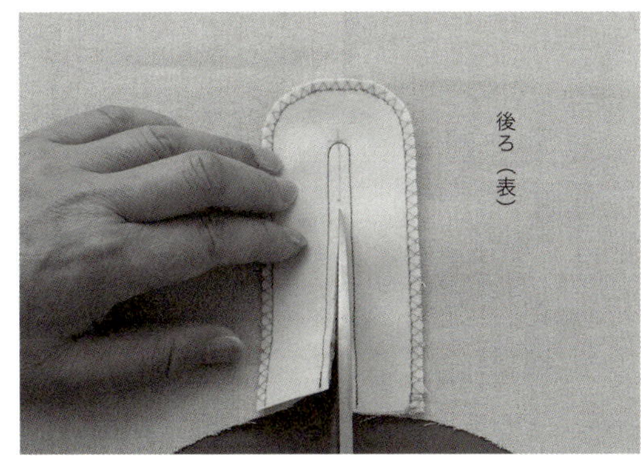

3 Ｕ字に縫った中央に切込みを入れる。さらにあき止りは矢羽根に切り込む。

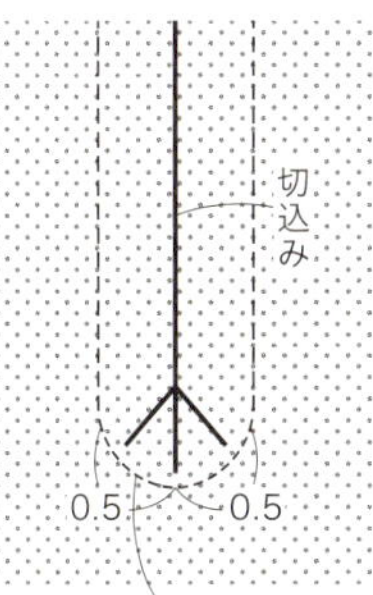

針目を細かく

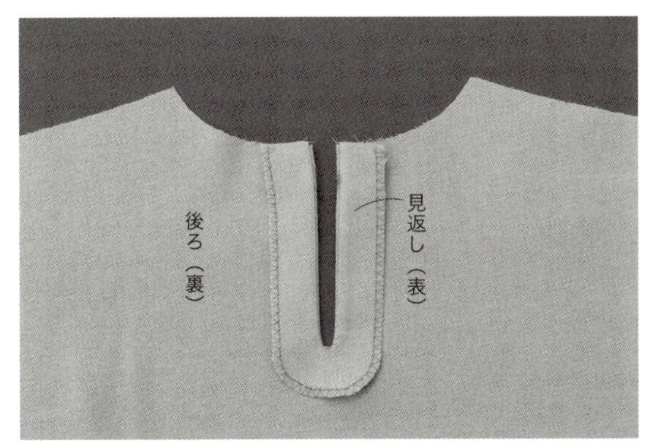

4 見返しを身頃の裏面に返し、見返しを少し控えてアイロンで整える。

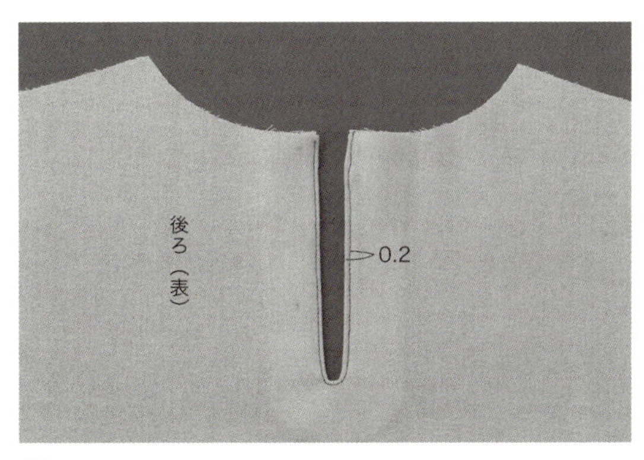

5 身頃の表面からあきにステッチをかける。出来上り。

スラッシュあき・パイピング始末 … 布：シフォンジョーゼット

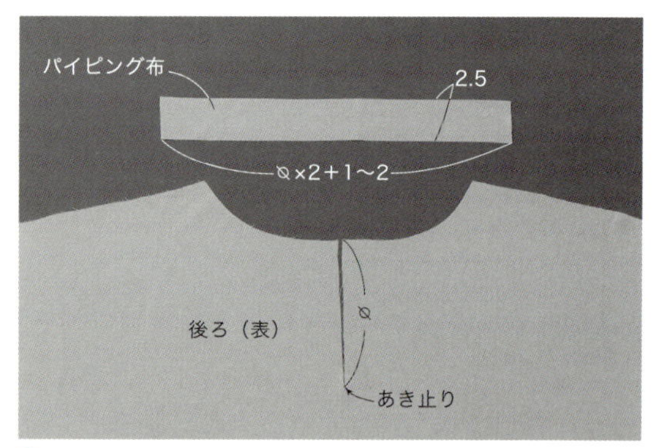

1　後ろ身頃はあき止りまで切込みを入れる。パイピング布は、シフォンジョーゼットなど薄手で柔らかな布の時は、縦地で裁断すると縫いやすい。普通地や薄手でも張りのある布の場合は、なじみやすいようにバイアスで裁つ。また、パイピング布はつけ寸法より、2〜3㎝長くしておくと縫いやすい。

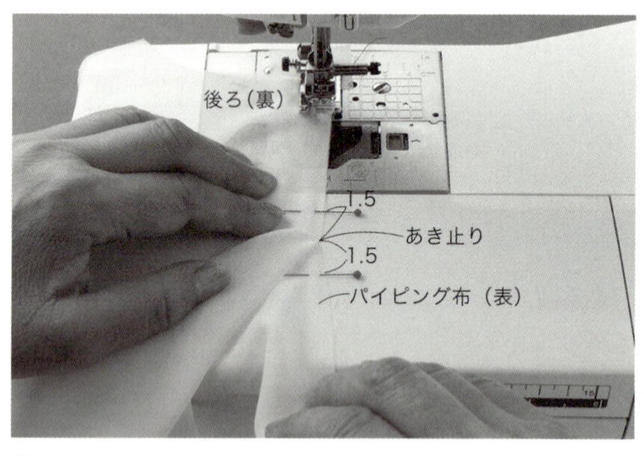

2　パイピング布の上に、切込みを開いてまっすぐにした後ろ身頃を中表に合わせ、あき止りの上下 1.5 ㎝ぐらいのところをまち針でとめる。

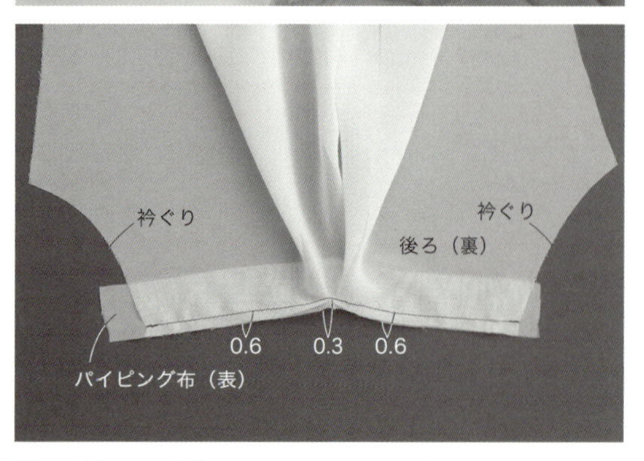

3　上端からまち針のところまでは 0.6 ㎝幅で、まち針の間は針目を細かくして 0.3 ㎝幅で縫う。

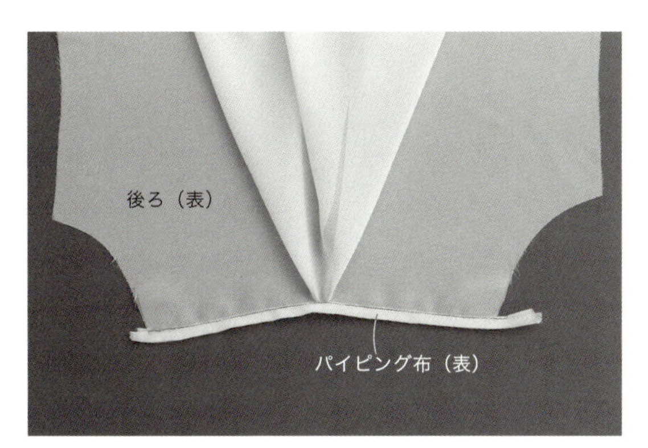

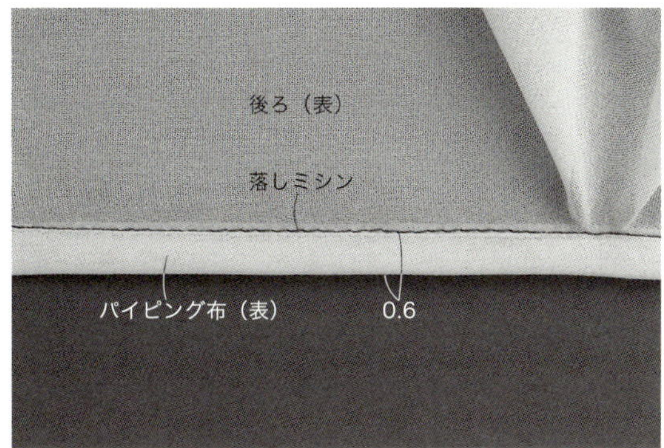

4 縫い代をパイピング布でくるむ。パイピングの幅は、身頃の表面は 0.6 ㎝、裏面は 0.7 ㎝幅にアイロンで折り、表面からパイピング布の際に落しミシンをかける。アイロンで整えたら、パイピング布の余分はカットしておく。

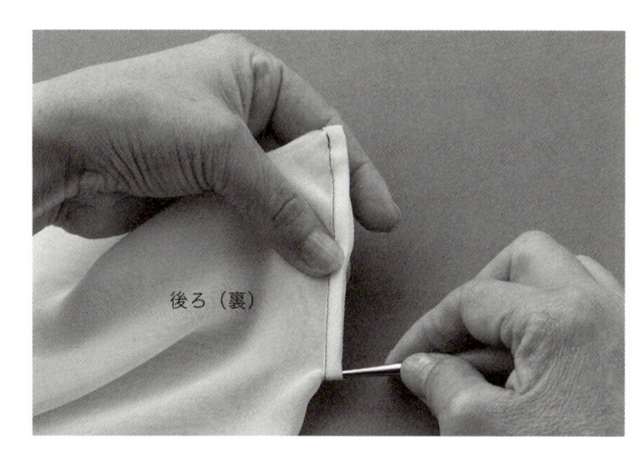

5 あきのパイピングを中表に合わせてあき止りに目打ちを入れ、下に引いて整える。これはパイピング布のもたつきをなくしてあき止りのとめミシンをかけやすくするため。

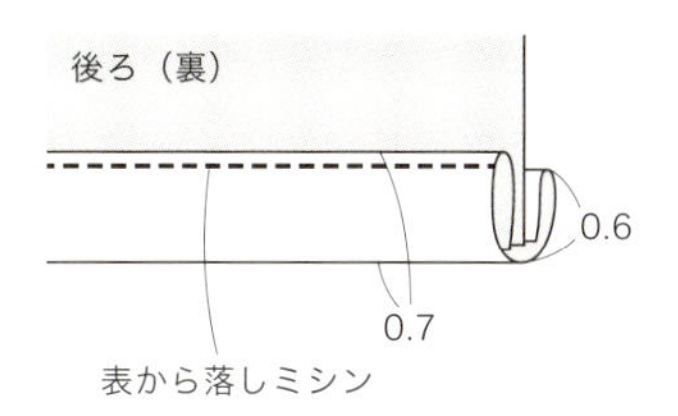

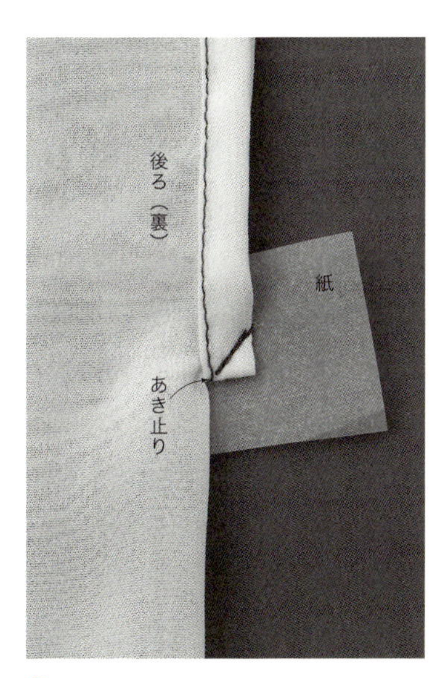

6 あき止りのパイピング布に、斜めにとめミシンをかける。下に紙（ハトロン紙やトレーシングペーパーなど）を当てて、3～4回重ねてミシンをかける。

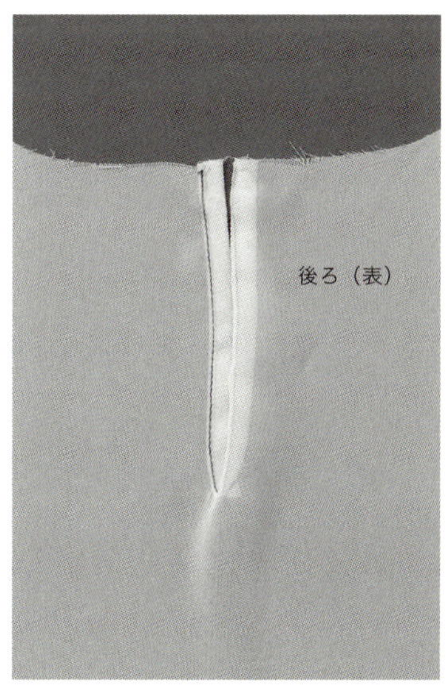

7 あき止りの紙を破り取り、表に返す。右後ろのパイピングを身頃の裏面に折り、アイロンで整える。出来上り。

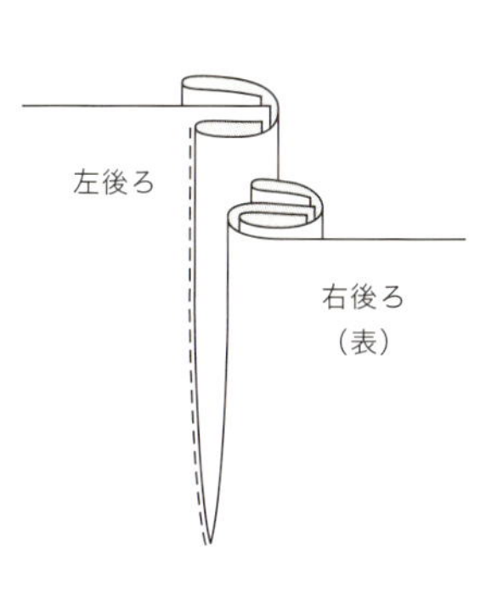

あきの仕立て

短冊あき …布：綿ブロード

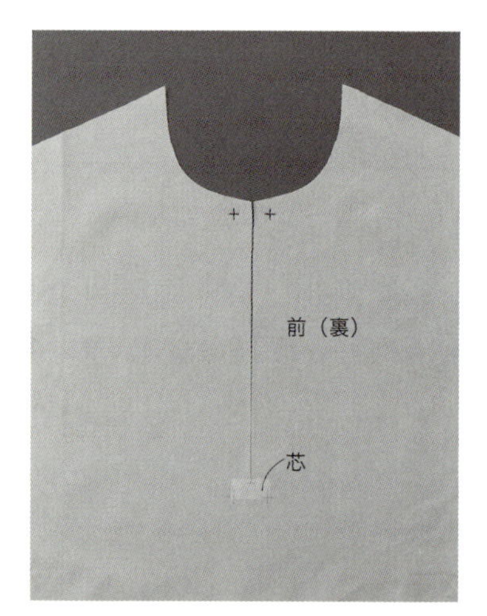

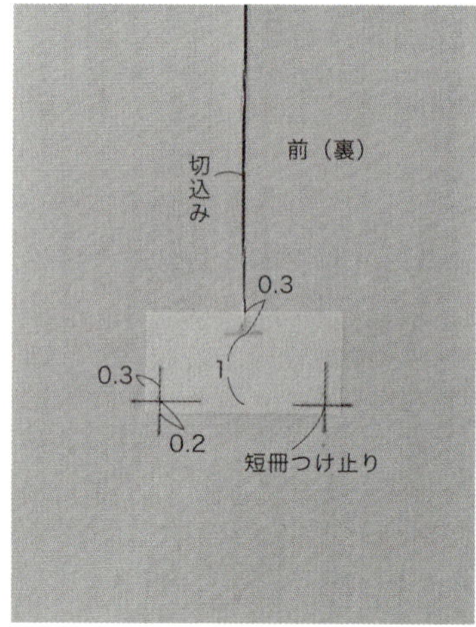

1 前身頃は短冊つけ止りに接着芯をはり、短冊つけ止りの 1 ㎝上まで、中央に切込みを入れる。

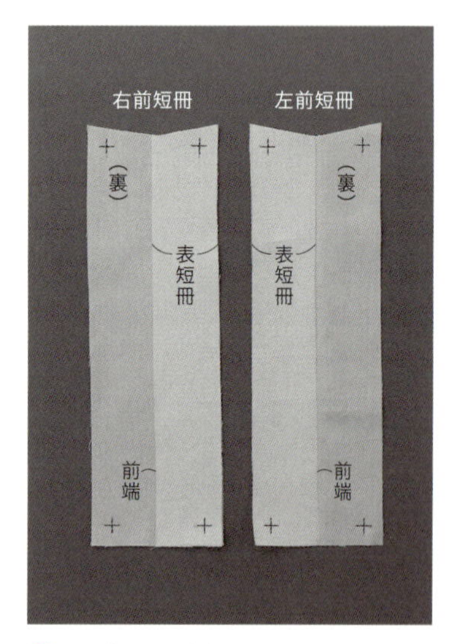

2 右前短冊、左前短冊とも、表短冊側の裏面に接着芯をはる。

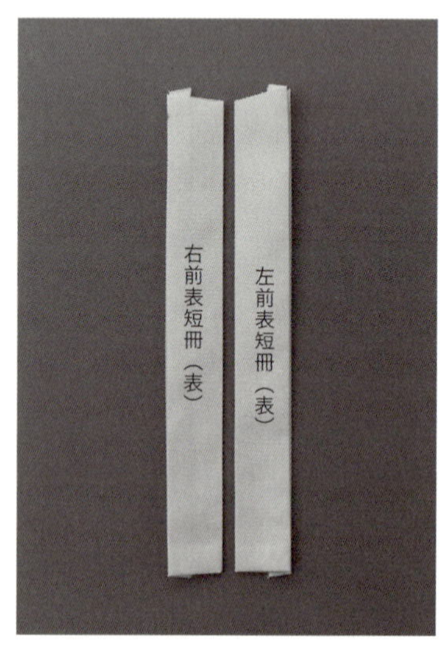

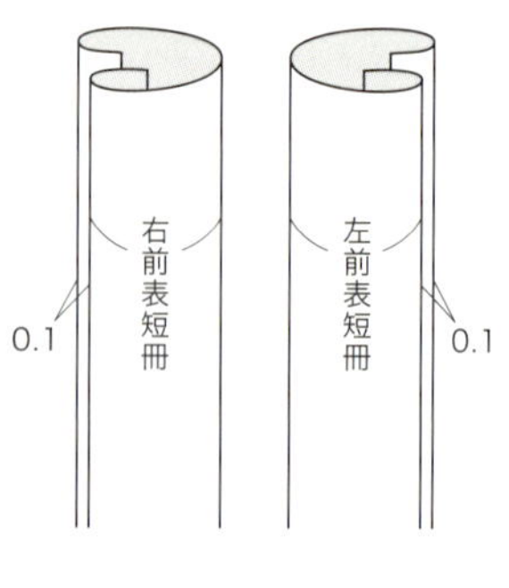

3 短冊布の下端、両サイドの順に、縫い代をアイロンで裏面に折り、さらに外表に半分に折る。半分に折るときは、左右とも表短冊側を 0.1 ㎝ぐらい控えて折る。

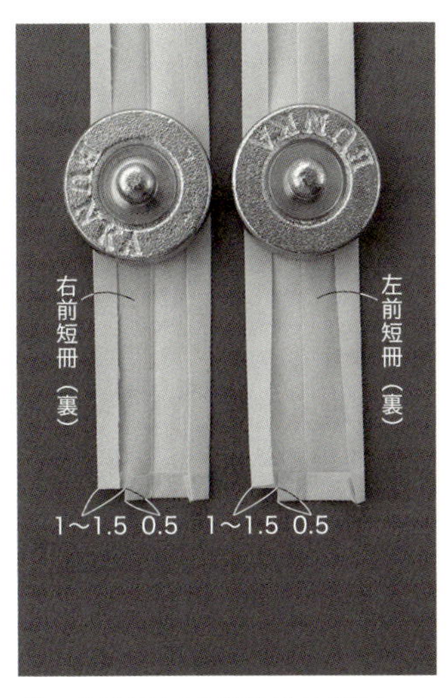

4 右前短冊は裏短冊側の下端を、左前短冊は表短冊側の下端を、写真のようにカットする。

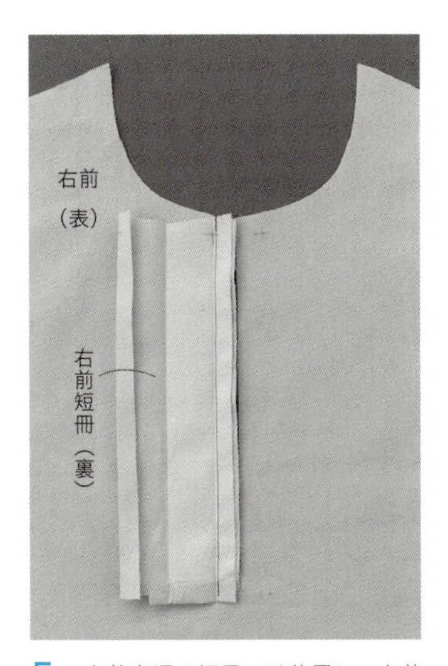

5 右前身頃の短冊つけ位置に、右前表短冊を中表に合わせて縫う。

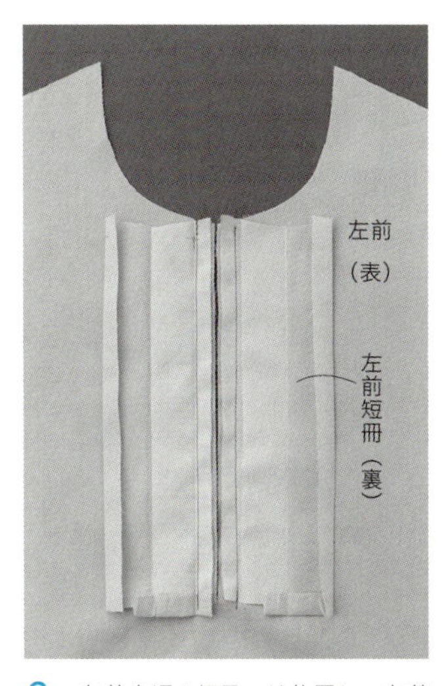

6 左前身頃の短冊つけ位置に、左前表短冊を中表に合わせて縫う。

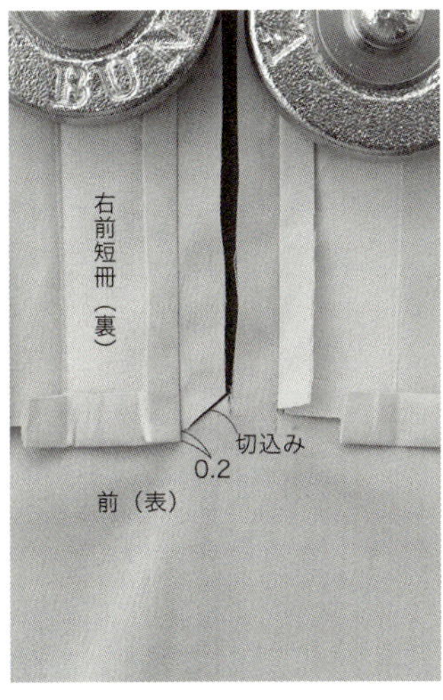

7 身頃の右前短冊のつけ止りに、短冊布の縫い代をよけて斜めに切込みを入れる。

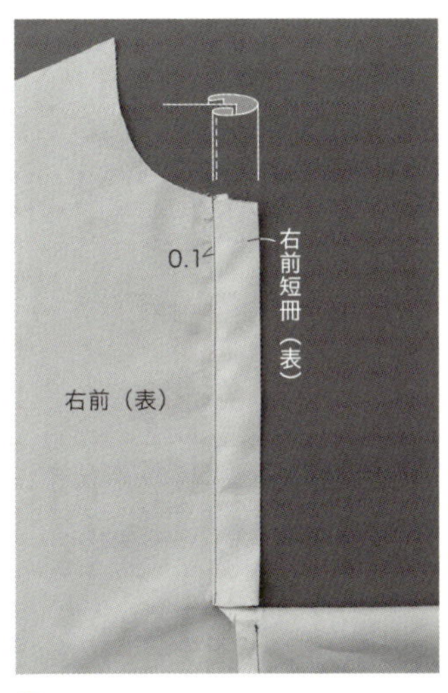

8 左前身頃をよけ、右前短冊で縫い代をはさみ、表短冊側から、短冊布の際にステッチをかける。

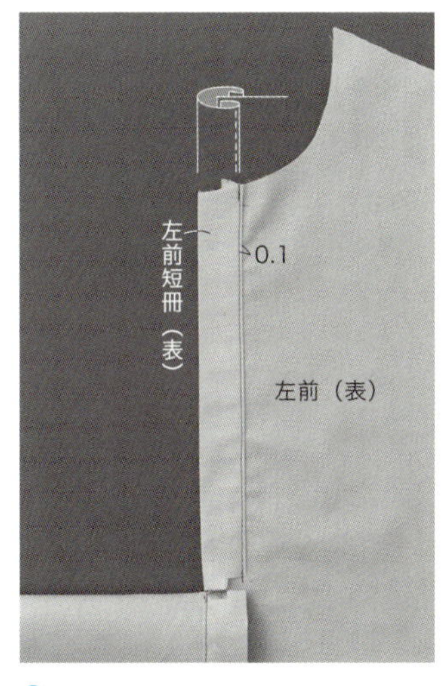

9 8と同じ要領で、左前短冊で縫い代をはさみ、短冊布の際にステッチをかける。

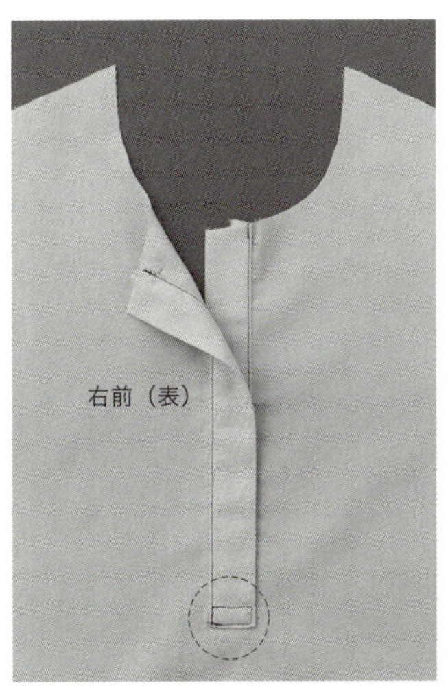

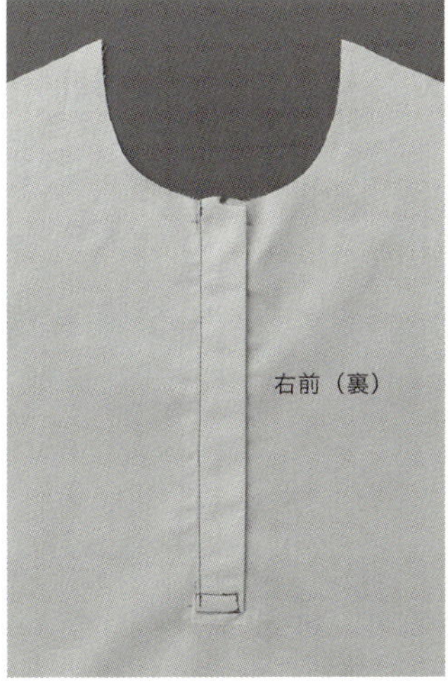

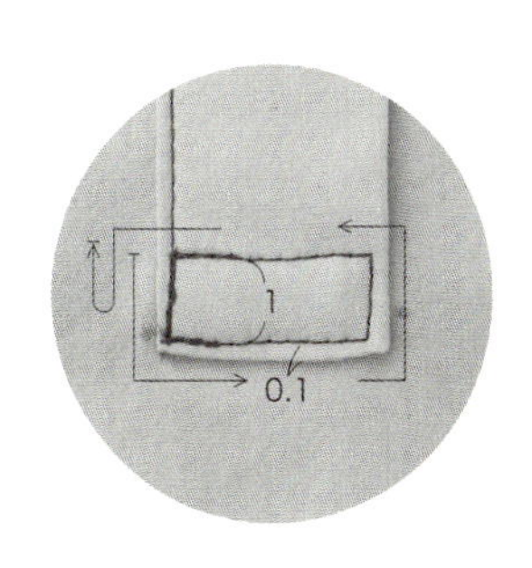

10 右前を上にして左右の短冊を重ね、下端を縫いとめる。出来上り。

簡単比翼あき …布：綿ブロード

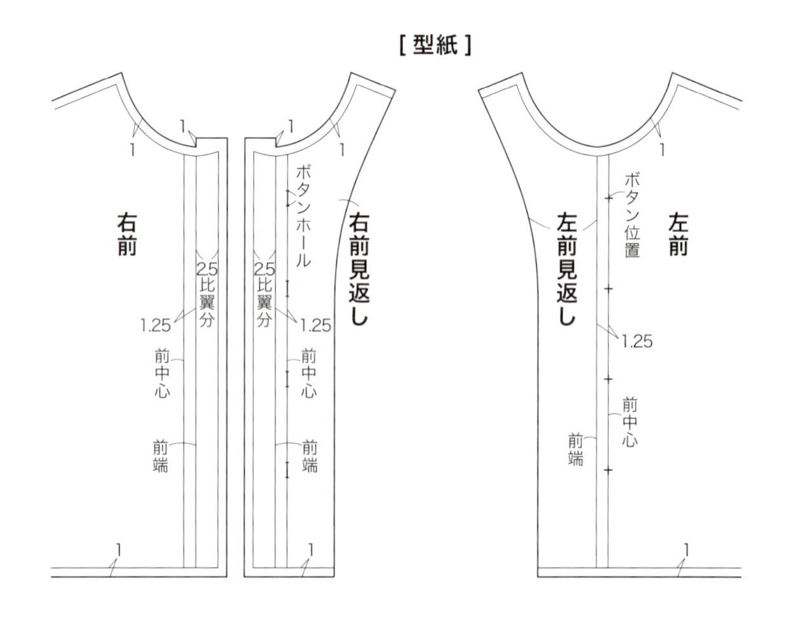

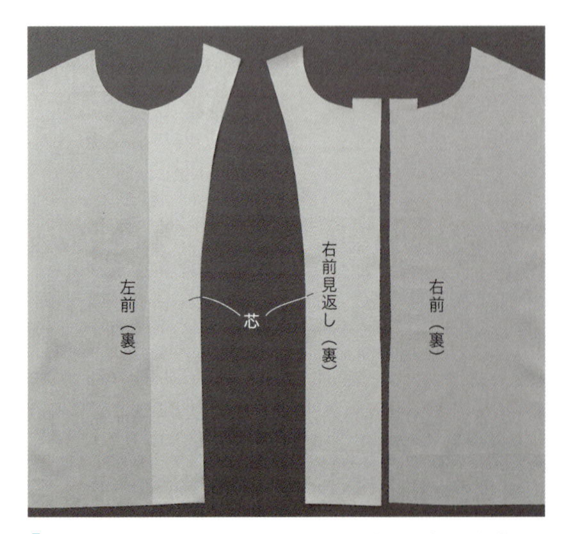

1 右前見返しの裏面と左前身頃の見返し部分の裏面に接着芯をはる。

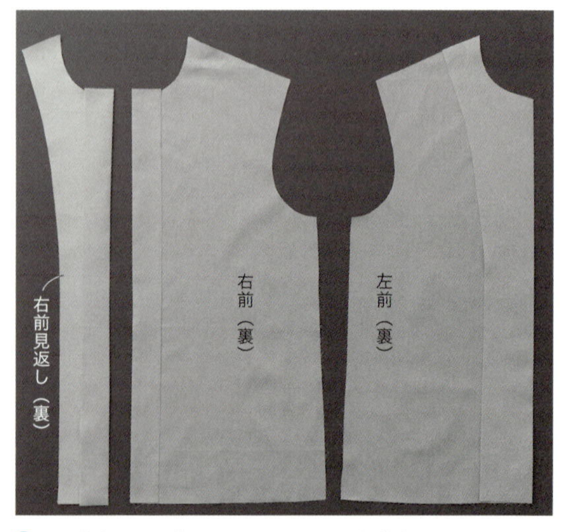

2 右前身頃と右前見返しは比翼分を、左前身頃は見返し分を、それぞれアイロンで裏面に折る。

3 左右の見返し奥にそれぞれ裁ち目かがりミシン（またはジグザグミシン）をかける。右前見返しは比翼布を折った状態でボタンホールを作る。

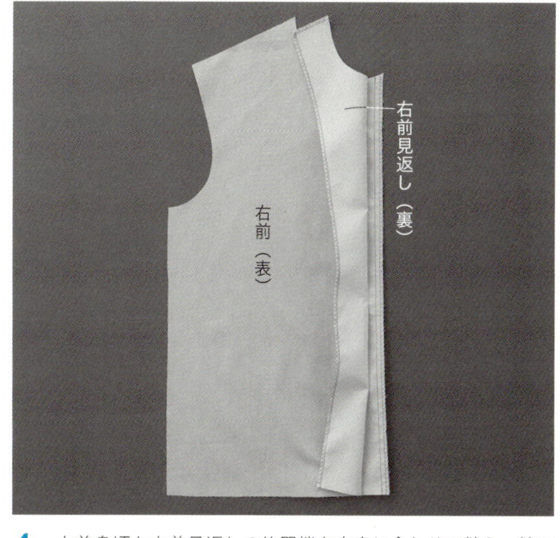

4 右前身頃と右前見返しの比翼端を中表に合わせて縫う。縫い代は２枚一緒に裁ち目かがりミシンで始末する。

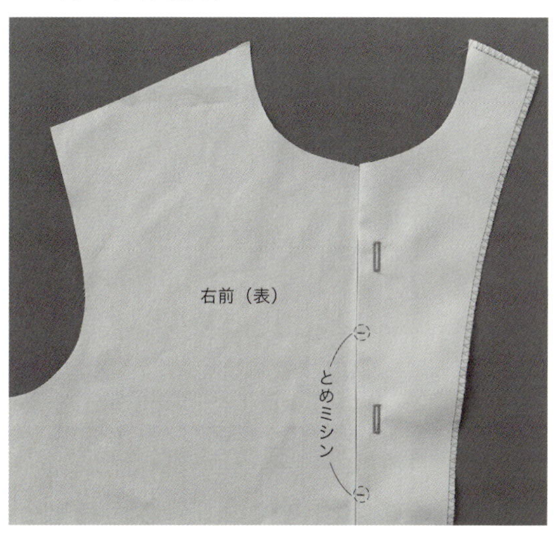

5 右前身頃をよけて、ボタンホールの中間にとめミシンをかける。とめミシンは前端から横に３〜４針、３〜４回重ねて縫う。

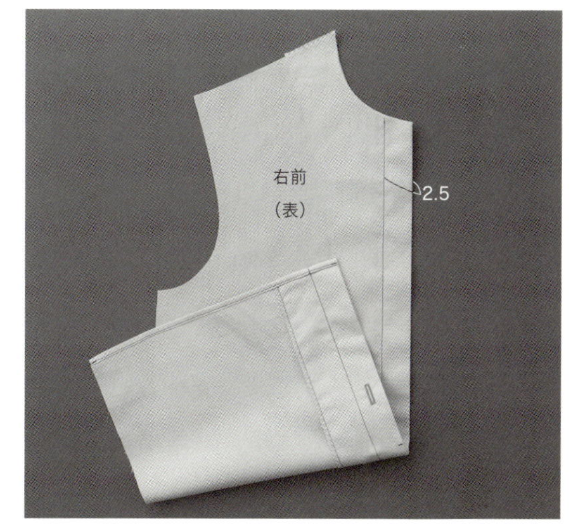

6 右前見返しを身頃の裏面に返してアイロンで整え、前端にステッチをかける。次に裾縫い代を三つ折りにしてステッチをかける。見返しの裾を中縫いする場合は、中縫いをしてから前端のステッチをかける。

7 左前身頃の前端を整え、裾を三つ折りにして縫う。出来上り。

袖口短冊あき＆カフスつけ … 布：綿ブロード

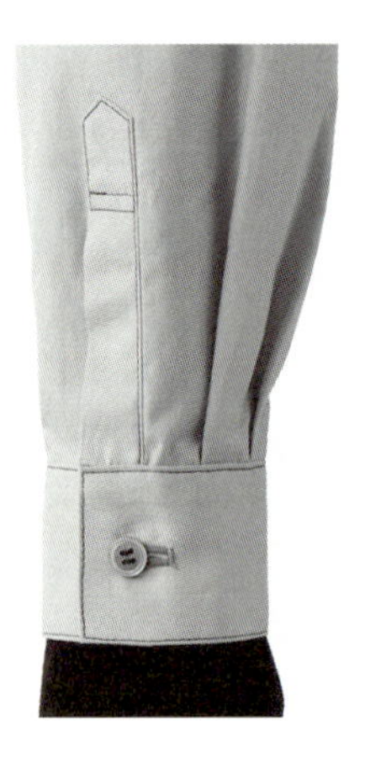

［袖口短冊あきの型紙］

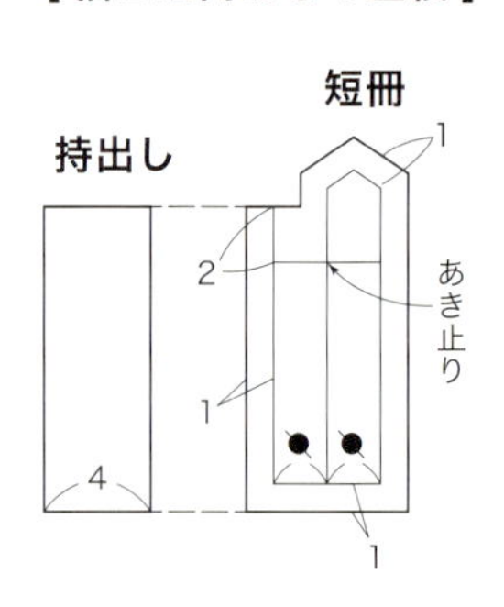

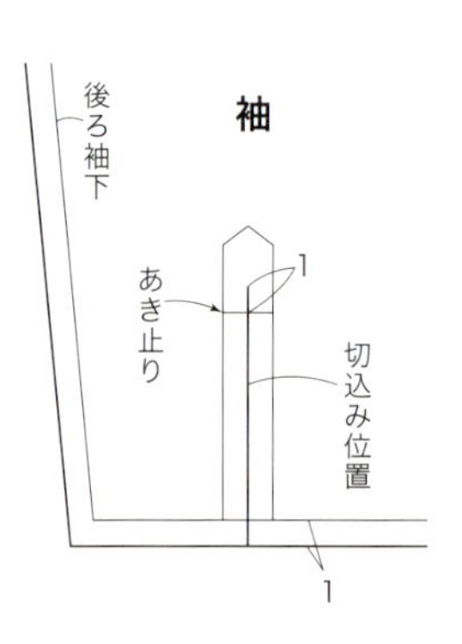

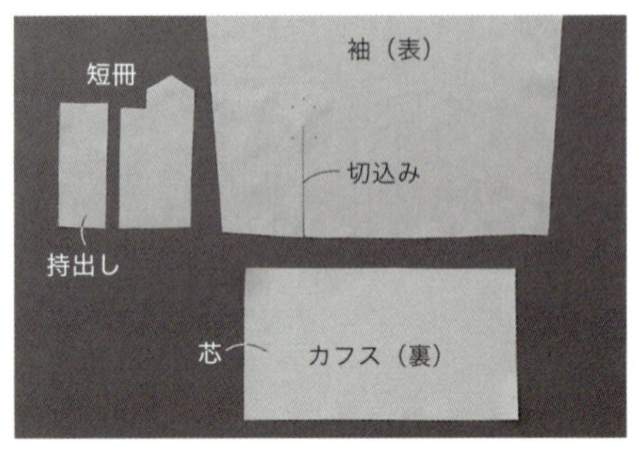

1　袖は短冊つけ位置に印をつけ、切込みを入れる。カフスは裏面に接着芯をはる。

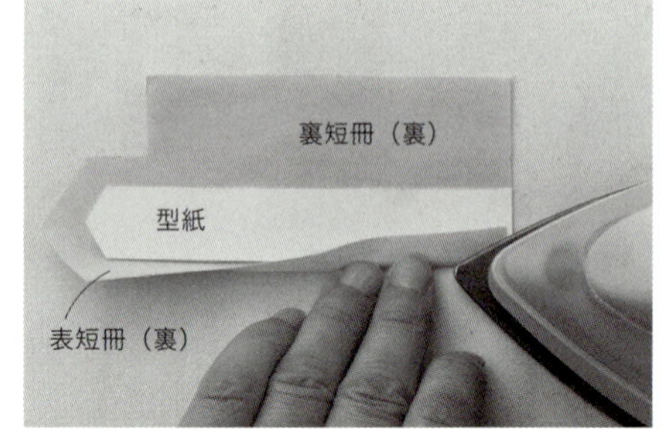

2　はがき程度の厚紙で表短冊の型紙を作る。その厚紙を短冊布の裏面に当てて、表短冊側の縫い代を折る。

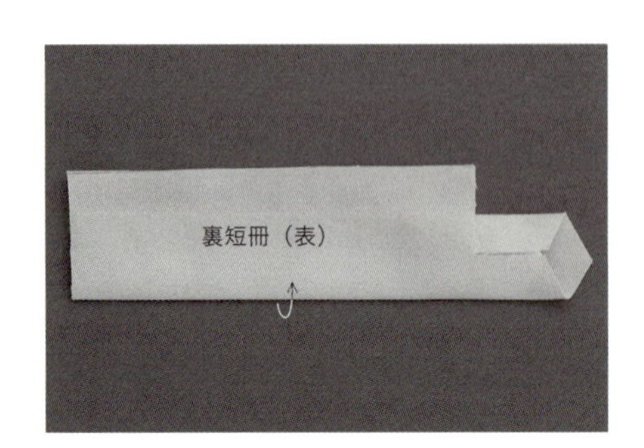

3　型紙を当てたまま、裏短冊側を外表に折る。

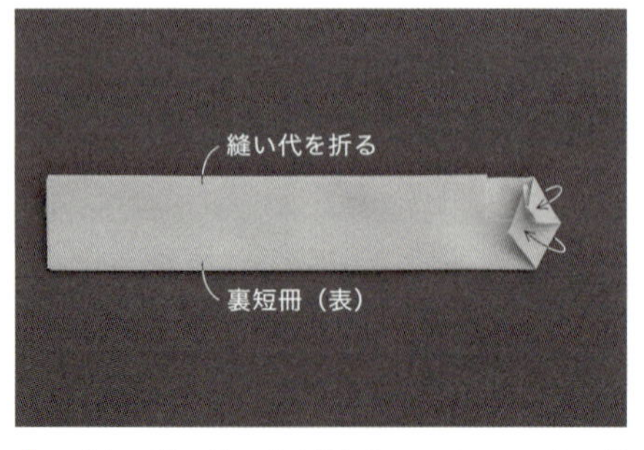

4　裏短冊側の縫い代を折り込み、さらに三角の部分の縫い代も折って型紙を抜く。

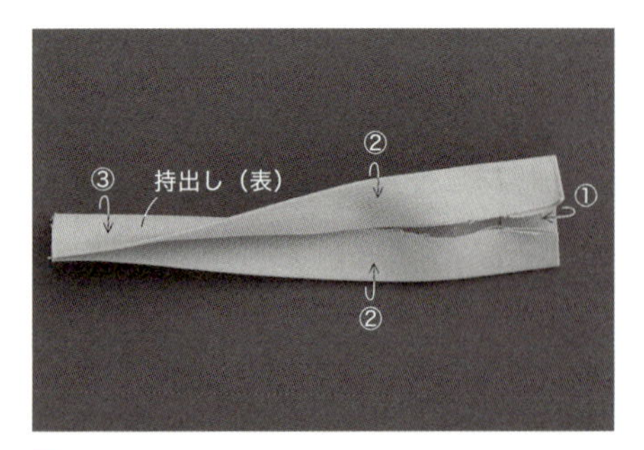

5　持出しは、上端を 1 cm折ってから 1 cm幅の四つ折りにする。

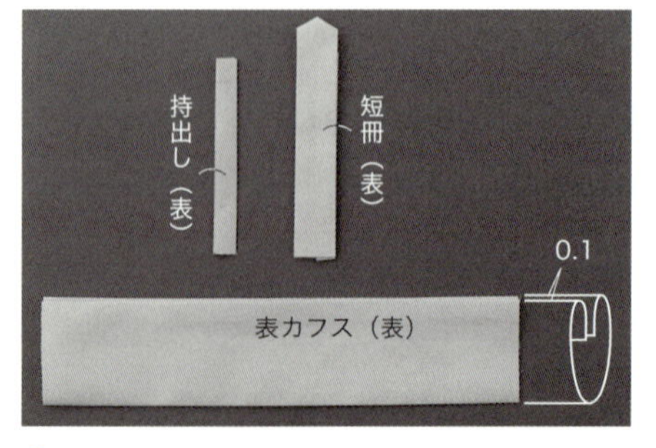

6　カフスは長辺の縫い代を折り、さらに半分に折る。このとき、表カフス側を 0.1 cmぐらい控えてアイロンで整える。各パーツの下準備ができた。

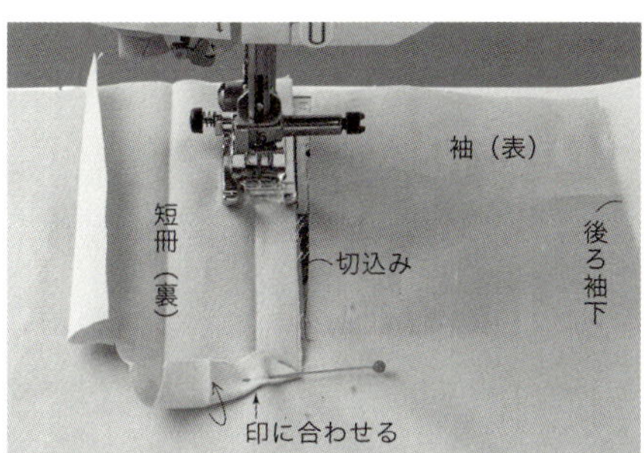

7 袖の短冊位置に、短冊の表短冊側を中表に合わせて縫う。このとき短冊の上端は縫い代を折ったまま縫う。

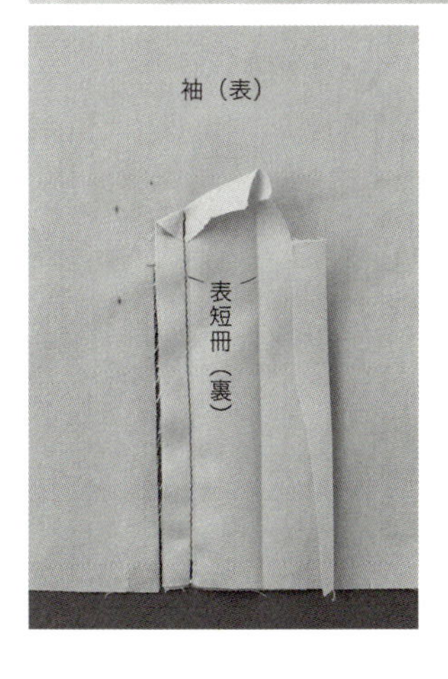

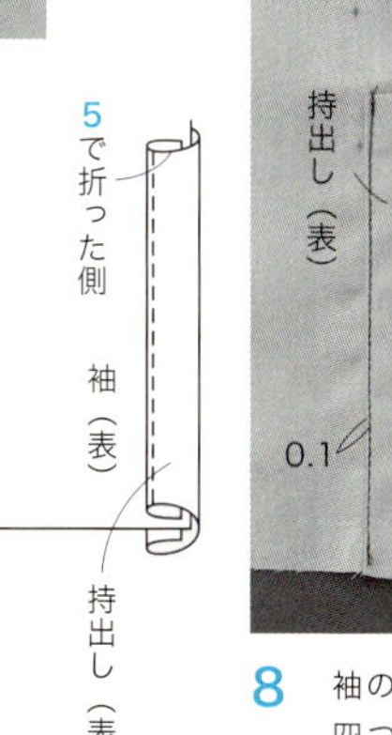

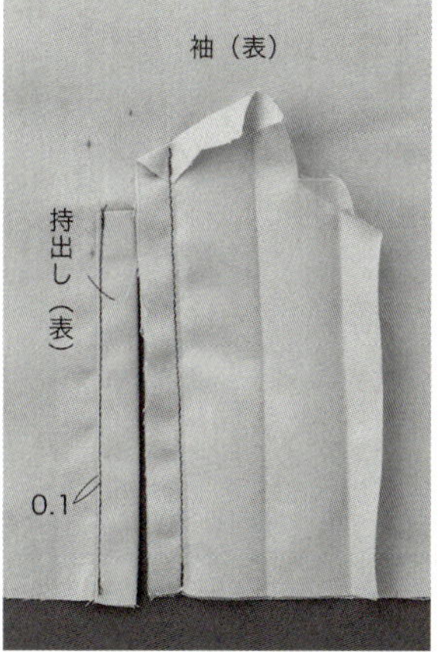

8 袖の切込みのもう一方の端を、四つ折りにした持出しではさんで縫う。

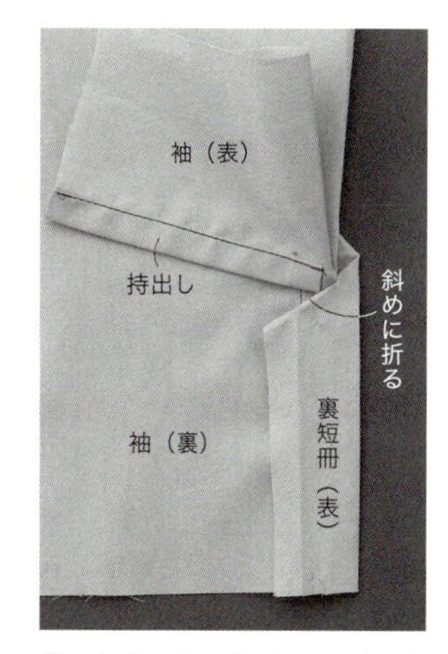

9 短冊上端の縫い代を三角に折り、次に、裏短冊を外表に折るが、裏短冊の上端は、持出しの上端（切込み止り）に合わせて斜めに折る。

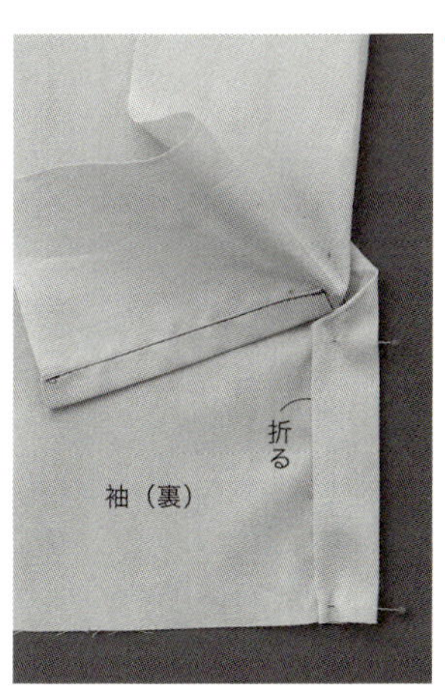

10 裏短冊の端の縫い代を折り、表短冊側からまち針でとめる。

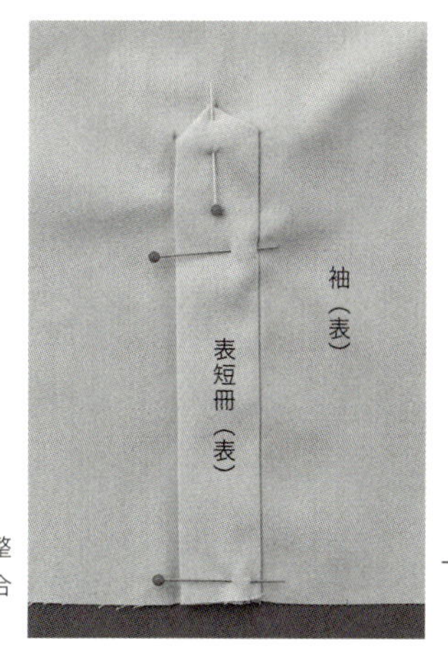

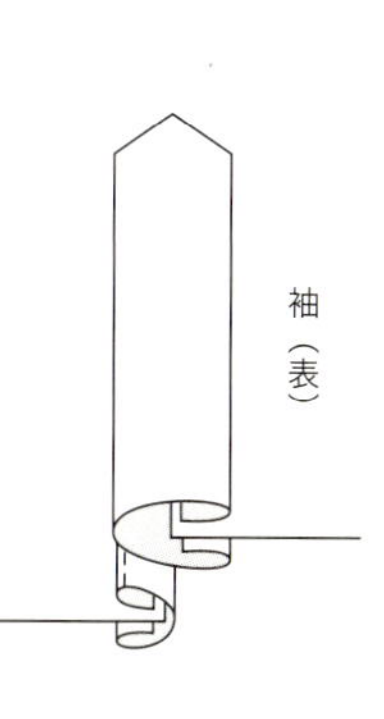

11 持出しの上に短冊を重ねて整え、短冊の上端を袖の印に合わせてまち針でとめる。

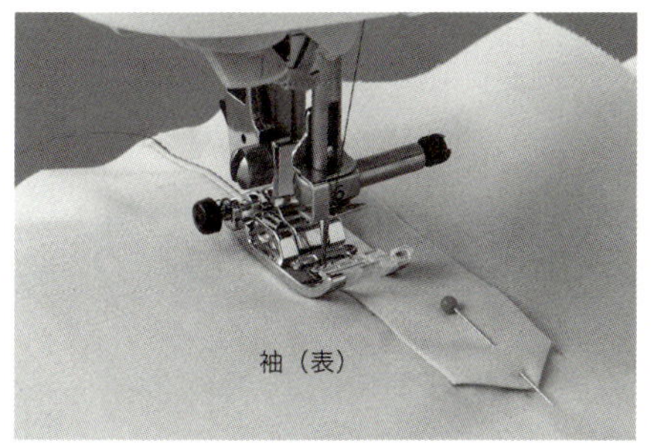

12 短冊のつけ側～上端～あき止りに、一筆書きの要領でステッチをかける。袖口短冊あきの出来上り。

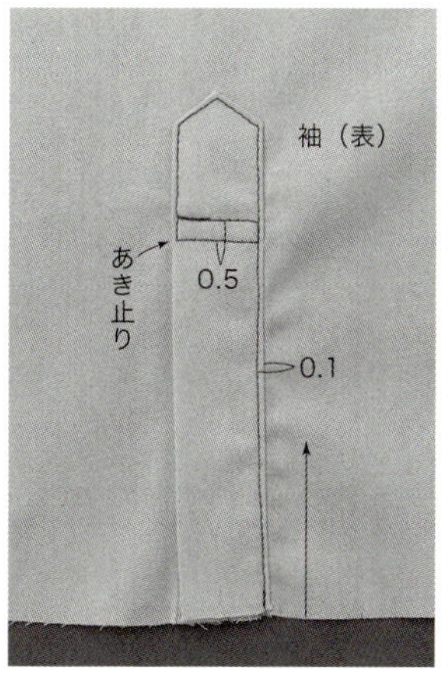

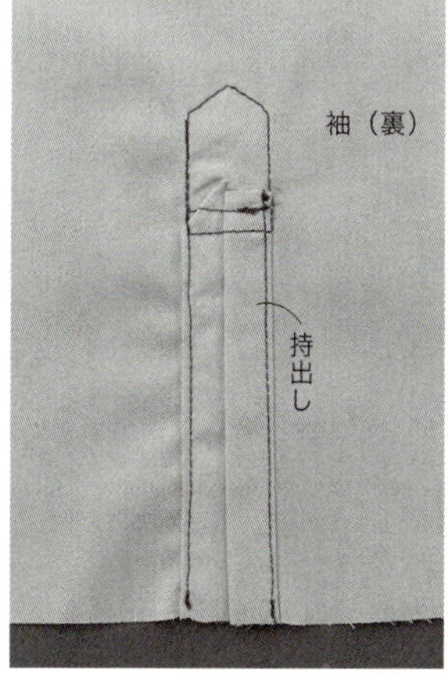

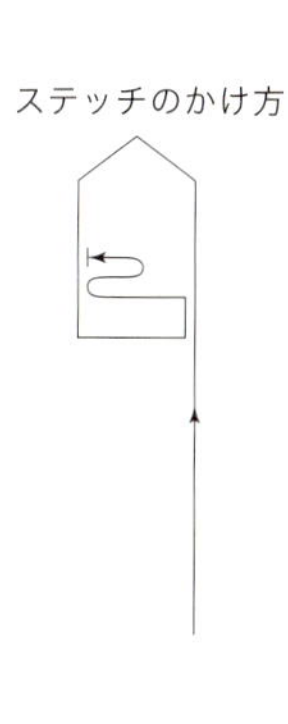

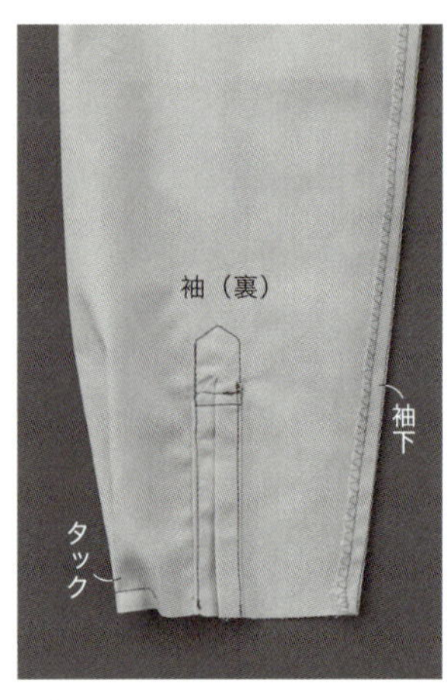

13 袖口のタックをたたんで縫い代をミシンでとめ、袖下を縫い合わせる。袖下縫い代は裁ち目かがりミシン（またはジグザグミシン）をかけて後ろ側に倒しておく。

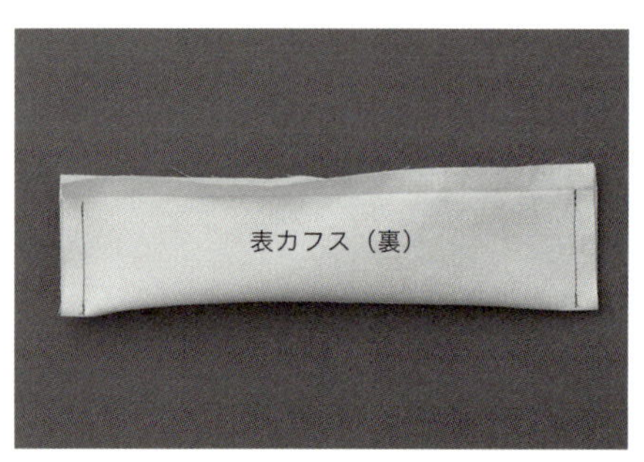

14 カフスを中表に折り、両端を縫う。このとき表カフスにゆとりを持たせるために、表カフス側の布端を 0.1 ～ 0.2 ㎝控えて縫い、上端は折り山で縫い止める。

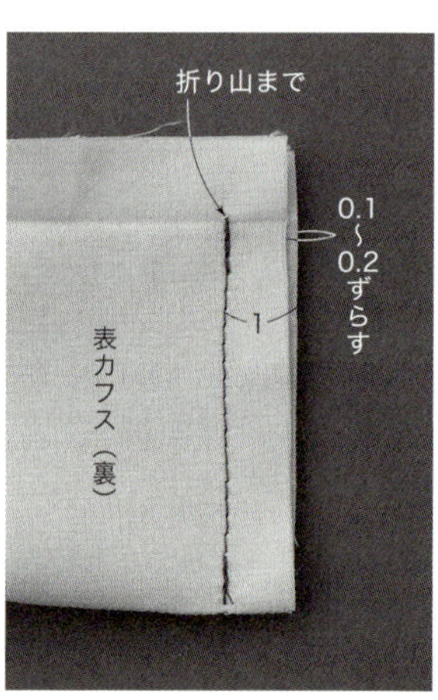

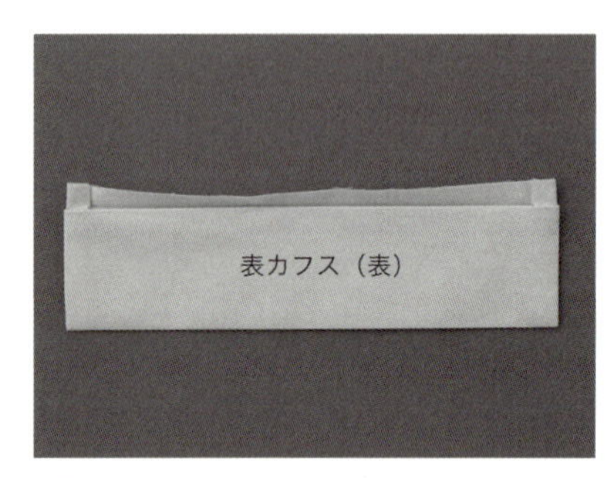

15 カフスを表に返し、表カフスのつけ側縫い代を折り込んで形を整える。

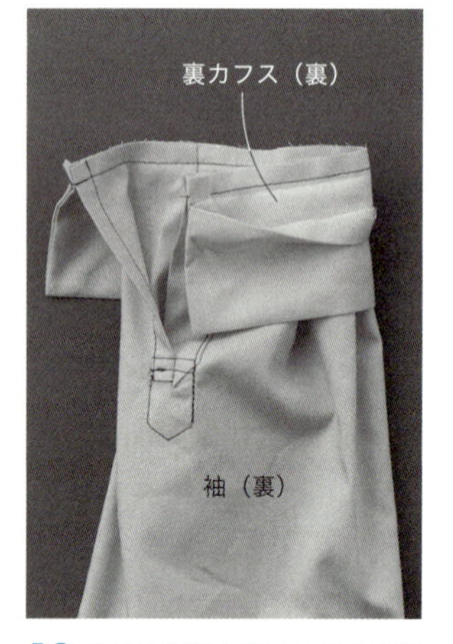

16 袖口の裏面に裏カフスの表面を合わせ、表カフスをよけて縫う。

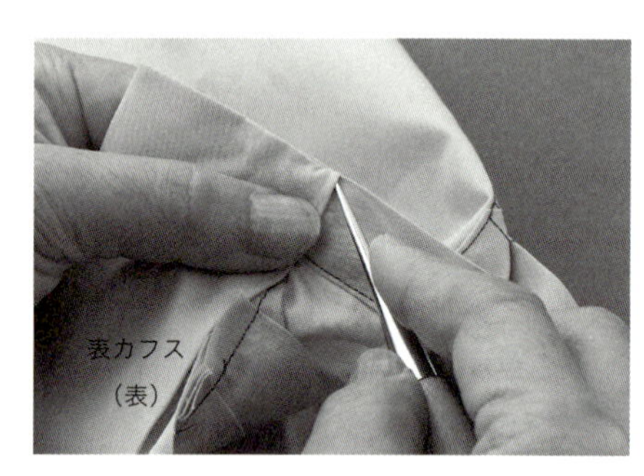

17 16 のカフスつけ縫い代をカフス側に倒し、表カフスを縫い代にかぶせて整える。端は目打ちで縫い代を押し込みながら整えてまち針でとめる。

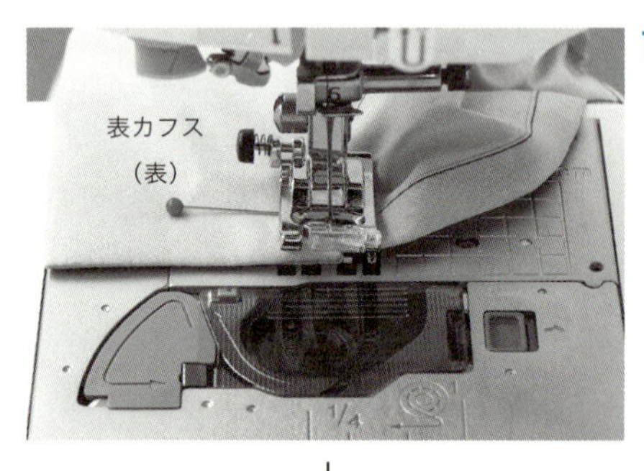

↓

18 カフスの周囲に表カフス側からステッチをかける。端は縫い代が重なっているので、縫始めは、端の 1 ～ 2 ㎝先から端に向かって縫い、端でぐるりと方向を変えて、戻るように縫うと縫いやすい。

表カフス（表）

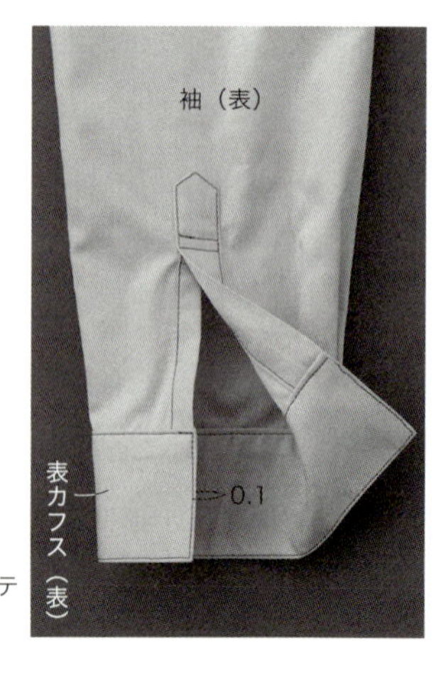

19 カフスの周囲にぐるりとステッチをかけて出来上り。

コンシールファスナーあき …布：ウールジョーゼット

コンシールファスナー

つけ寸法より2㎝以上長いものを用意し、コンシール押えを使用してミシンをかける。

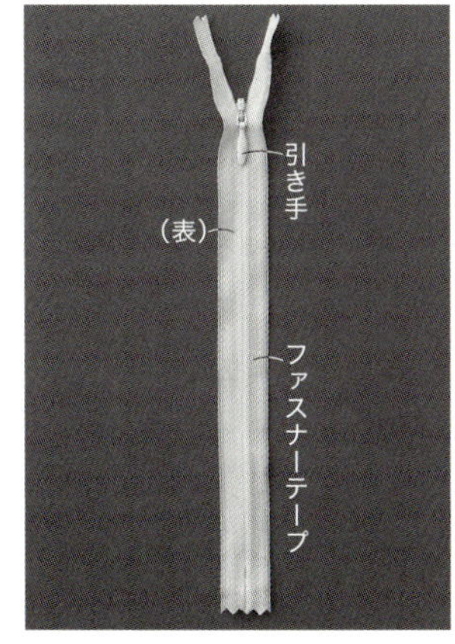

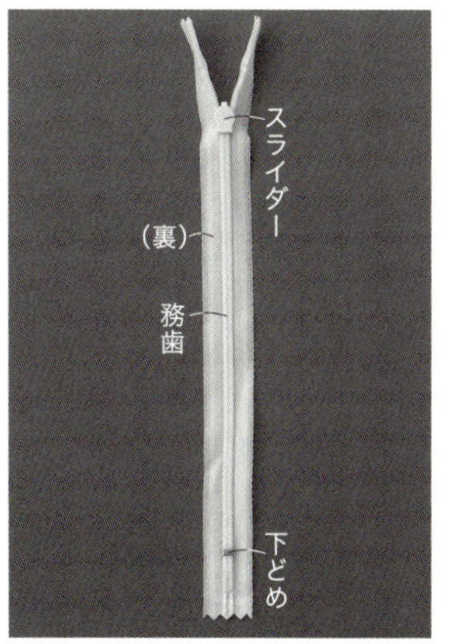

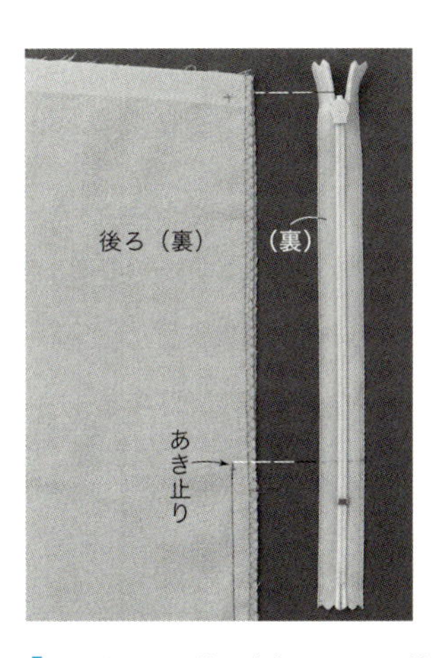

1 スカートの後ろ中心は1㎝の縫い代で裁ち、縫い代を裁ち目かがりミシン（またはジグザグミシン）で始末する。薄手の布やファスナーをつけると負担のかかる布の場合は、縫い代に接着テープをはっておく。次に左右の後ろ中心を中表に合わせてあき止りから下を縫う。あき止りはしっかり返し縫いをする。コンシールファスナーはつけ寸法に合わせて、裏面にあき止り位置をしるす。

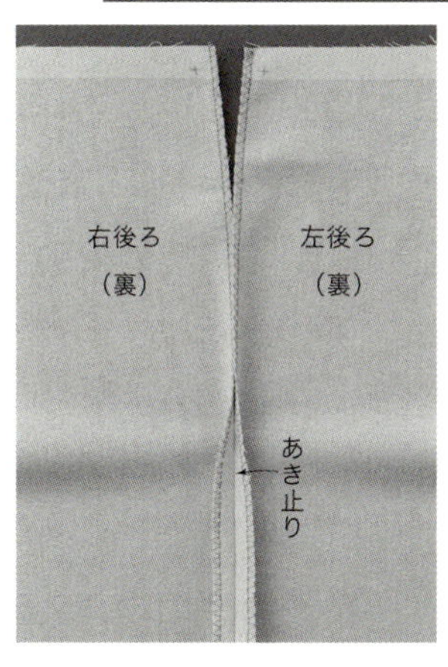

2 後ろ中心の縫い代を、あき止りまでアイロンで割る。

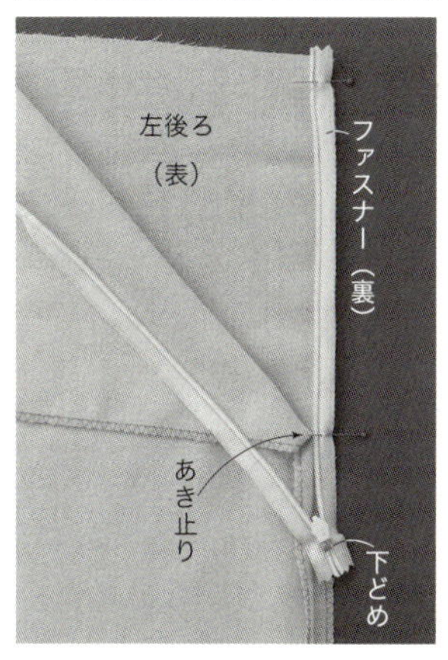

3 ファスナーの下どめを下端まで移動し、ファスナーを開く。左後ろ中心のあきにファスナーの片側を中表に重ね、あき止りを合わせて上端とあき止りをまち針でとめる。ファスナーテープの幅が約1㎝なので、縫い代端とテープ端を合わせてとめる。この状態でミシンをかけるが、間の2、3か所をまち針や布用ボンド（→p.25）でとめてもいい。

薄手の布の場合

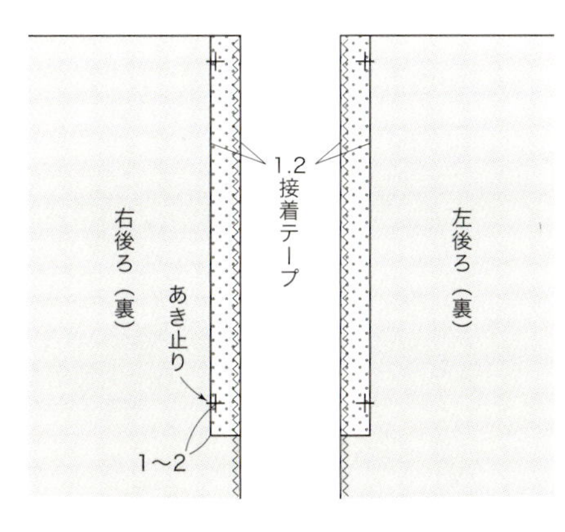

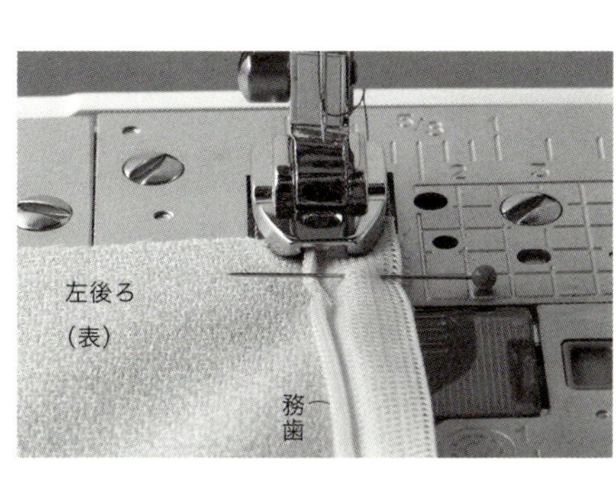

4 ミシンの押え金をコンシール押えに替え、上端からあき止りに向かって縫う。まず、押え金の向かって左側の溝にファスナーの務歯をはめ込む。

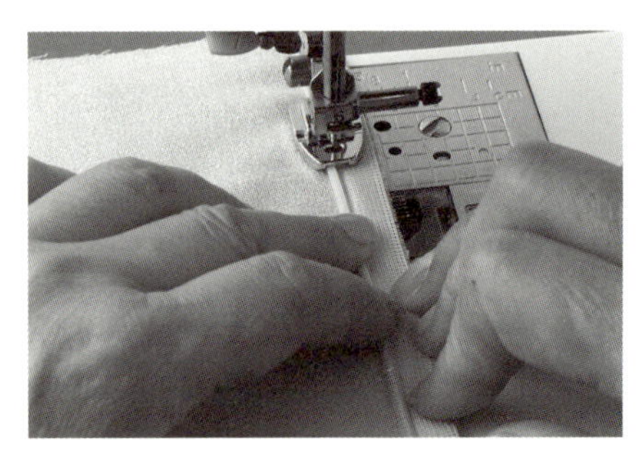

5 縫始めの返し縫いをし、指先で務歯を起こして押え金の溝にはめ込みながら縫う。

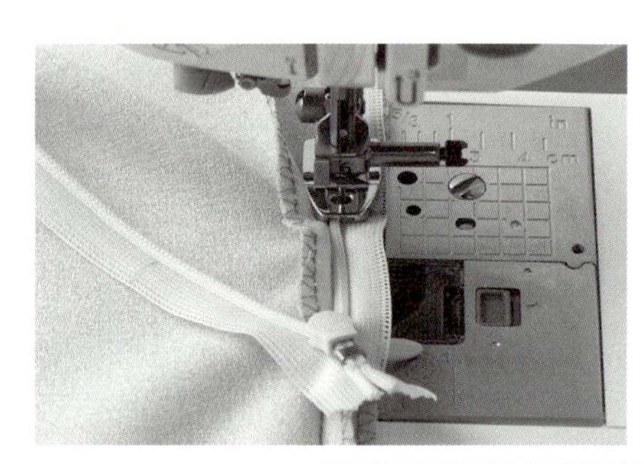

6 あき止りまで縫い、返し縫いをする。

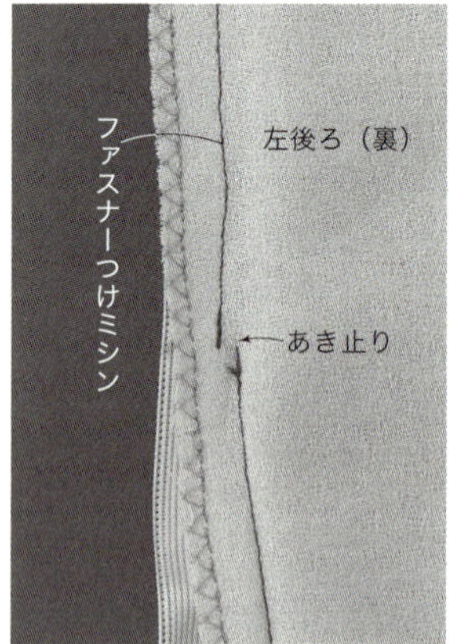

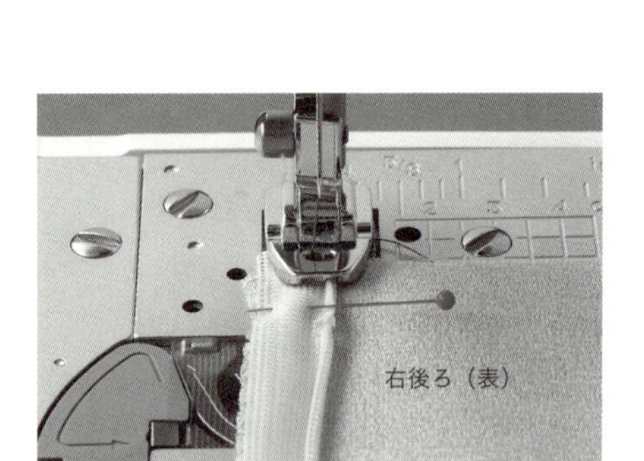

7 右後ろ中心のあきにファスナーのもう一方を3と同様にまち針でとめ、押え金の向かって右の溝に務歯をはめ込んで縫い始める。

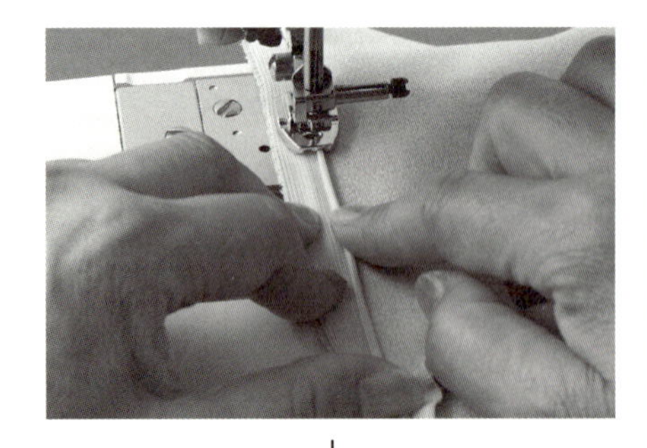

↓

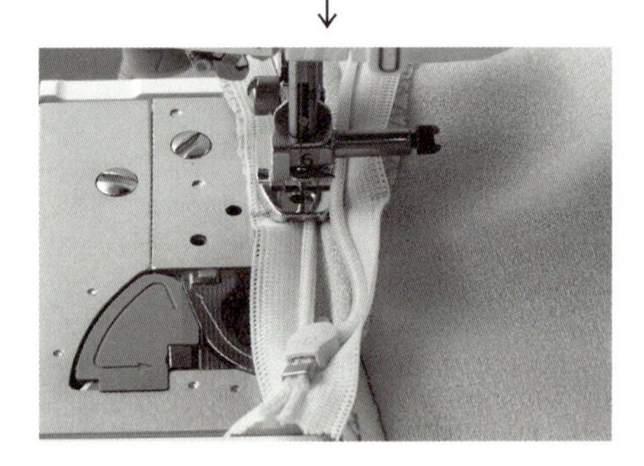

8 5、6と同じ要領であき止りまで縫う。

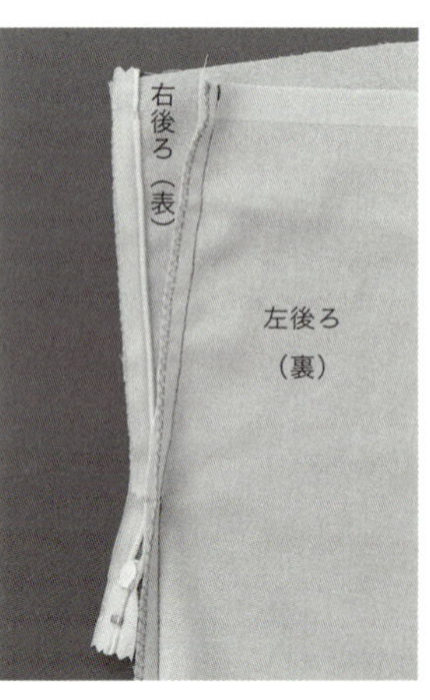

9 ファスナーつけミシンがかけ終わった。

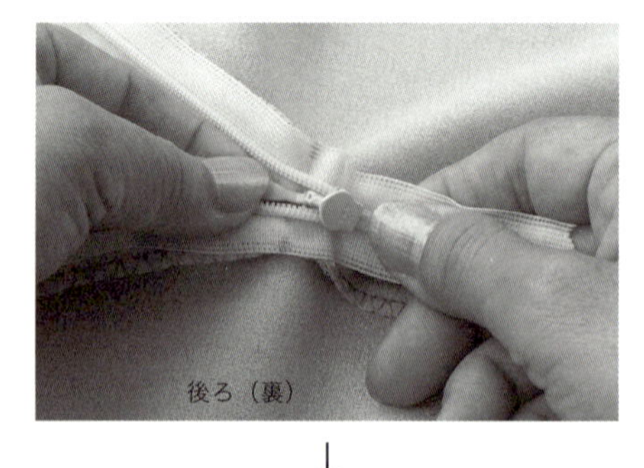

↓

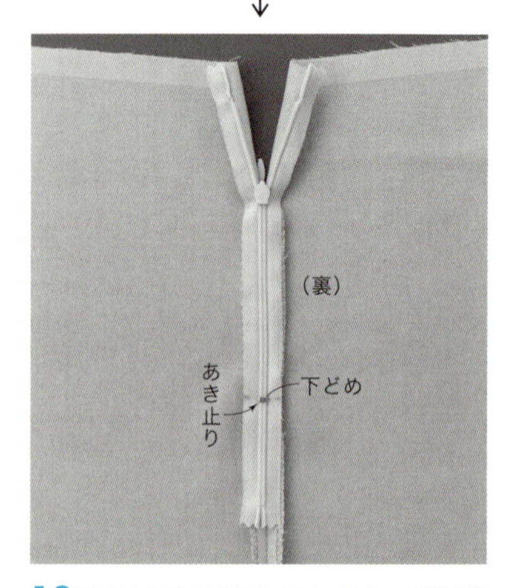

10 あき止りのすきまからファスナーの引き手を引っ張り出し、スライダーを上に引き上げる。次に下どめをあき止りに移動する。

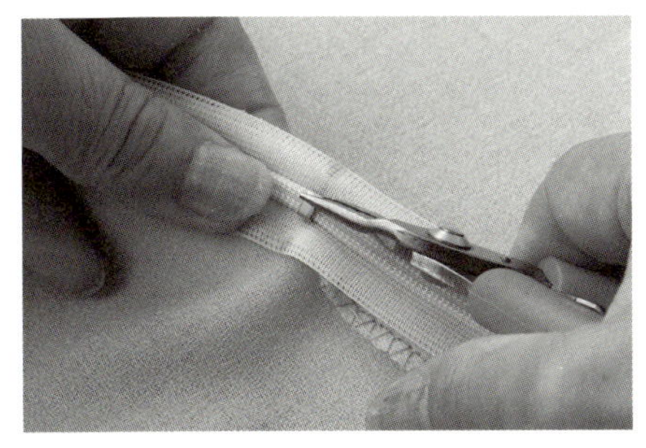

11 下どめが動かないように、ペンチで締めて固定する。

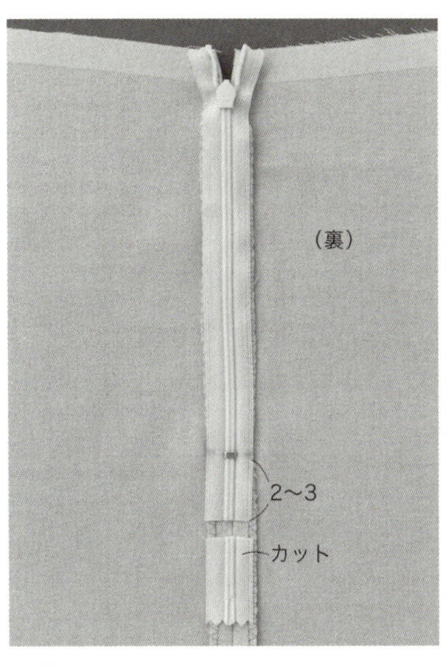

12 ファスナーを閉じた状態で、表面からアイロンで整える。あき止りから下のファスナーが長い場合は、2〜3㎝を残して、はさみでカットする。

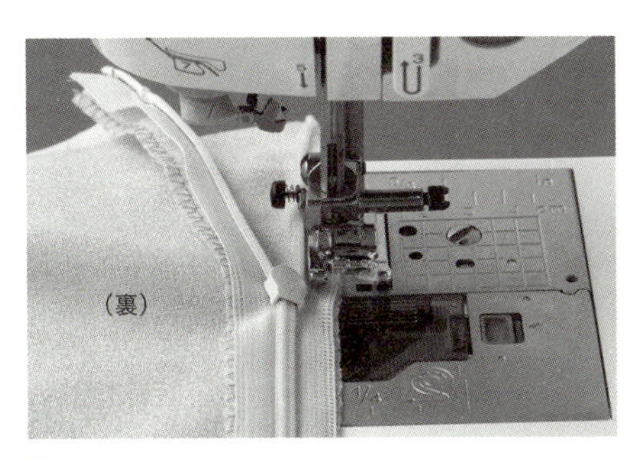

13 押え金を普通の押え金に替え、ファスナーテープの端を縫い代に縫いとめる。このときファスナーを半分ぐらい開いて、まずスライダーの際まで縫い進める。

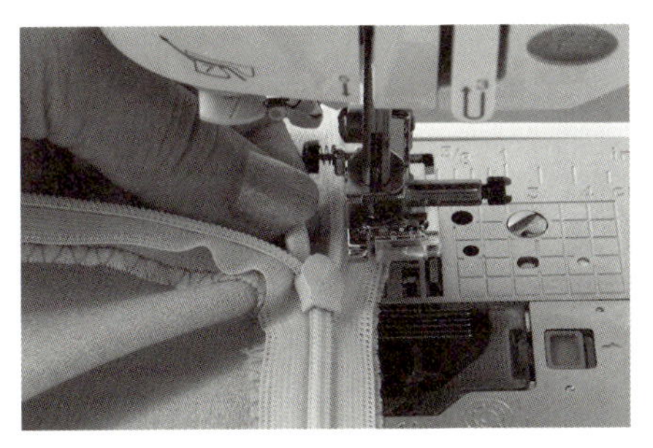

14 スライダーがじゃまになったら、針を刺した状態でミシンを止めて押え金を上げ、引き手を引いてスライダーを押え金の後ろ側に移動する。

15 押え金を下ろし、続けてあき止りまでまたはファスナーの下端まで縫う。

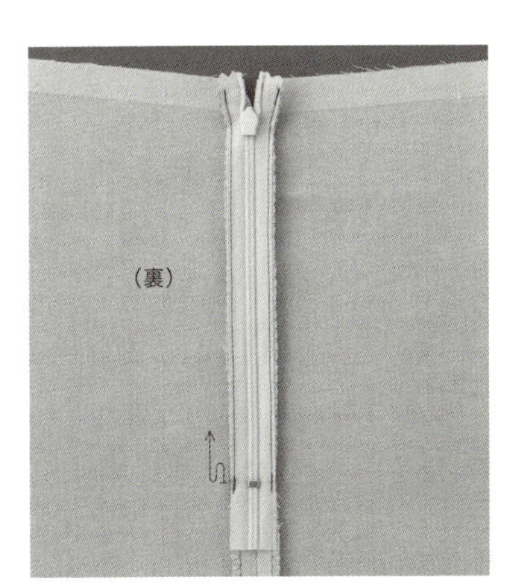

16 もう一方のファスナーテープの端も、同じ要領で縫いとめるが、ミシンはあき止りから上端に向かって縫う。ファスナーの下端はp.71 5のように布でくるんでもいい。

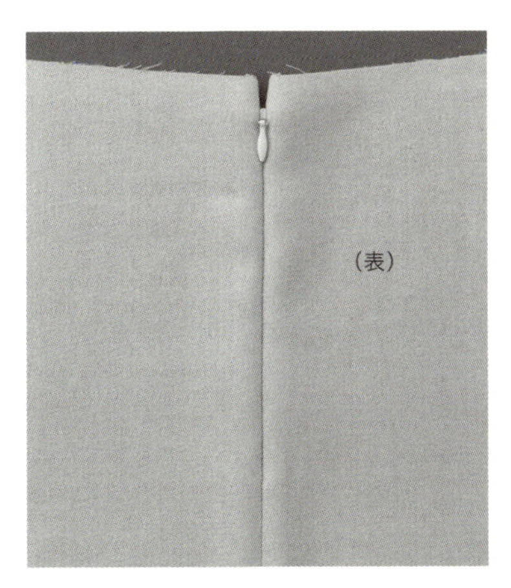

17 コンシールファスナーつけの出来上り。裏布をつけない場合はこれで出来上り。

[裏布をつける場合]

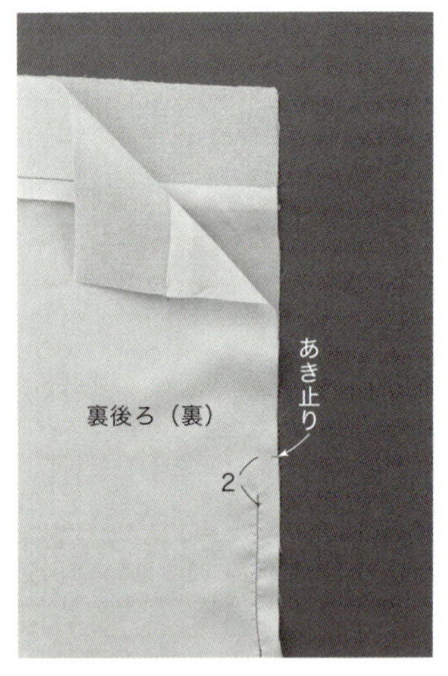

18 裏布の後ろ中心は 1 cmの縫い代で裁ち、あき止りの 2 cm下から裾までを縫う。

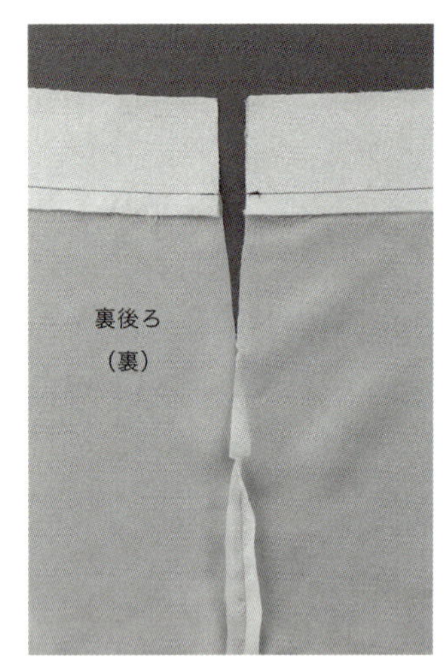

19 18 で縫った後ろ中心の縫い代をアイロンで割る。

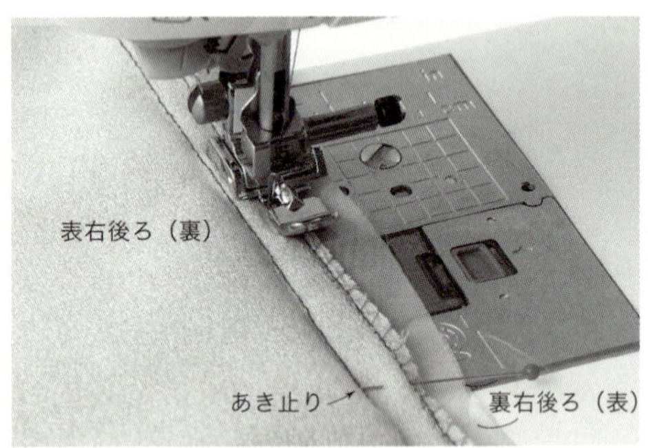

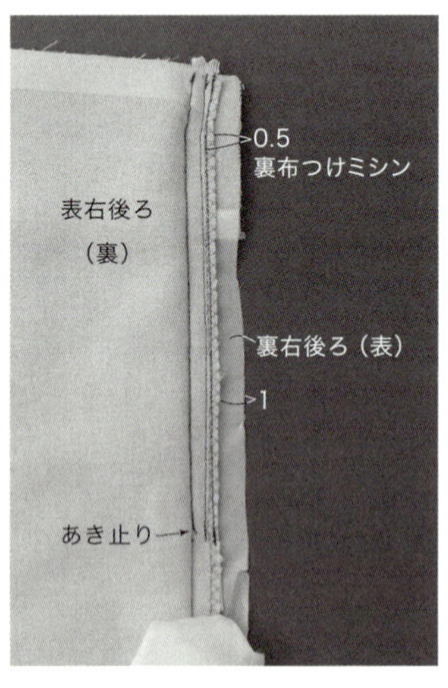

20 押え金は片押えに替えておく。ファスナーを開き、表右後ろのファスナーつけ位置に、裏右後ろを中表に合わせる。表布の縫い代端を裏布より 1 cm控え、あき止りを合わせてまち針でとめ、表布の 0.5 cm内側をあき止りまで縫う。ファスナーのスライダーがじゃまになる場合は、14、15 (→p.69) の要領で移動させて縫う。

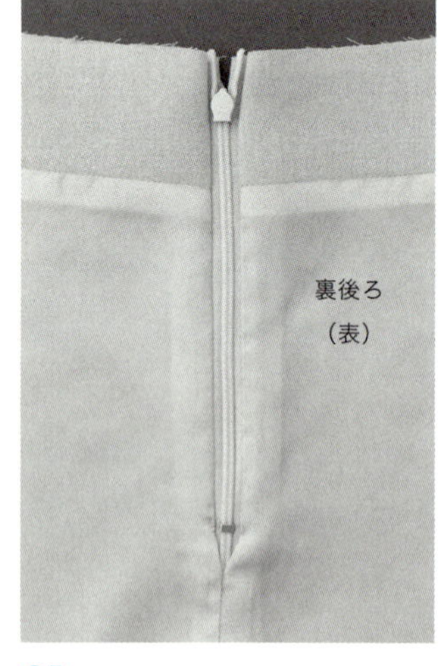

21 左後ろ側も 20 と同じ要領で表布と裏布を縫い合わせ、表に返してアイロンで整える。

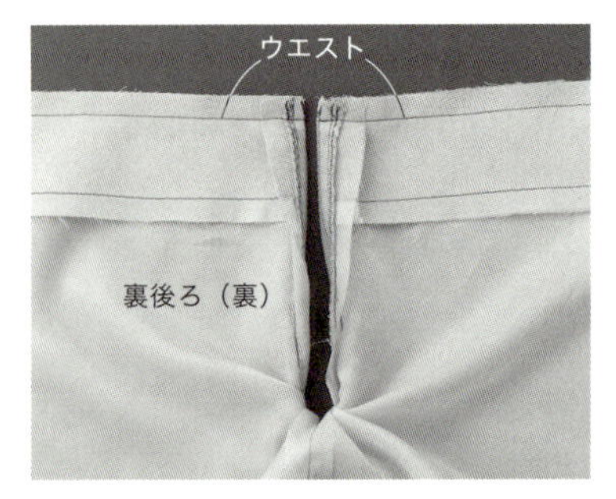

22 ファスナーを開き、表、裏スカートウエストを中表に合わせて縫う。

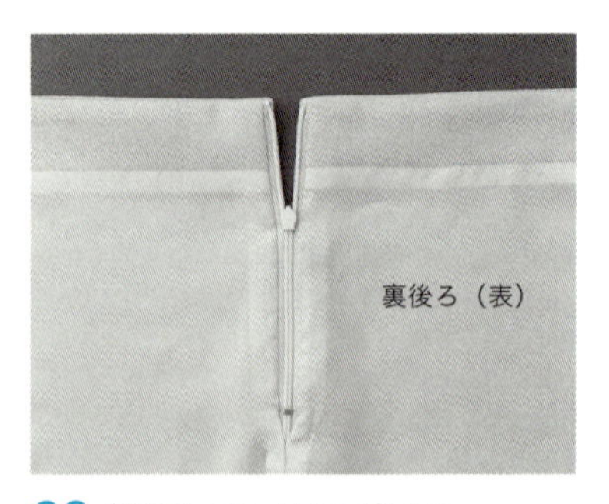

23 表に返してアイロンで整える。

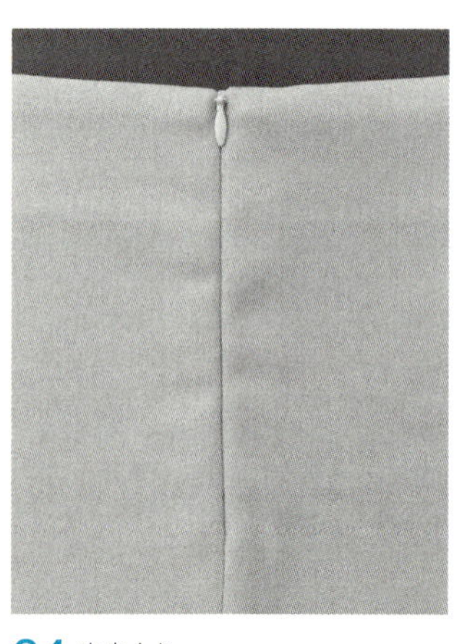

24 出来上り。

コンシールファスナーあき・切替え線がある場合 … 布：ウールジョーゼット

＊ 厚みのある布で、切替え線の縫い代がかさばってコンシール押えでは縫いにくい場合の縫い方。
押え金は片押えを使います。

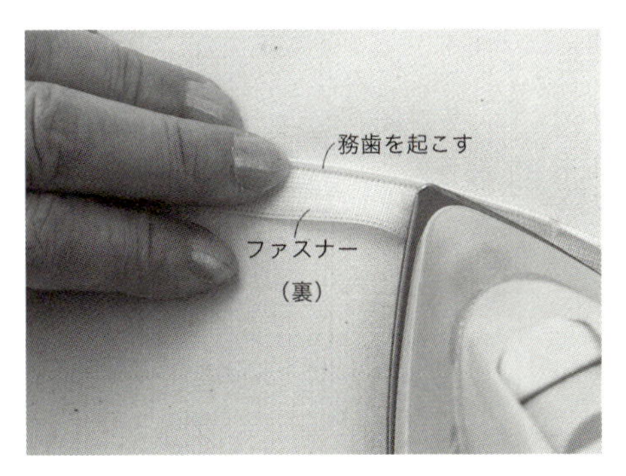

1 ファアスナーの裏面から務歯を立ててアイロンをかけ、務歯を起こしておく。

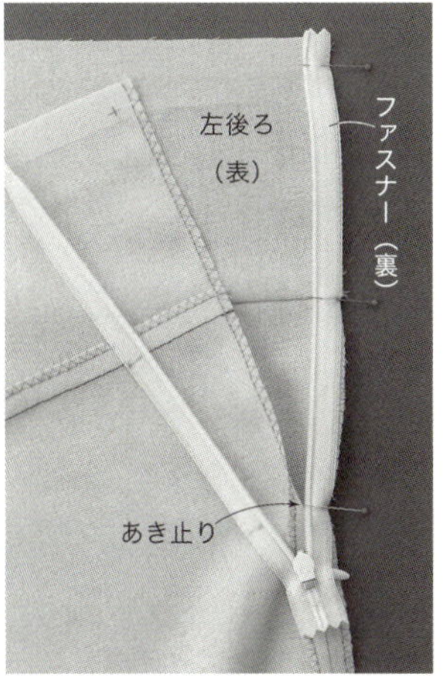

2 p.67 1～3 の手順で、左後ろスカートにファスナーを中表に合わせてまち針でとめる。

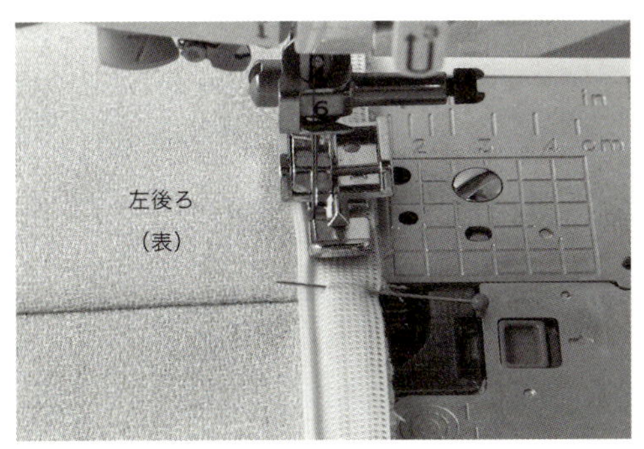

3 ミシンの押え金を片押えに替え、務歯を起こしながら務歯の際にミシンをかけて、あき止りまで縫う。

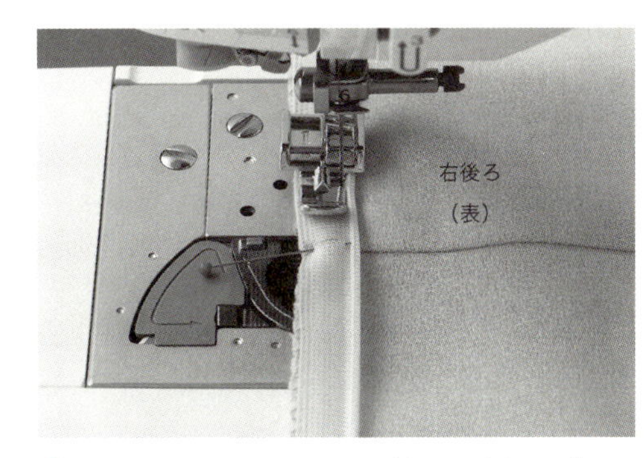

4 右後ろスカート側も、3 と同様にあき止りまで縫う。

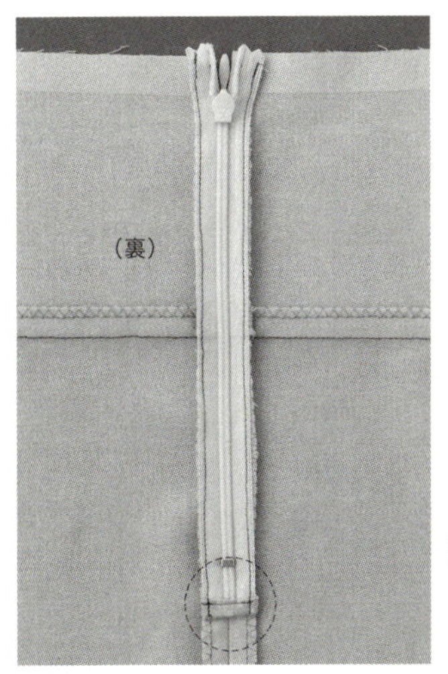

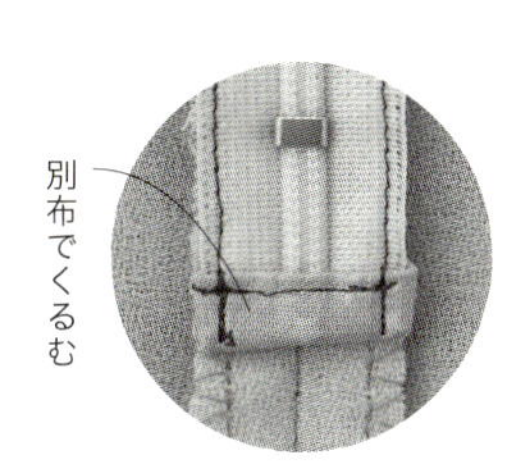

5 p.68～69 10～16 の手順で仕上げる。カットしたファスナーテープの下端は、薄手の布でくるんでもいい。

6 出来上り。

ファスナーあき・スカートの脇 … 布：綿ギャバジン

フラットニットファスナー

洋服にいちばん多く使われる、薄手で柔らかなファスナー。

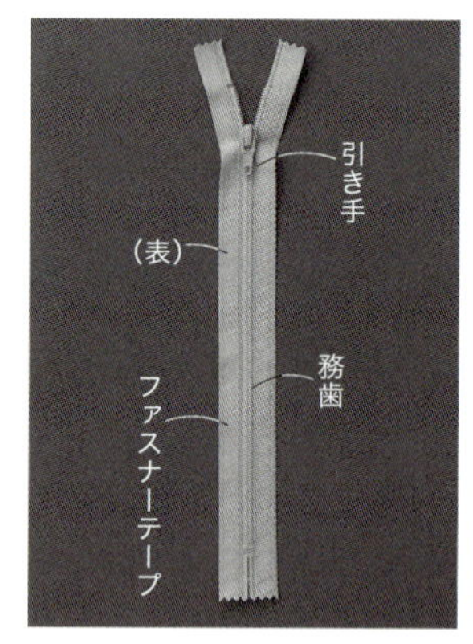

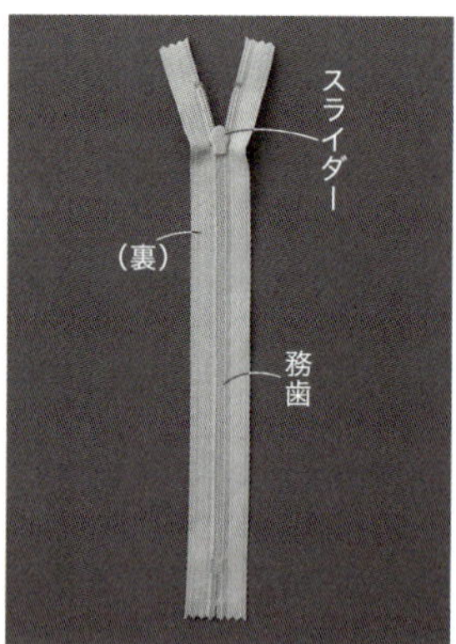

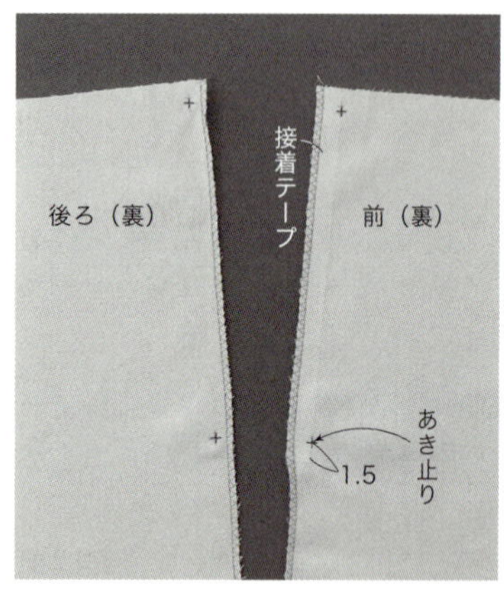

1 前の脇あき縫い代の裏面に、1.5 cm幅の接着テープをはり、前後とも脇縫い代に裁ち目かがりミシン（またはジグザグミシン）をかける。
＊後ろ中心にファスナーをつける場合は、前→左後ろ、後ろ→右後ろに置き換えてください。

[型紙]

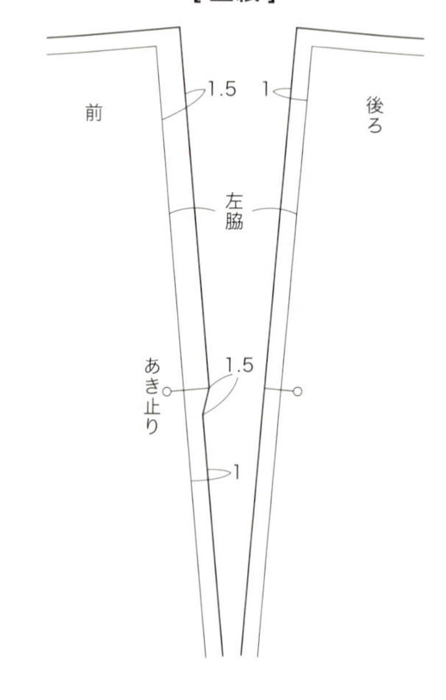

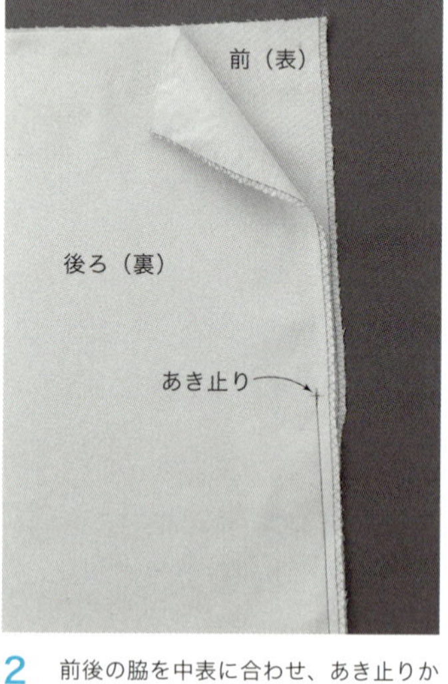

2 前後の脇を中表に合わせ、あき止りから下を縫う。あき止りはしっかり返し縫いをする。

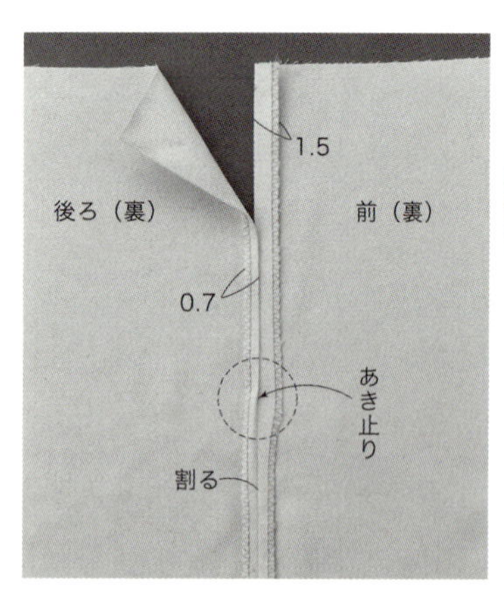

3 あき止りから下の縫い代をアイロンで割る。あき止りから上の前は縫い代 1.5 cmを折り、後ろは出来上りの 0.3 cm外側（0.7 cm）を折る。

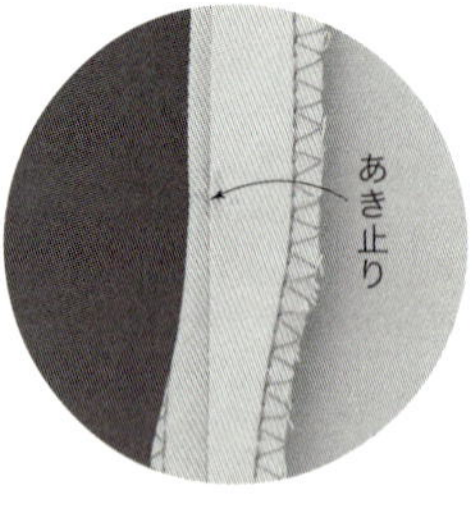

4 ファスナーの表面に後ろの脇を重ね、務歯の際に脇の折り山を合わせ、布を少し浮かせてまち針でとめる。ファスナーをつけたとき、布がつれるとファスナーに引っ張られてファスナーをつけた部分がくぼんでしまうので、布を少しいせて縫うときれいに仕上がる。特に薄手の布、柔らかな布にはおすすめ。

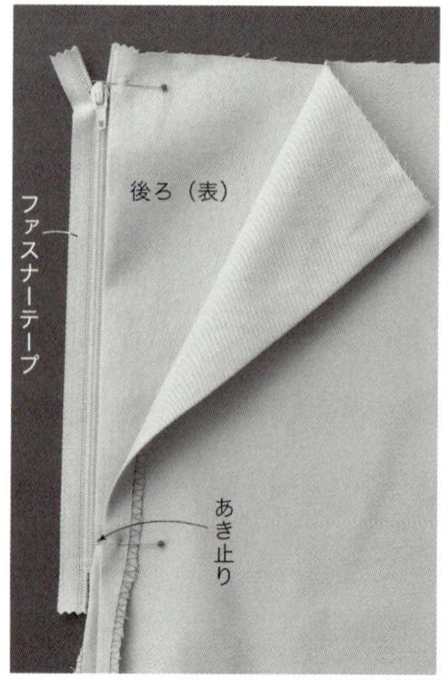

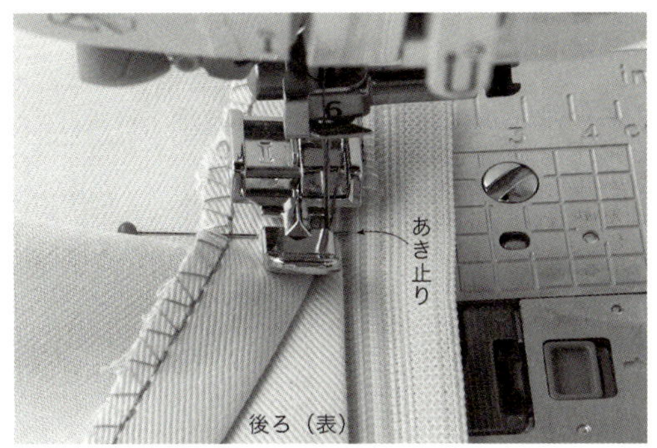

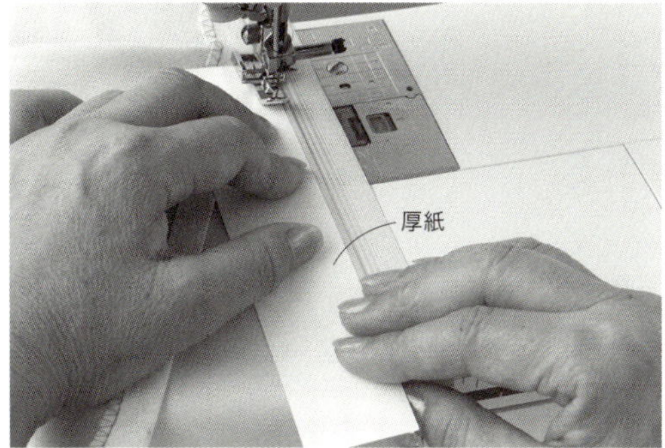

5 ミシンの押え金を片押えに替えて、後ろ脇の折り山の際を縫う。このときファスナーを右側にしてミシンをかけるので、ここではあき止りから縫い始める。縫うときははがき程度の厚紙を当ててミシンをかけると、浮かせた分がきれいに収まる。

6 途中で針を刺した状態でミシンを止め、押え金を上げる。ファスナーを開いてスライダーを押え金の後方に移動し、押え金を下ろして続けて縫う。

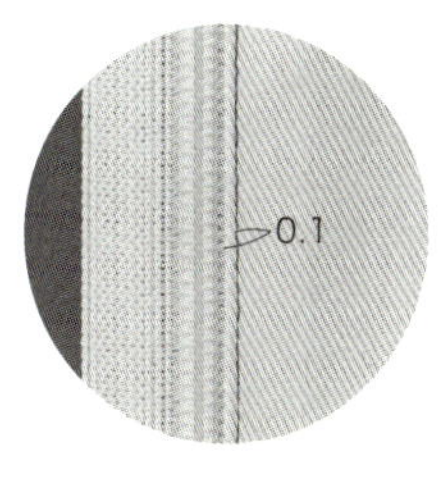

7 上端まで縫って返し縫いをする。

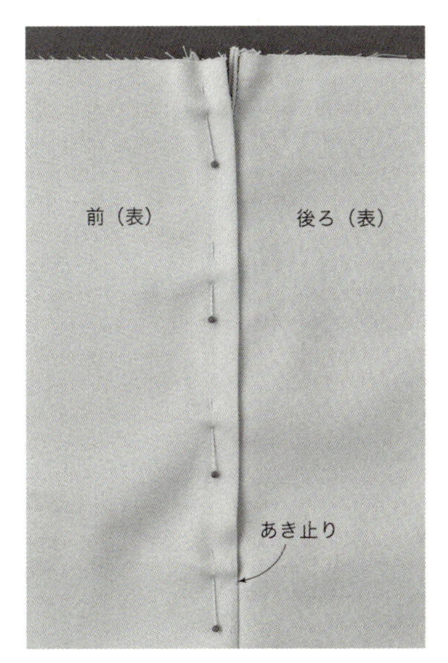

8 7 のファスナーに前脇を重ねてまち針でとめる。

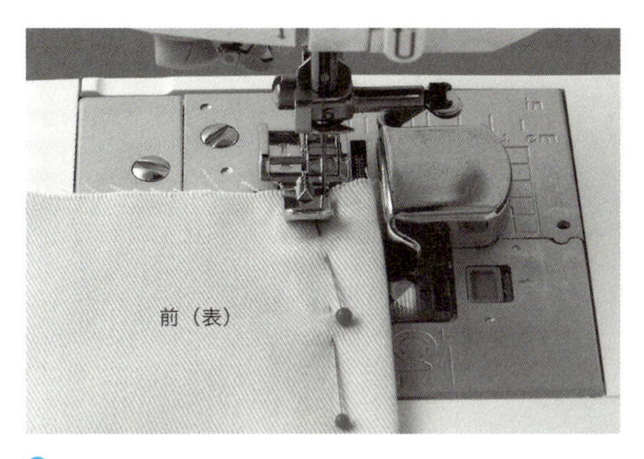

9 ステッチ定規を 1 ㎝の位置にセットし、ファスナーを開いて前脇にステッチをかける。

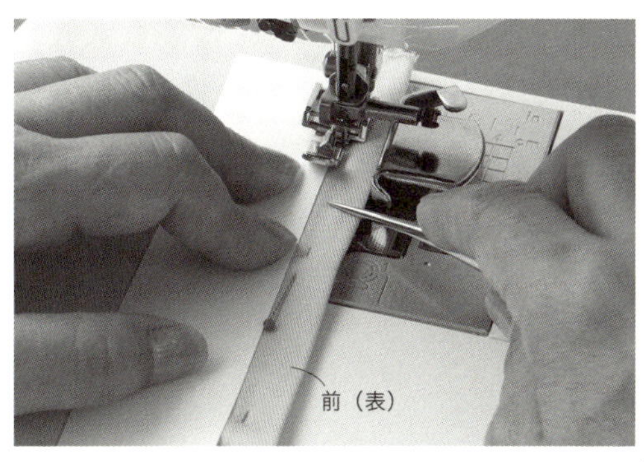

10 厚紙を当て、前脇の折り山をステッチ定規にそわせながら縫い進める。

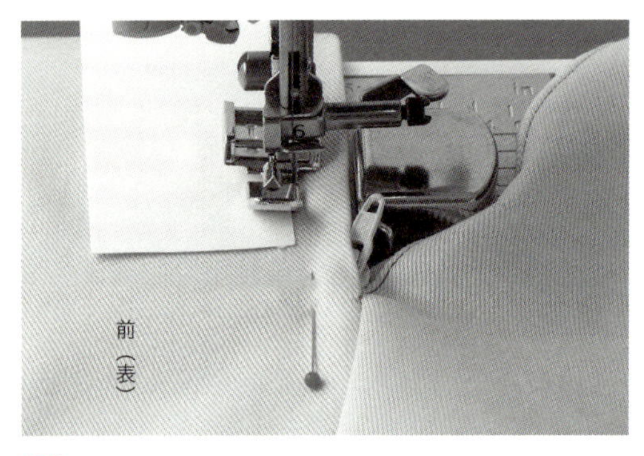

11 ステッチ定規がじゃまで、縫えなくなるところまで縫う。

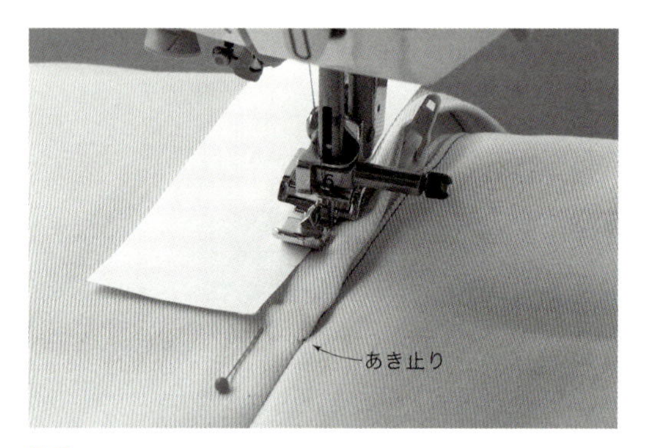

12 ステッチ定規を外し、6 と同じ要領でスライダーを押え金の後方に移動して続けて縫う。

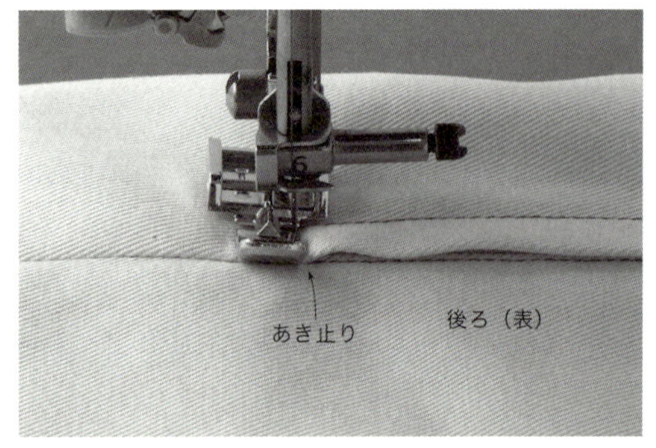

13 あき止りの角まで縫ったら、針を刺したまま押え金を上げ、布を 90 度回して方向を変える。押え金を下ろしてあき止りまで縫い、2 ～ 3 回返し縫いをする。

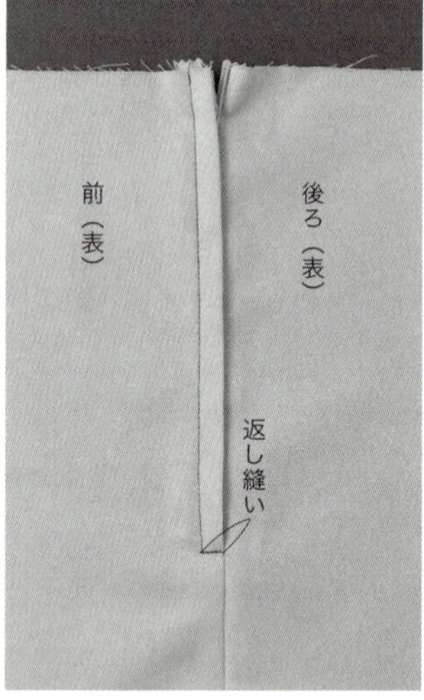

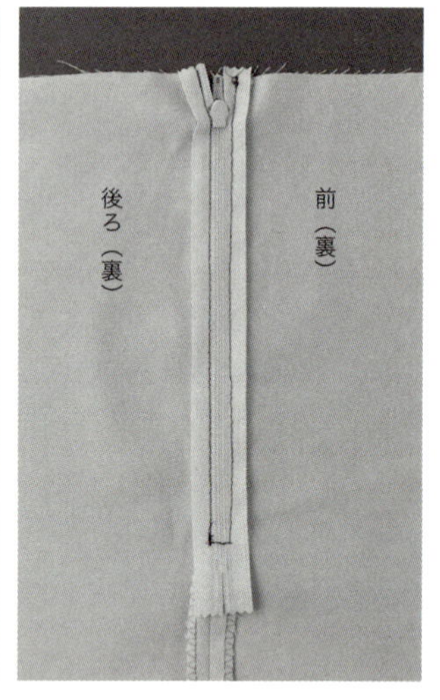

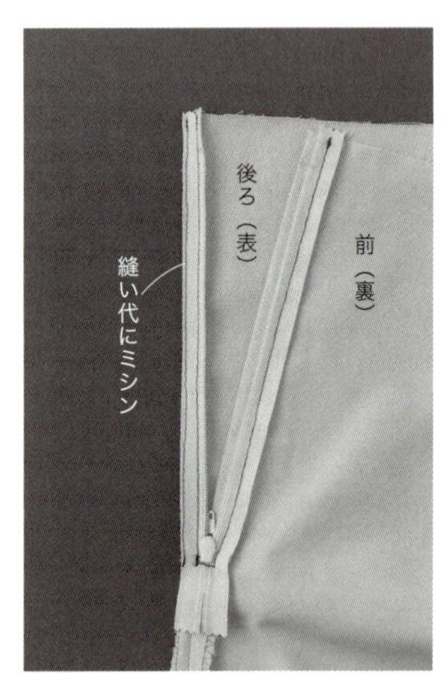

14 後ろ側のファスナーテープの端を、縫い代にとめる。

15 出来上り。

パンツの前ファスナーあき … 布：綿ギャバジン

金属ファスナー

務歯が金属製のファスナー。金属部分にはミシンがかけられないため、つけ寸法に合わせた長さのファスナーを購入する。

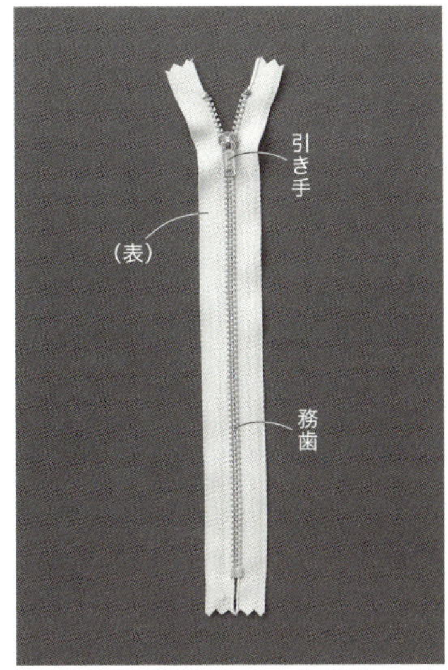

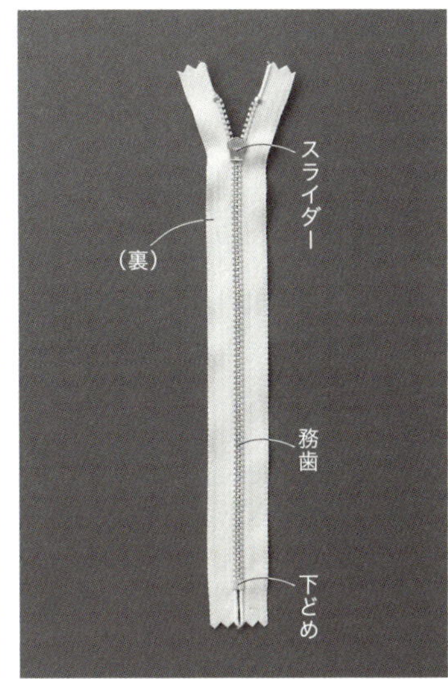

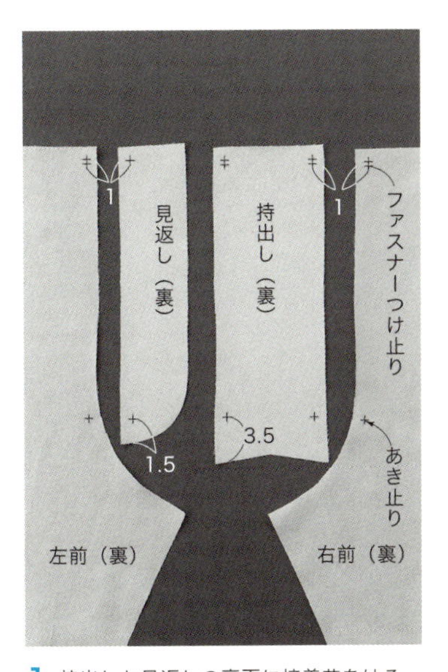

1 持出しと見返しの裏面に接着芯をはる。

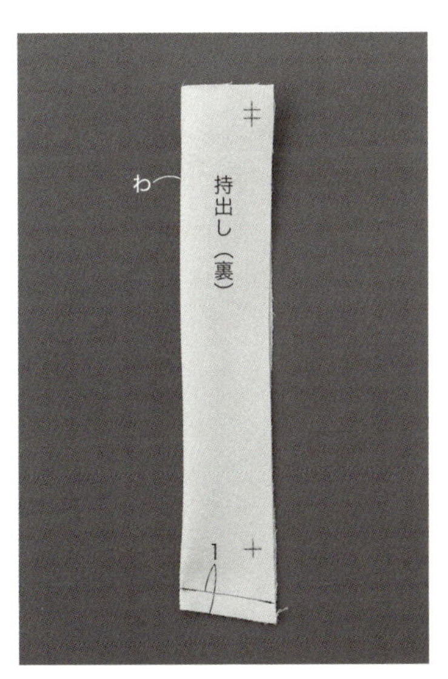

2 持出しを中表に折り、下端を 1 cmの縫い代で縫う。

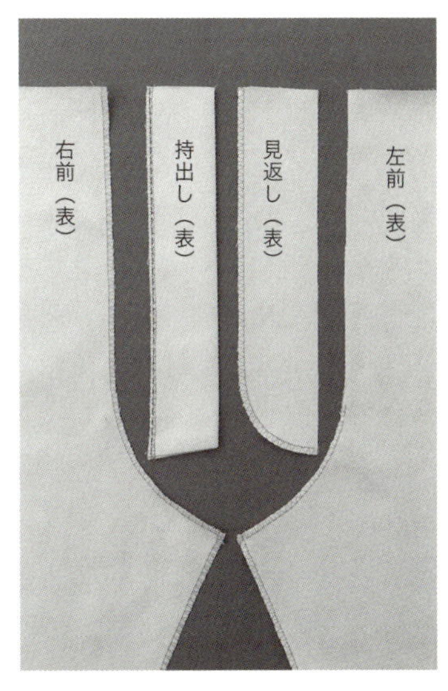

3 持出しを表に返してアイロンで整え、前中心側に 2 枚がずれないようにミシンをかけてから、裁ち目かがりミシン（またはジグザグミシン）をかける。見返しの外回り、左右パンツの股ぐり、股下にも裁ち目かがりミシンをかけるが、左前パンツはあき止りの 1 cmぐらい上まで。

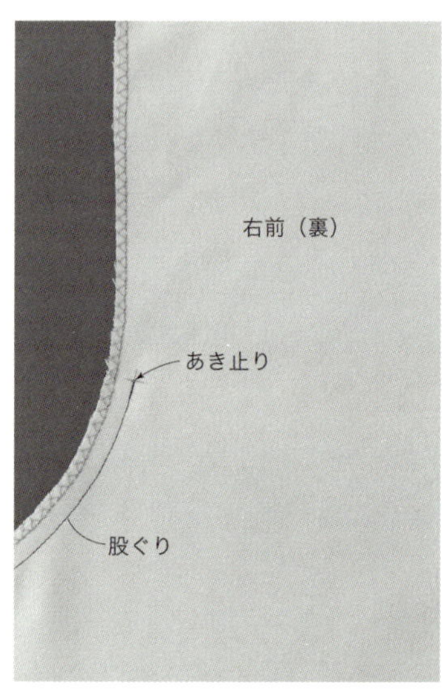

4 左右のパンツとも脇、股下を縫った後、あき止りまで股ぐりを縫う。あき止りは返し縫いをする。

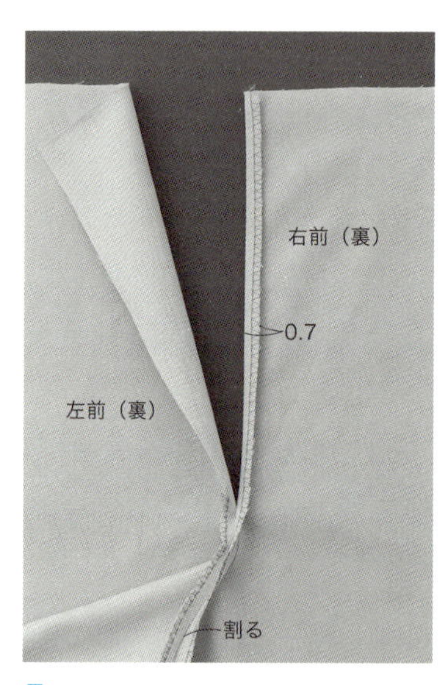

5 股ぐりの縫い代をアイロンで割り、右前パンツはあき止りから上の縫い代を出来上りの0.3㎝外側（0.7㎝）を折る。

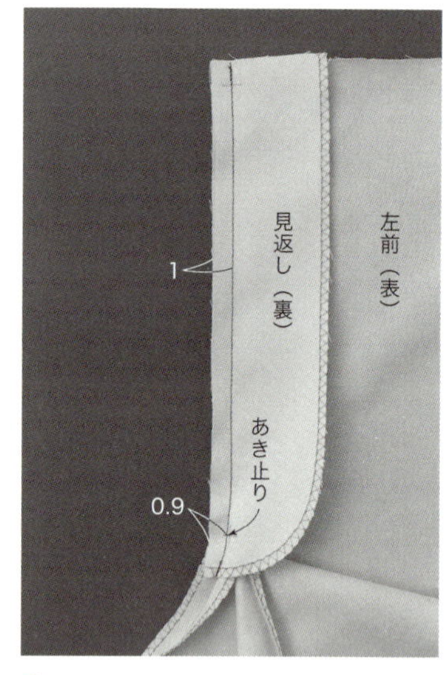

6 左前パンツの前中心に見返しを中表に合わせて縫う。あき止りから下は、少し縫い代側を縫う。

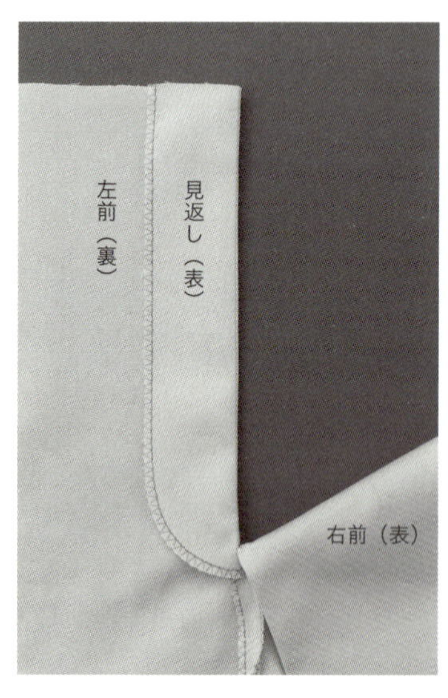

7 見返しを左前パンツの裏面に返し、見返しを少し控えてアイロンで整える。

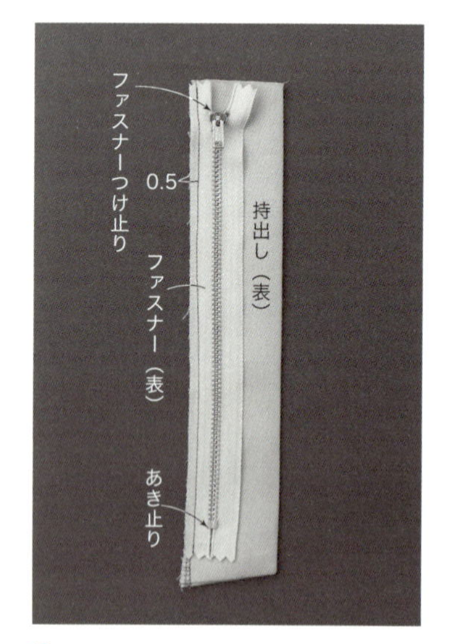

8 持出しの前中心側にファスナーを重ね、0.5㎝ぐらい内側を縫いとめる。

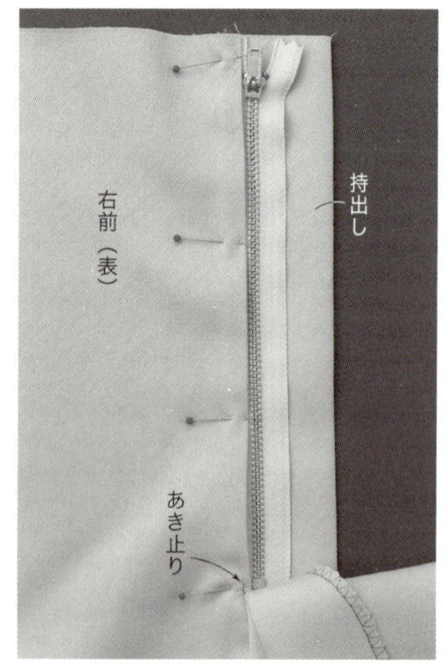

9 8の持出しに右前中心を重ね、ファスナーの務歯の際に折り山を合わせてまち針でとめる。

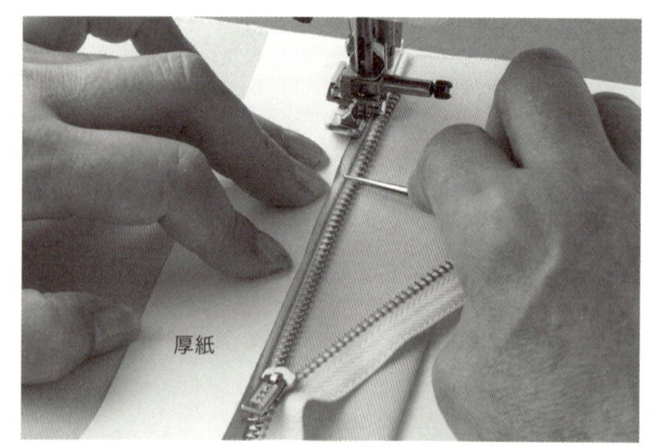

10 ミシンの押え金を片押えに替え、ファスナーを開いて右前パンツの折り山の際を縫う。はがき程度の厚紙を当てて目打ちで押さえながら縫うと縫いやすい。

11 あき止りまで縫うが、ファスナーのスライダーがじゃまになる場合は、p.73 6 の要領でスライダーを移動して縫う。

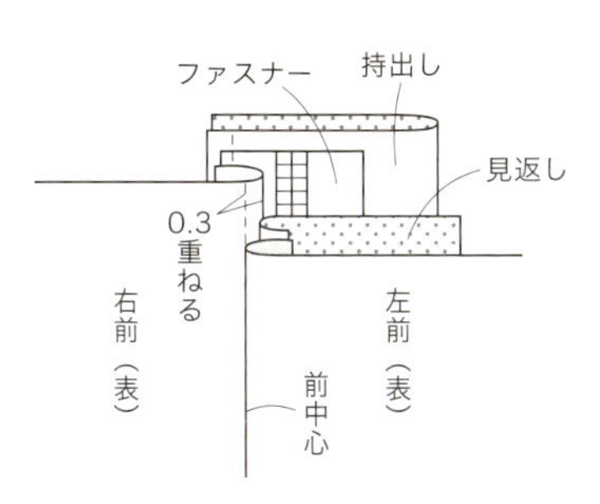

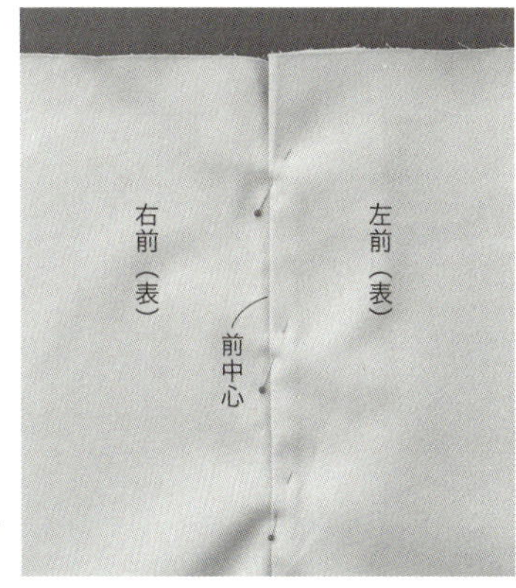

12 11 の右前中心に左前中心を合わせて重ね、まち針でとめる。

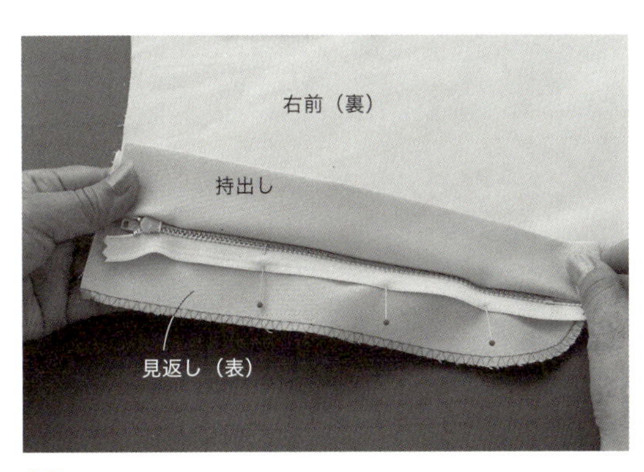

13 12 を裏返して持出しをめくり、ファスナーを見返しだけにまち針でとめる。あき止りからウエストの 5 ~ 6 ㎝下まで、3、4 か所をとめる。

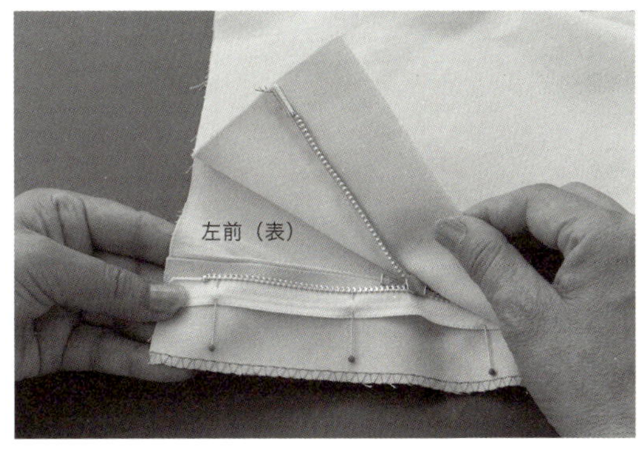

14 12 の前中心のまち針をはずしてファスナーを開く。ウエスト側のファスナーをとめてない部分を平らに整えてまち針でとめる。

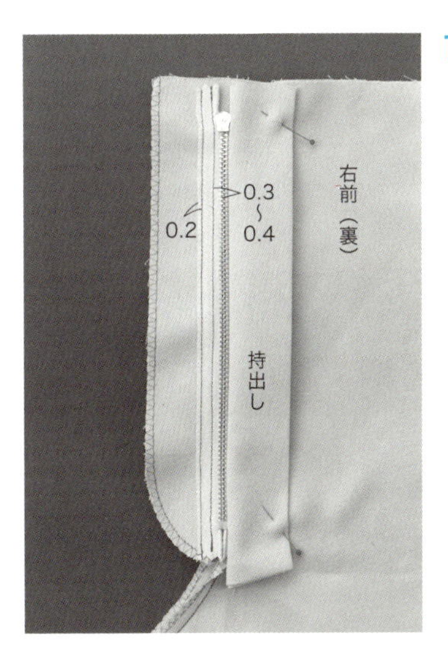

15 持出しをよけて、ファスナーと見返しを縫う。押え金は片押えを使い、務歯の 0.3 ~ 0.4 ㎝外側を縫ってからテープ端を縫う。

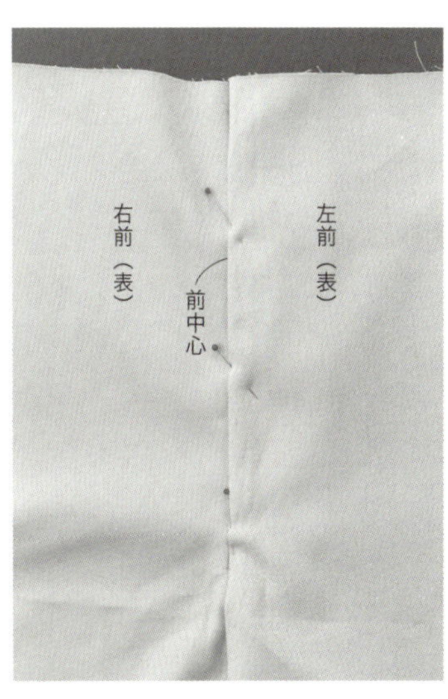

16 表に返し、もう一度左右の前中心を合わせてまち針でとめる。

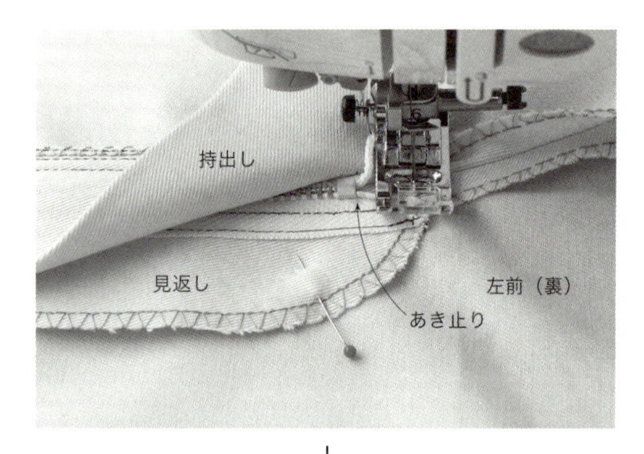

↓

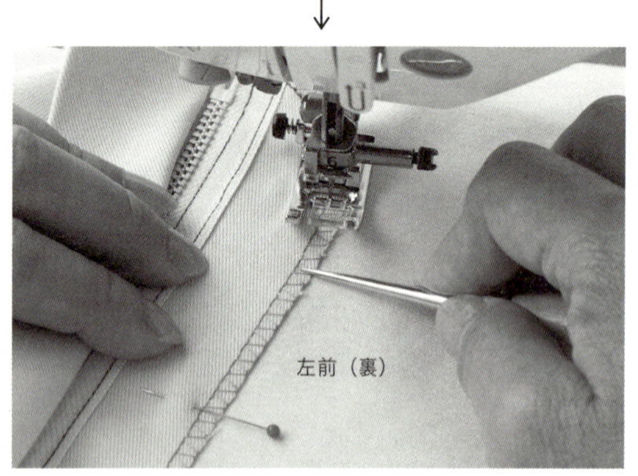

17 裏に返し、持出しをよけてあき止りの 1 ㎝下から見返しの 0.5 ㎝内側を縫う。縫始めは返し縫いをする。

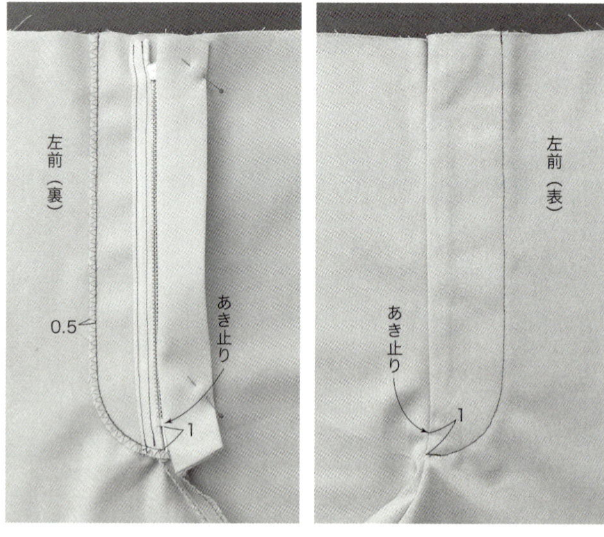

18 見返し端をウエストまで縫い、見返しを左前パンツに縫いとめる。

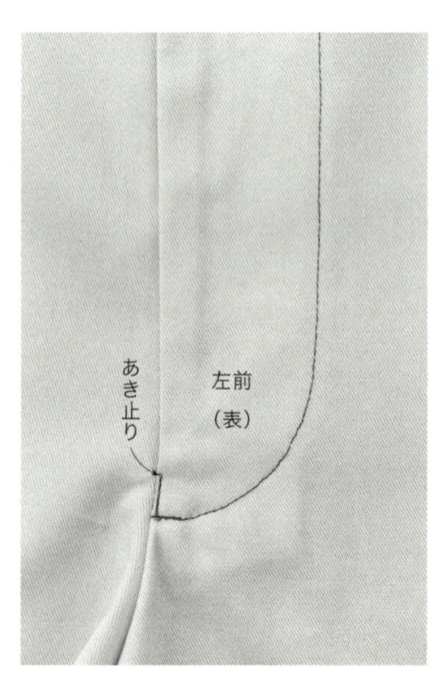

19 持出しを出来上りに整え、あき止りから 18 のステッチまでを 2～3 回重ねて縫う。

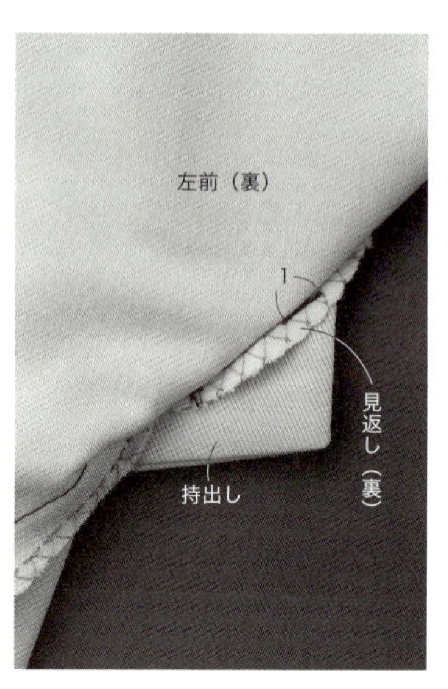

20 左前パンツをめくり、見返しの裏面から 18 のステッチのカーブのあたりの際に 1 ㎝ほどとめミシンをかけて、見返しの下端を持出しに縫いとめる。

21 出来上り。

あきの仕立て

パンツの前ボタンあき・裏つき …布：厚手ウール

*型紙は p.124 を参照。

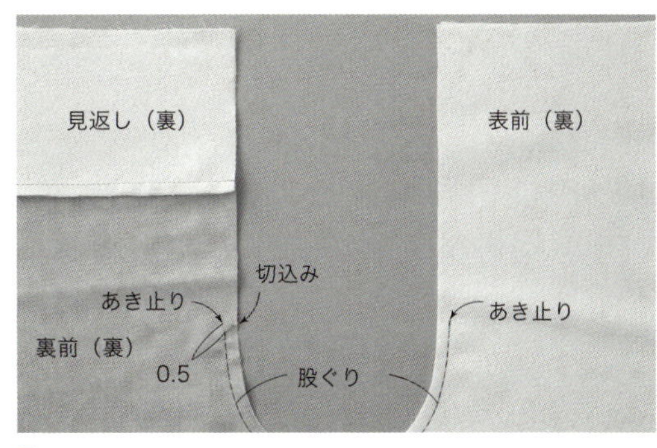

1 表布の前股ぐりをあき止りまで縫う。裏布はあき止りの0.5 ㎝下まで股ぐりを縫い、あき止り位置の縫い代に切込みを入れておく。

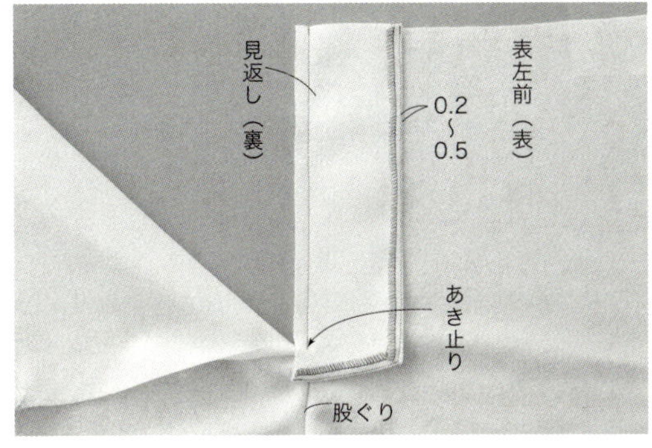

2 前あき見返しの外回りに裁ち目かがりミシン（またはジグザグミシン）をかけ、縫い代を折ってステッチでとめておく。見返しと表左前パンツの前端を中表に合わせ、あき止りまで縫う。

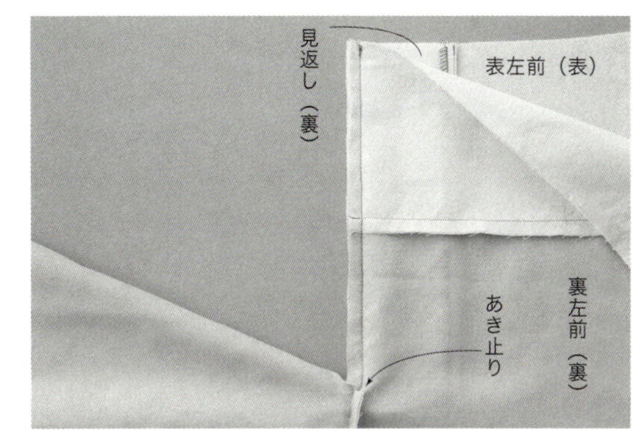

3 2 の表左前パンツに裏左前パンツを中表に合わせ、2 と同じ位置をあき止りまで縫う。

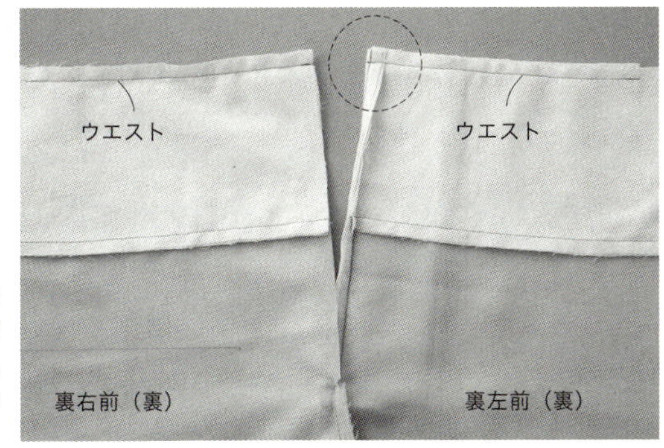

4 表、裏パンツのウエストを中表に合わせて縫う。左前端は縫い代を折って縫うが、2、3 の縫い目より少し多めに折って縫う。

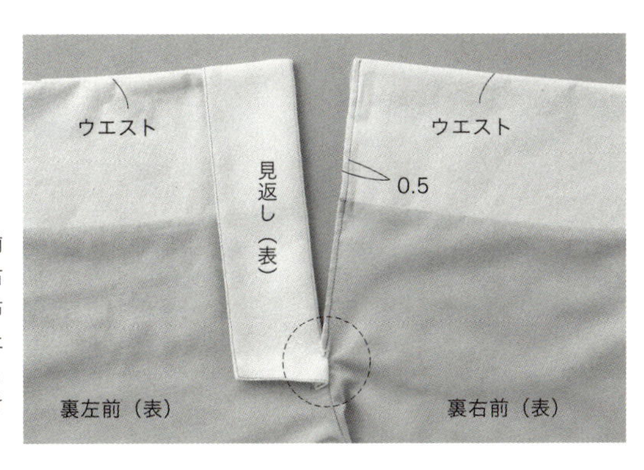

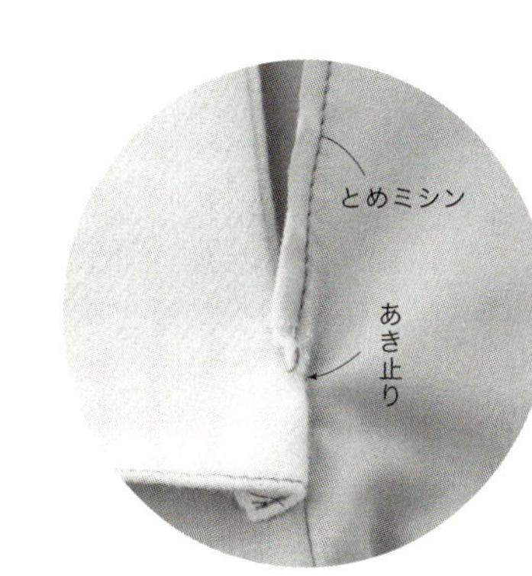

5 表に返してウエスト、左前端をアイロンで整える。右前端は、表、裏パンツの布端を合わせ、表布のあき止りの縫い代に切込みを入れ、縫い代にとめミシンをかける。

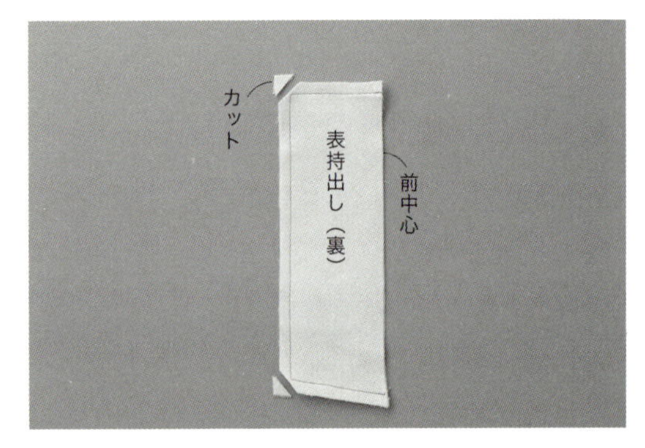

6 表持出し（表布）と裏持出し(スレキ）を中表に合わせ、前中心側以外の３辺を縫う。角は縫い代を斜めにカットする。

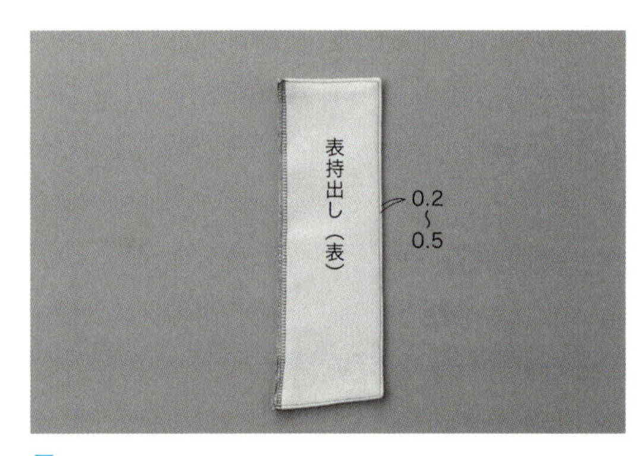

7 持出しを表に返してアイロンで整え、ステッチをかける。前中心側には２枚一緒に裁ち目かがりミシンをかける。

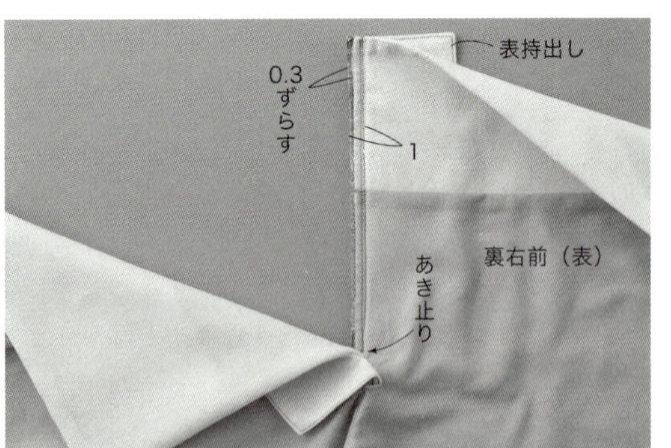

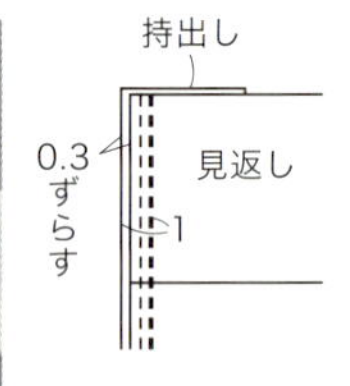

8 右前端に表持出しを中表に合わせ、パンツの布端を 0.3 ㎝控えて、１㎝の縫い代であき止りまで縫う。

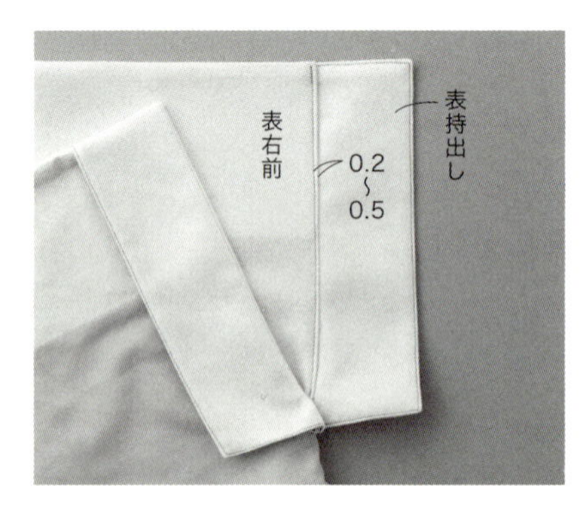

9 右前端の縫い代をパンツ側に倒してアイロンで整え、ステッチをかける。

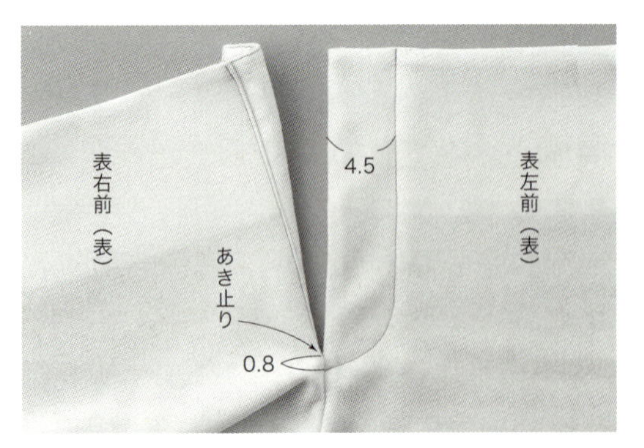

10 右前パンツ、持出しをよけて、左前端にステッチをかける。

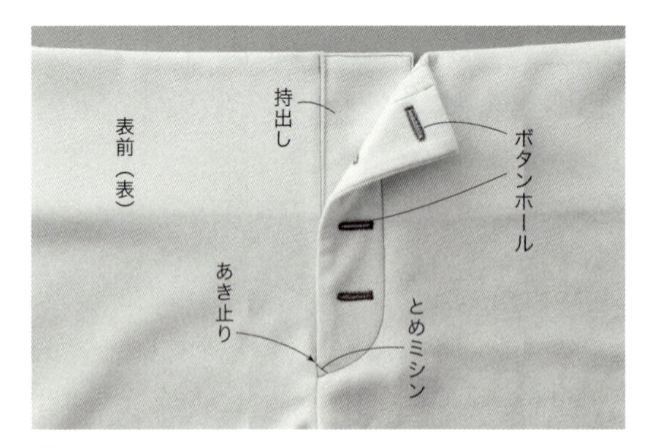

11 左前端にボタンホールを作り、あき止りに持出しまで通してとめミシン（２〜３回返し縫い）をかける。

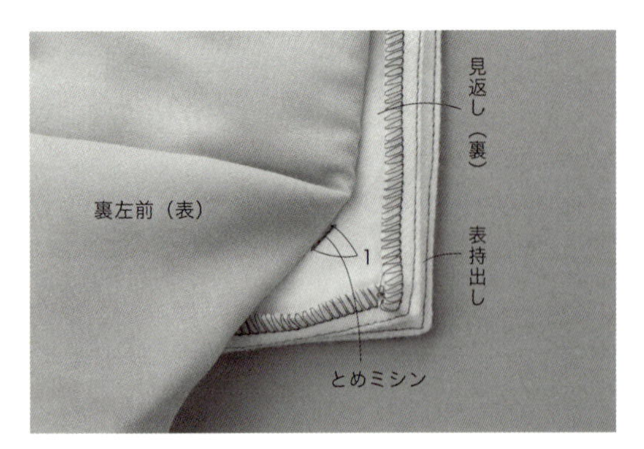

12 左前パンツをめくり、見返しの裏面から 10 のステッチのカーブあたりの際に １ ㎝ほどとめミシンをかけて、持出しと見返しを縫いとめる。

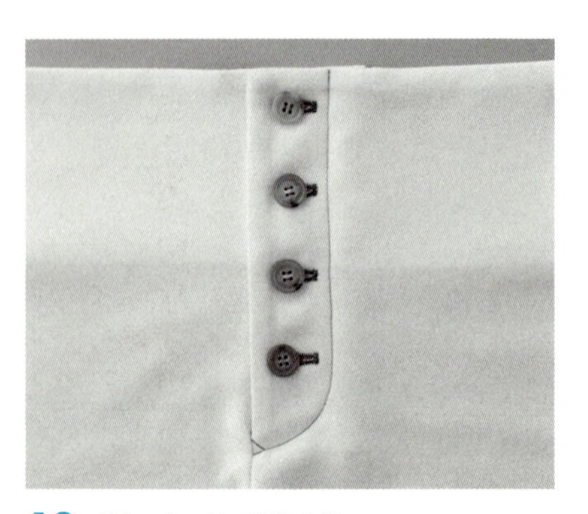

13 ボタンをつけて出来上り。

ポケットの仕立て

パッチポケット・四角 …布：綿ブロード

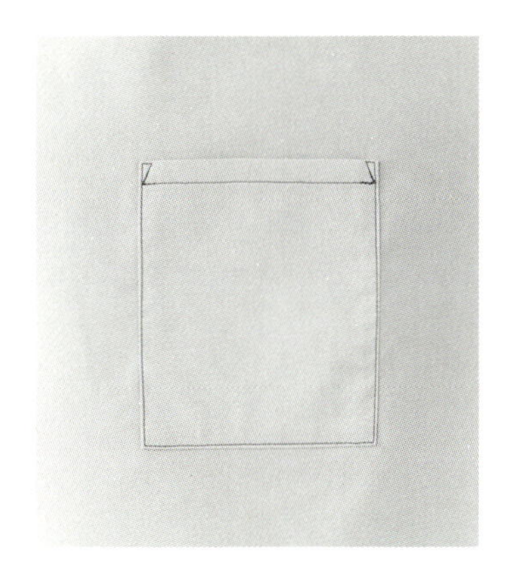

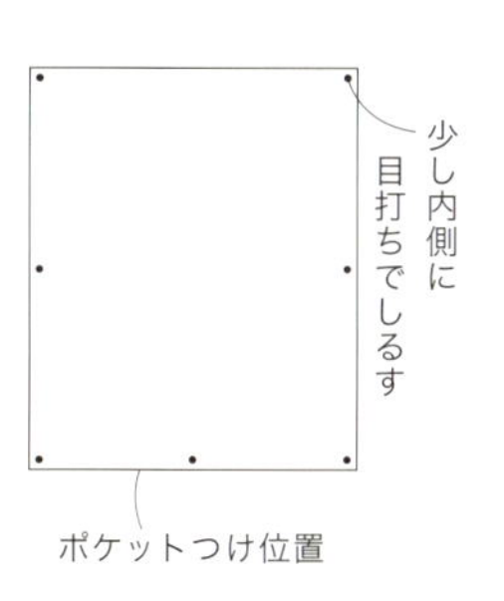

1　前身頃表面のポケット位置は、出来上りの少し内側に目打ちで穴をあけて印をつける。

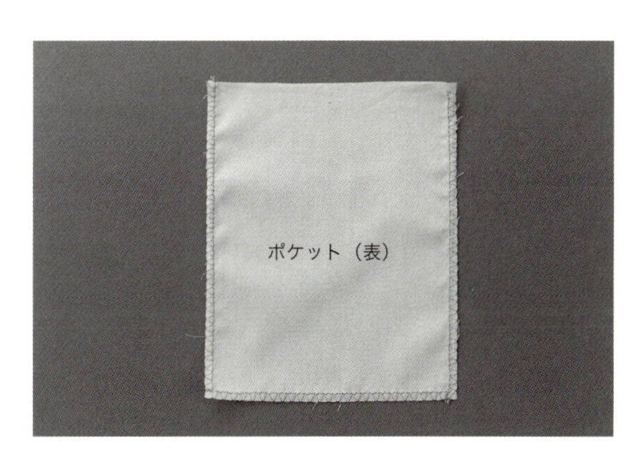

2　ポケットの口以外の縫い代に裁ち目かがりミシン（またはジグザグミシン）をかける。

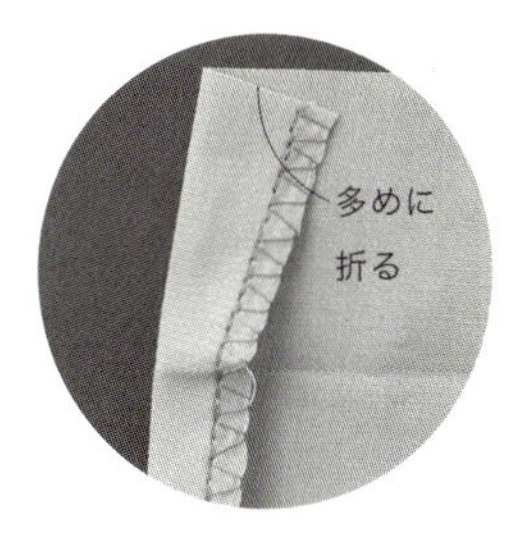

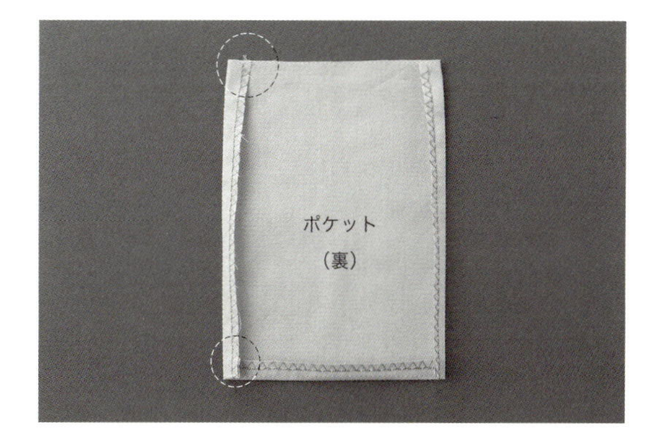

3　ポケット口以外の縫い代をアイロンで折る。底、両サイドの順に折るが、底の両角は縫い代が飛び出さないようにサイドの縫い代を内側に引き込んで折り、布用ボンド（→p.25）ではっておく。口側の両角は上端を少し多めに折る。

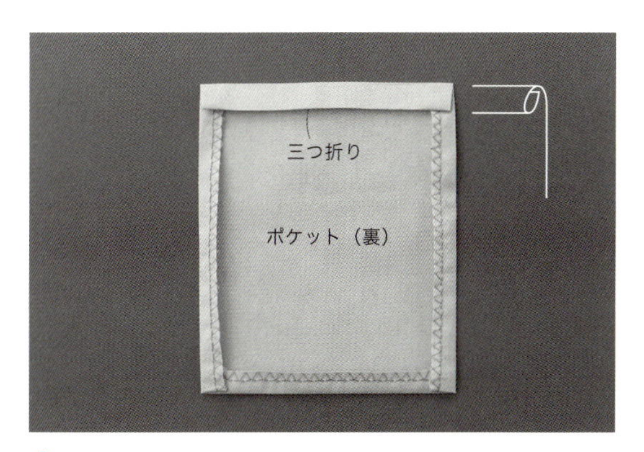

4　ポケット口の縫い代をアイロンで三つ折りにする。

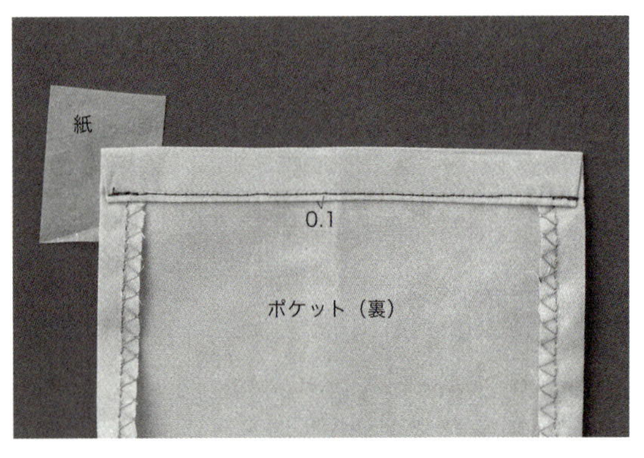

5 ポケット口の三つ折り端にステッチをかける。端から縫い始めるのでミシンが進みにくい場合は、下に紙（ハトロン紙やトレーシングペーパーなど）を当てて一緒に縫うと、スムーズに縫える。紙は破り取っておく。

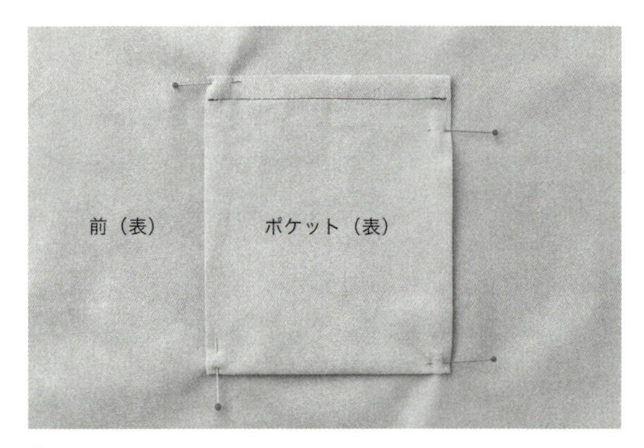

6 ポケットを前身頃表面のつけ位置にまち針でとめる。

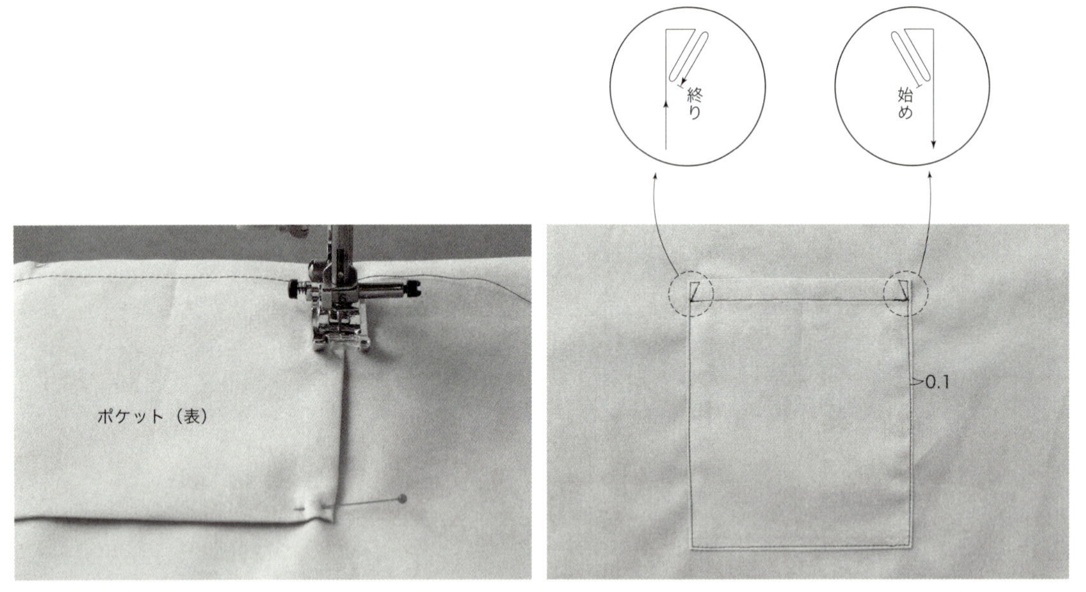

7 ポケットの際にステッチをかけて縫いとめる。ポケット口の角は力のかかるところなので、三角または四角（→p.83 5）に縫う。出来上り。

ポケットの仕立て

パッチポケット・底三角 … 布：綿ブロード

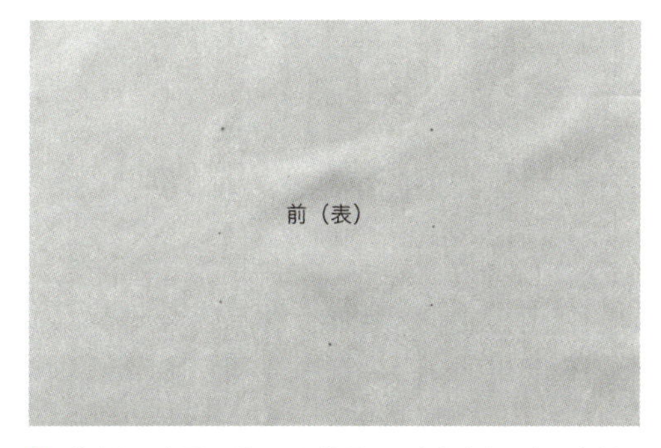

1 前身頃の表面のポケット位置は、出来上りの少し内側に目打ちで印をつける。

2 ポケットの口以外の縫い代に裁ち目かがりミシン（またはジグザグミシン）をかける。

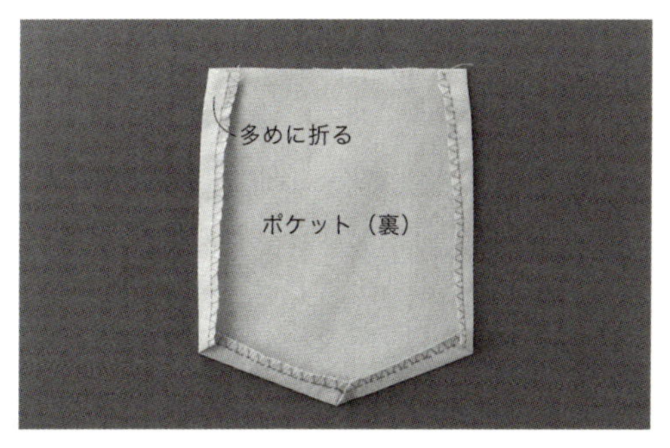

3 ポケットの口以外の縫い代をアイロンで折る。底の2辺、両サイドの順に折るが、口側の両角は縫い代が飛び出さないように上端を少し多めに折る。

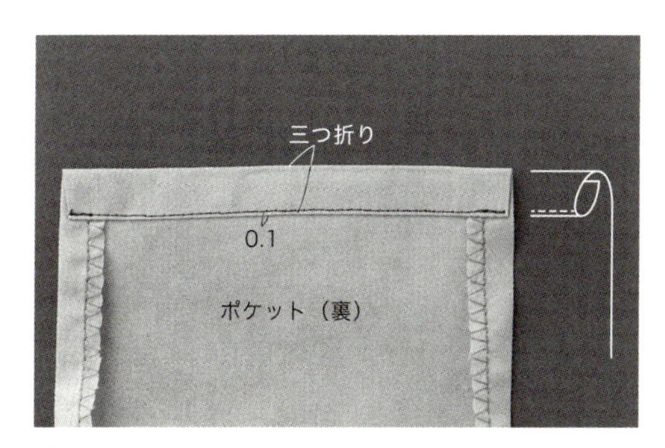

4 ポケット口の縫い代をアイロンで三つ折りにし、ステッチをかける。

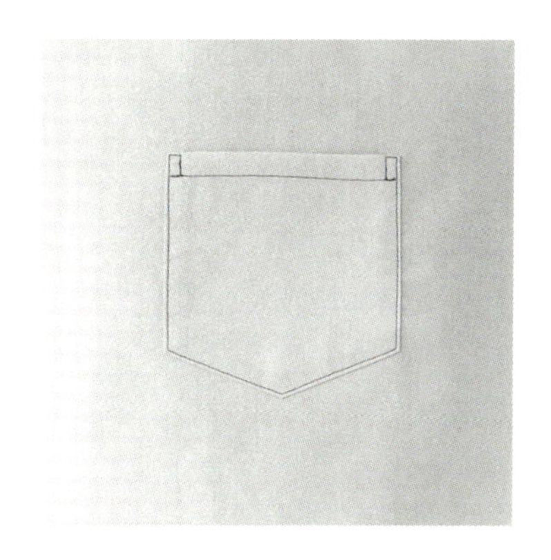

[透ける布の場合…布：綿ローン]

透けた縫い代がきれいに見えるよう、底の三角の部分は、重なる分が左右対称になるように折る。

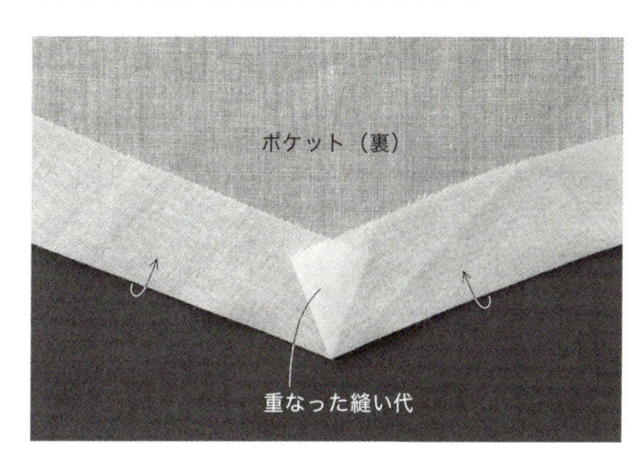

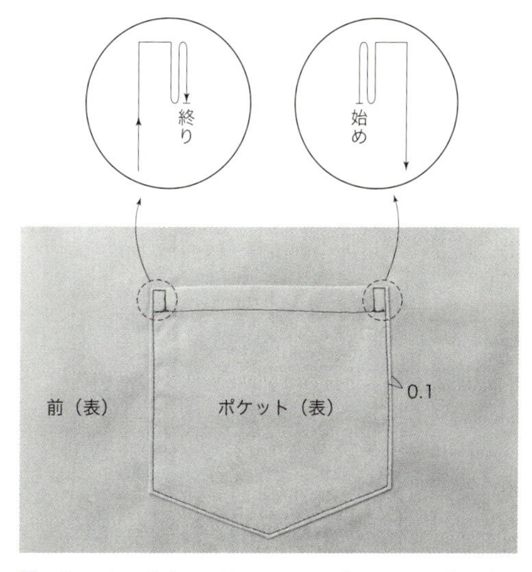

5 ポケットを前身頃に縫いとめる。ポケット口の角は力のかかるところなので、四角または三角（→p.82 7）に縫う。出来上り。

パッチポケット・底カーブ …布：綿ブロード

1 前身頃表面のポケット位置は、出来上りの少し内側に目打ちで印をつける。

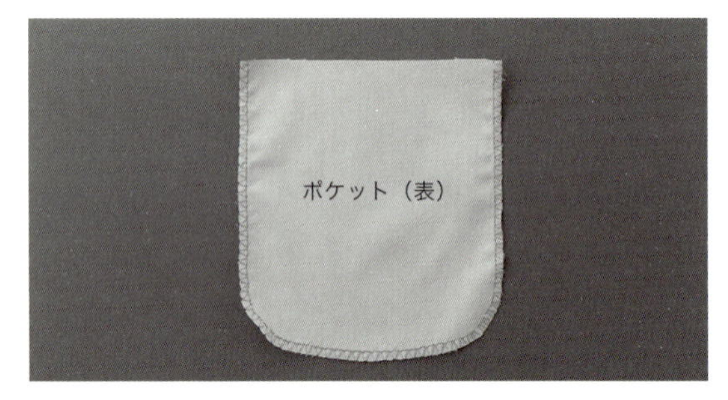

2 ポケットは口以外の縫い代に裁ち目かがりミシン（またはジグザグミシン）をかける。

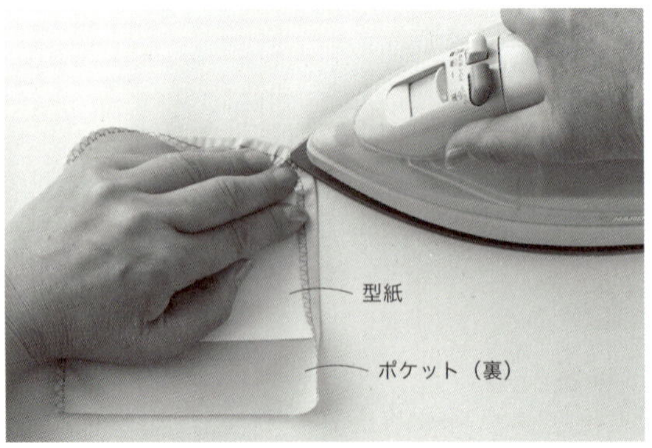

3 はがき程度の厚紙でポケットの出来上りの型紙を作り、ポケットの裏面に当てて外回りの縫い代をアイロンで折る。カーブの部分は、指先で縫い代にギャザーを寄せるようにしながらアイロンの先でカーブを整える。

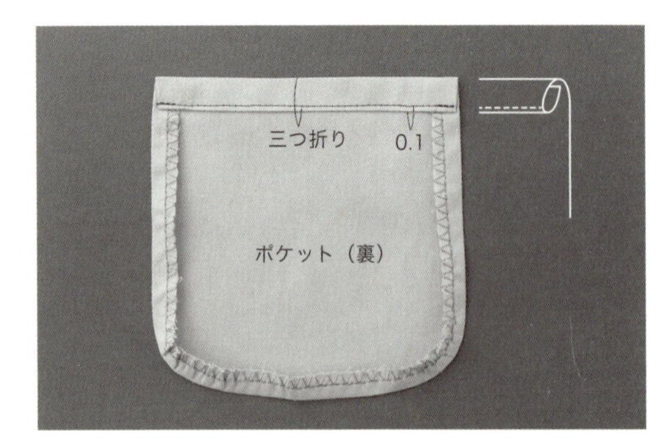

4 ポケット口の縫い代をアイロンで三つ折りにしてステッチをかける。

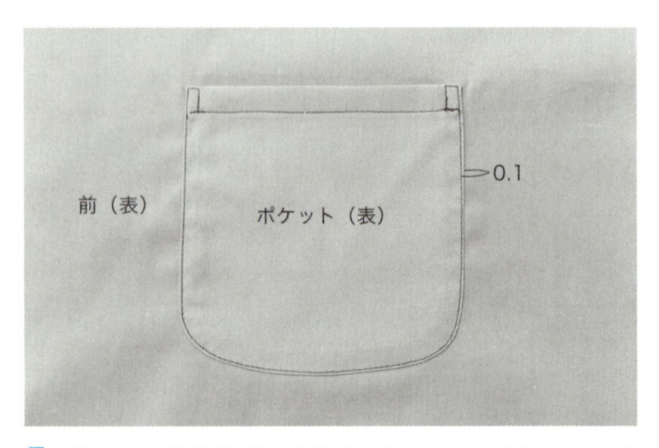

5 ポケットを前身頃に縫いとめる。ポケット口の角は力のかかるところなので三角（→p.82 7）または四角（→p.83 5）に縫う。出来上り。

脇縫い目利用ポケット・袋縫い・脇縫い代片返し …布：綿ギャバジン

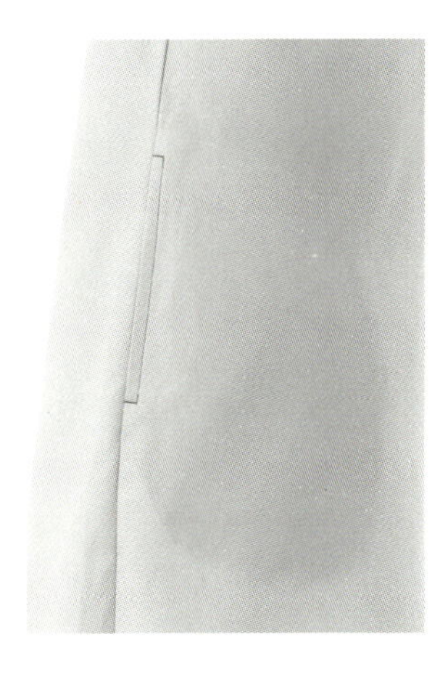

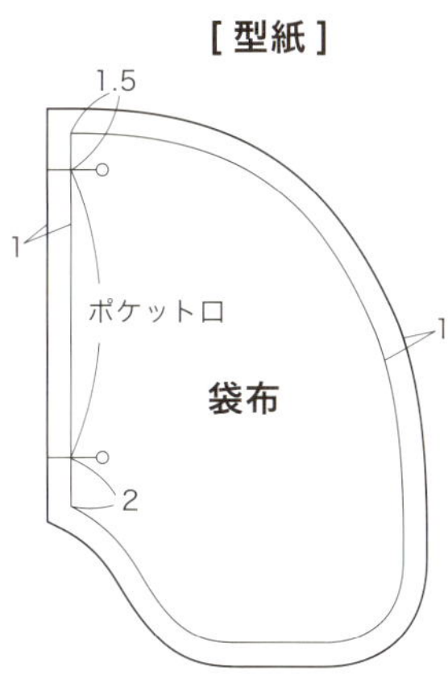

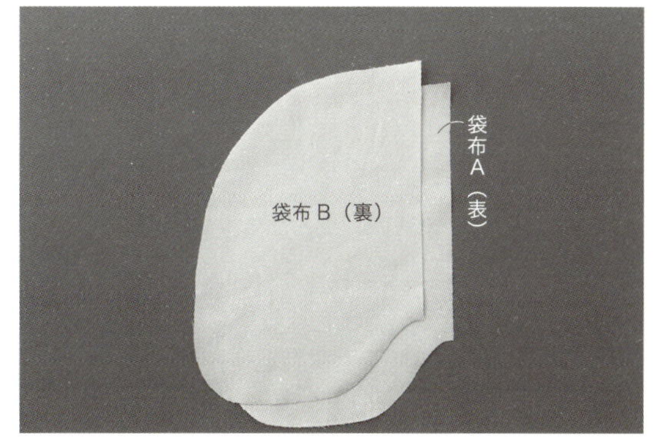

1 袋布は 2 枚とも表布で裁つ。ポケットに手を入れたときの、手の甲側が袋布 A（前身頃につける)、手のひら側が袋布 B（後ろ身頃につける)。

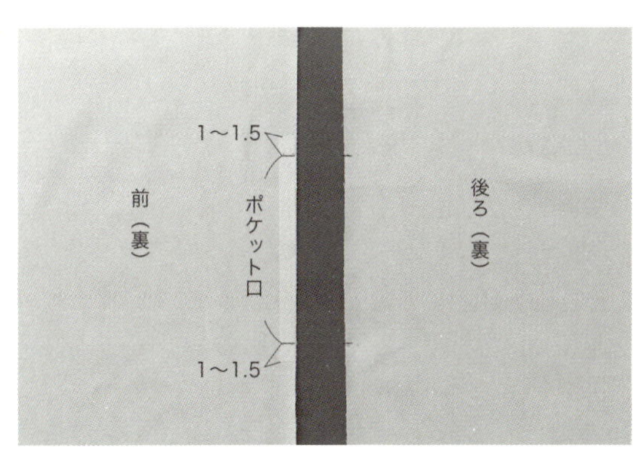

2 身頃の脇は前後とも 1 cmの縫い代をつけて裁ち、前ポケット口の縫い代に 1.2 cm幅の接着テープをはる。

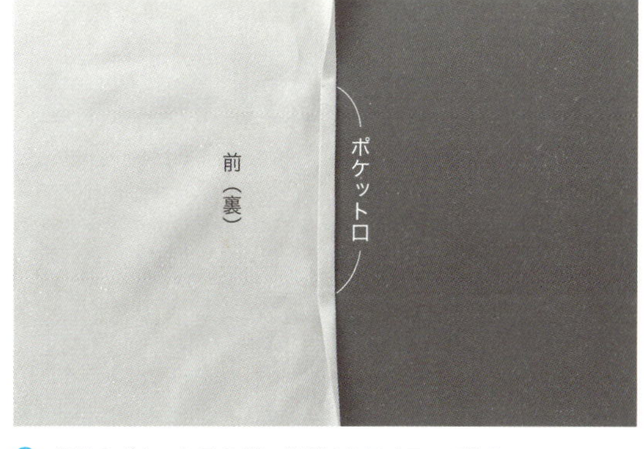

3 前脇のポケット口の縫い代だけをアイロンで折る。

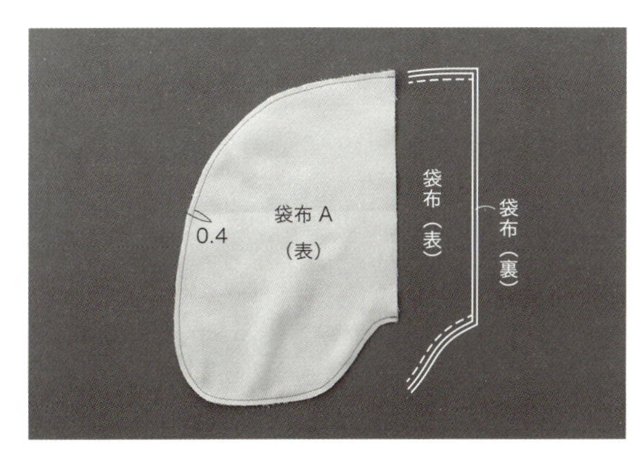

4 袋布は袋縫いにするので、まず袋布 A、B を外表に合わせ、外回りを 0.4 cmの縫い代で縫う。

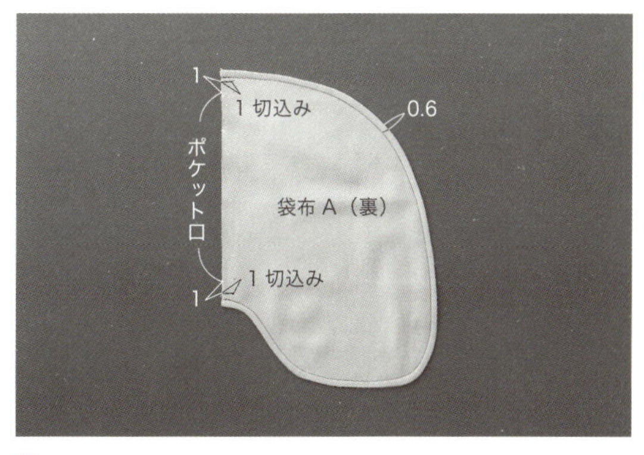

5 袋布を中表に返してアイロンで整え、外回りを 0.6 cmの縫い代で縫う。次に袋布 A のみ、ポケット口の上下 1 cmの位置に、1 cmの切込みを入れる。

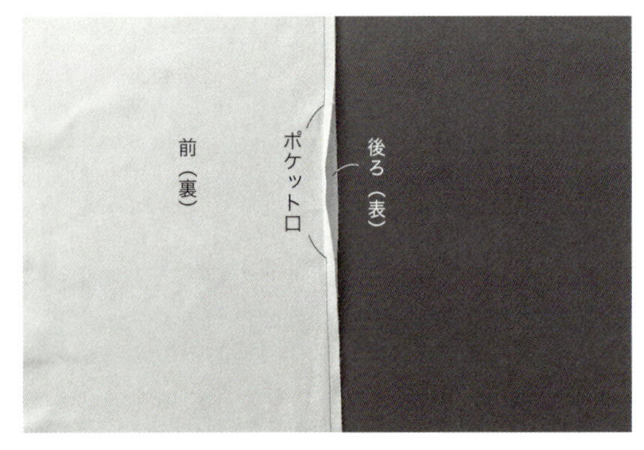

6 前後の脇を中表に合わせ、ポケット口を残して脇を縫う。ポケット口の上下は返し縫いをする。

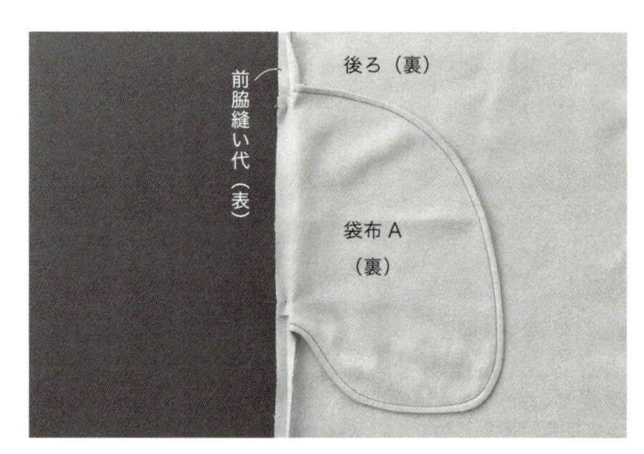

7 前脇縫い代のポケット口に、袋布 B をよけて袋布 A のポケット口縫い代を中表に合わせ、ポケット口の上下を前身頃側からまち針でとめる。

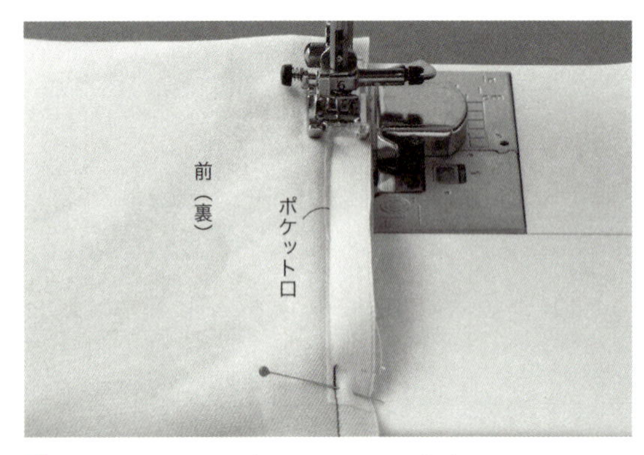

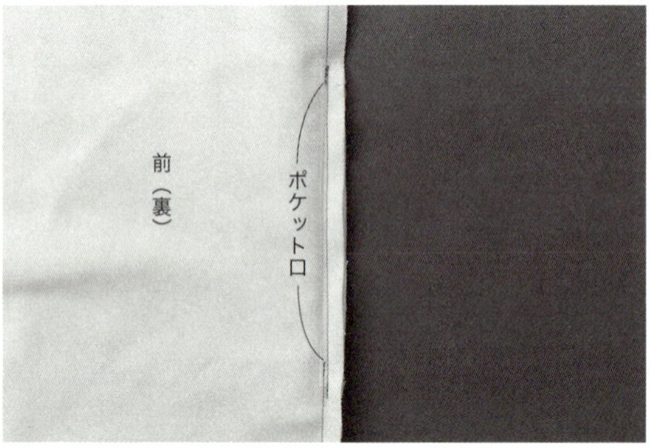

8 前身頃側から後ろポケット口をよけて前ポケット口を縫う。このとき 3 の折り山の 0.1 cm外側を縫う。

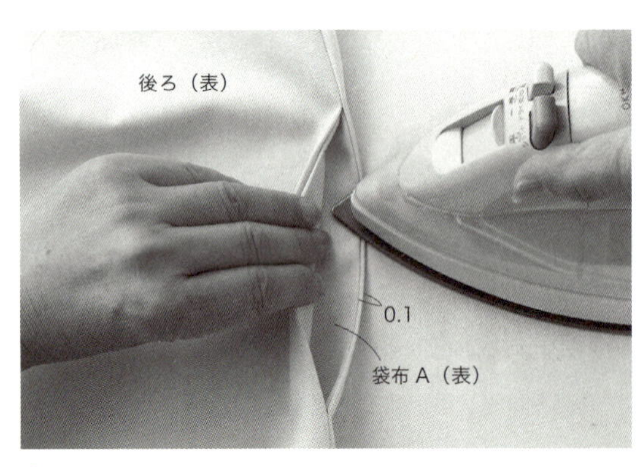

9 表に返し、袋布 A を 0.1 cm控えて前ポケット口をアイロンで整える。

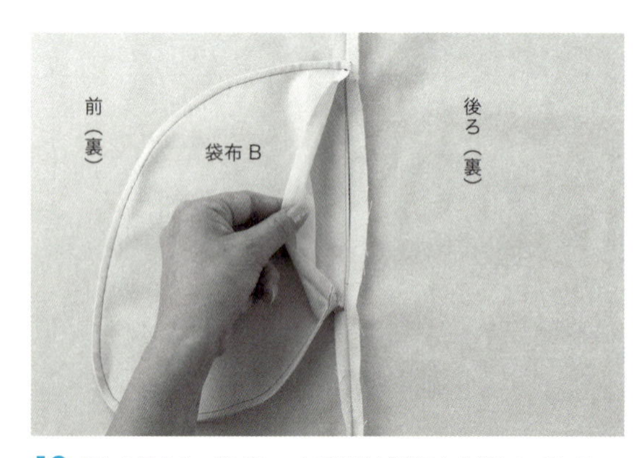

10 裏から見ると、前ポケット口だけが袋布 A と縫われている。

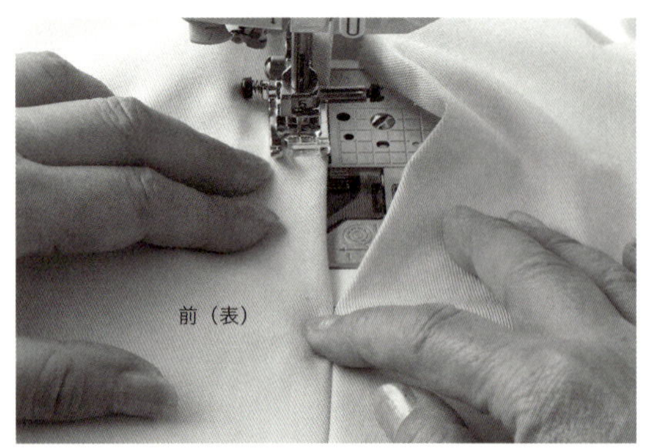

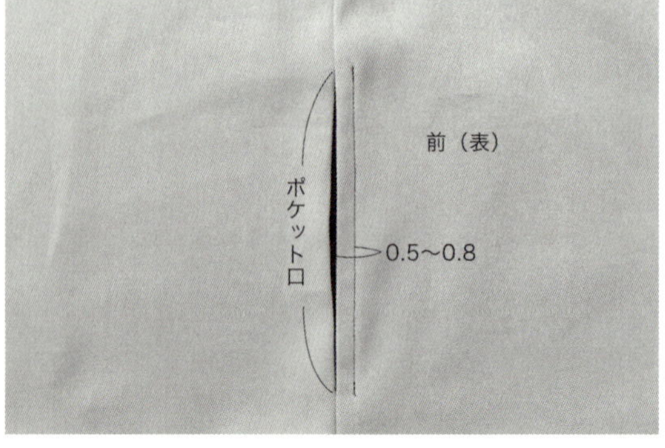

11 前身頃の表面から、袋布 B をよけて前ポケット口にステッチをかける。

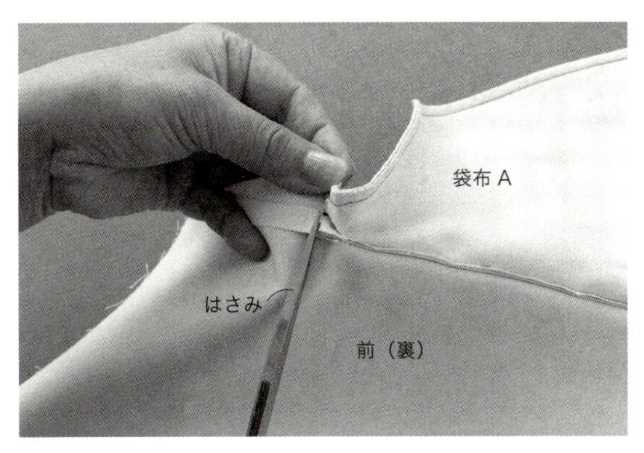

12 前脇縫い代のポケット口の上下に、はさみで袋布 A と同じ位置に切込みを入れる。

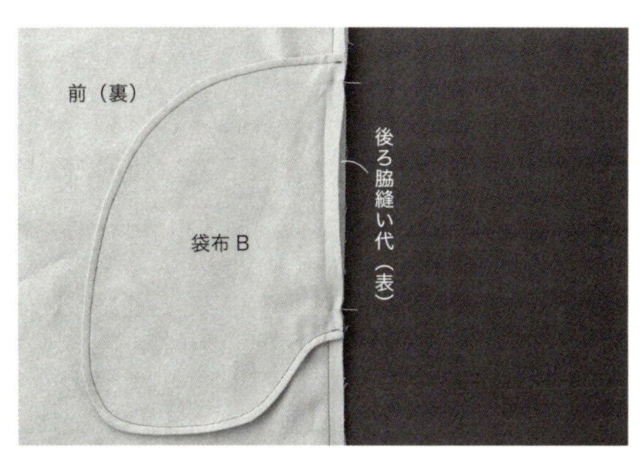

13 袋布 B と後ろ身頃の脇縫い代を中表に合わせ、後ろ身頃側からまち針でとめる。

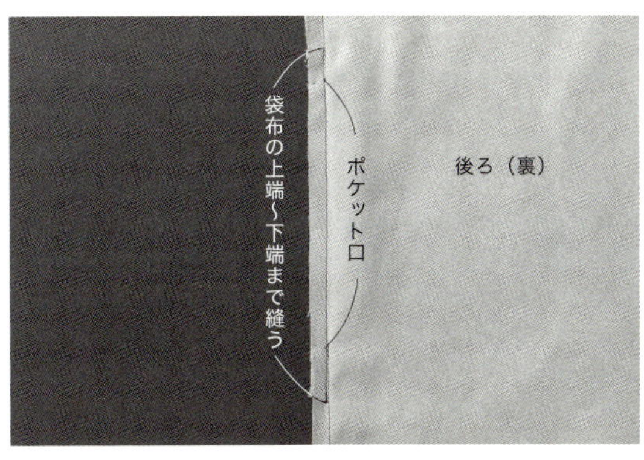

14 後ろ身頃側から、後ろのポケット口を縫う。前ポケット口をよけて、袋布の上端から下端まで脇を縫うが、ポケット口の上下は脇縫い目の少し外側を縫う。

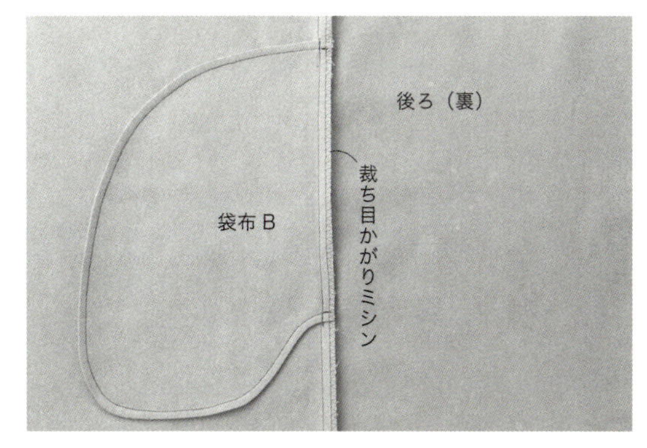

15 前身頃側から、前後の脇縫い代に 2 枚一緒に裁ち目かがりミシンをかけ、縫い代を後ろ側に倒してアイロンで整える。

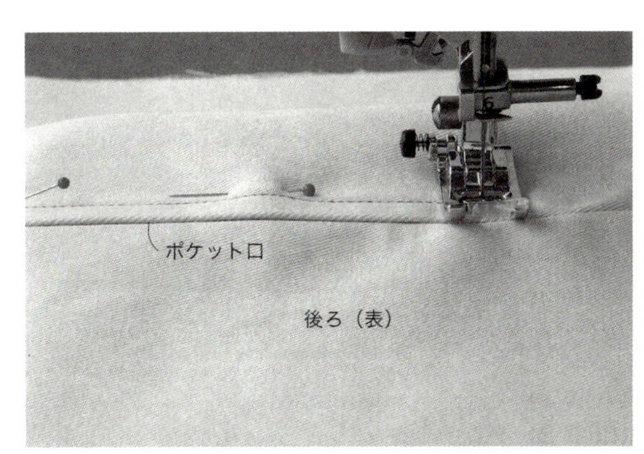

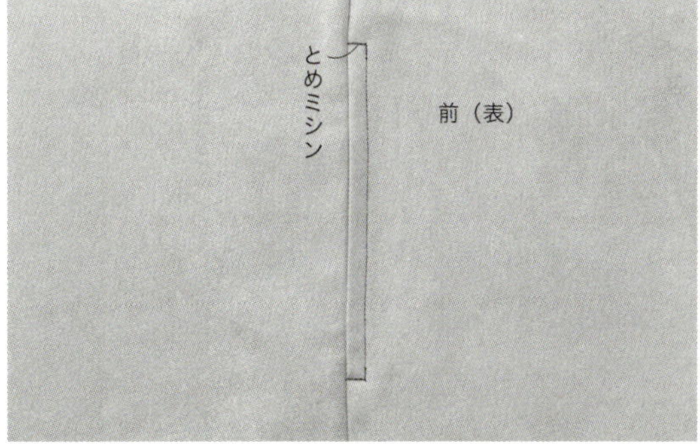

16 身頃の表面からポケット口をまち針でとめ、ポケット口の上下に、横に 3 ～ 4 回重ねてとめミシンをかける。出来上り。

脇縫い目利用ポケット・脇縫い代割り …布：厚手ウール

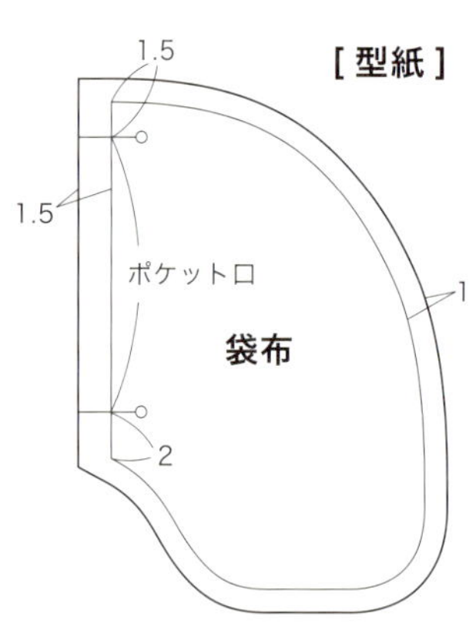

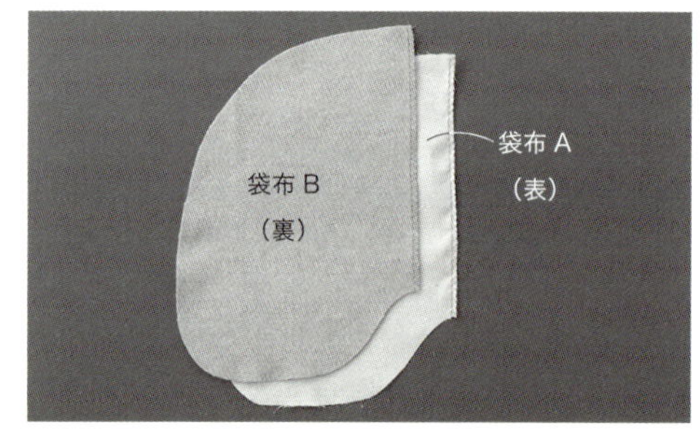

1 袋布 A は薄手木綿（スレキなど）で、袋布 B は表布で裁ち、それぞれ脇縫い代に裁ち目かがりミシン（またはジグザグミシン）をかける。ポケットに手を入れたときの、手の甲側が袋布 A（前身頃につける）、手のひら側が袋布 B（後ろ身頃につける）。

2 身頃の脇は前後とも 1.5 ㎝の縫い代をつけて裁つ。前ポケット口の縫い代に 2 ㎝幅の接着テープをはり、前後とも脇縫い代に裁ち目かがりミシンをかける。

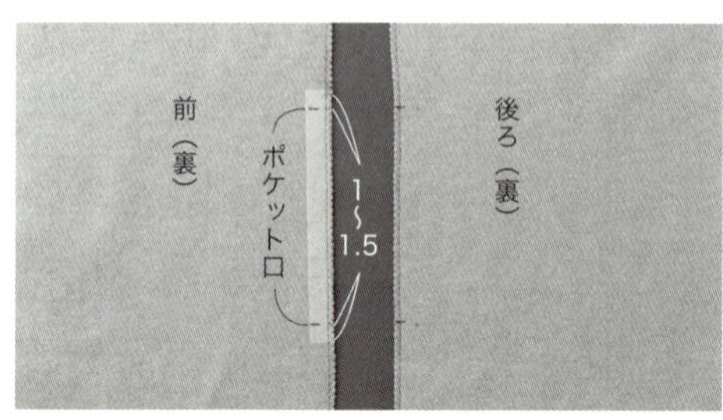

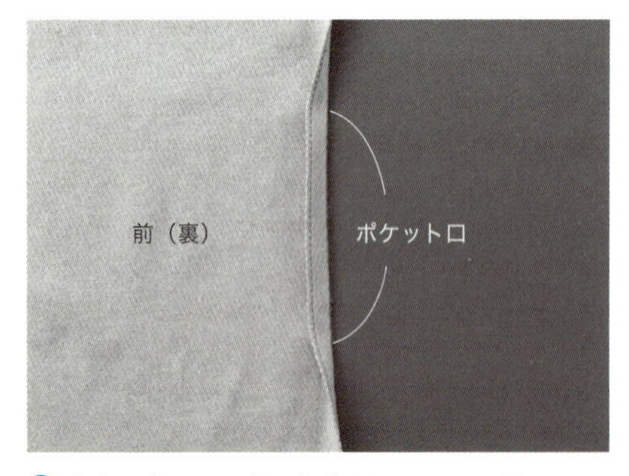

3 前脇のポケット口縫い代だけをアイロンで折る。

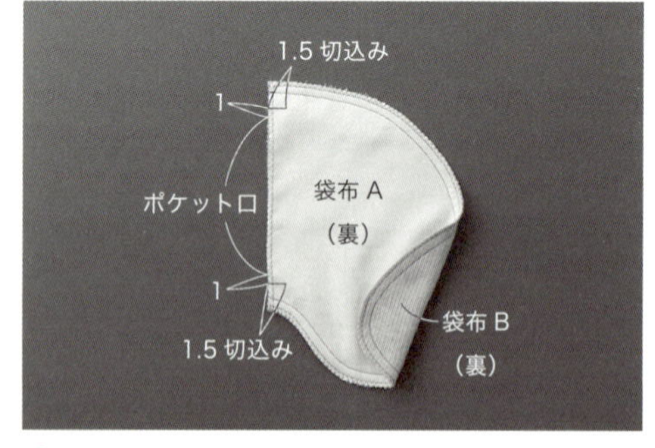

4 袋布 A、B を中表に合わせて外回りを縫い、縫い代を 2 枚一緒に裁ち目かがりミシンで始末する。次に袋布 A のみ、ポケット口の上下 1 ㎝の位置に、出来上り線まで（1.5 ㎝）切込みを入れる。

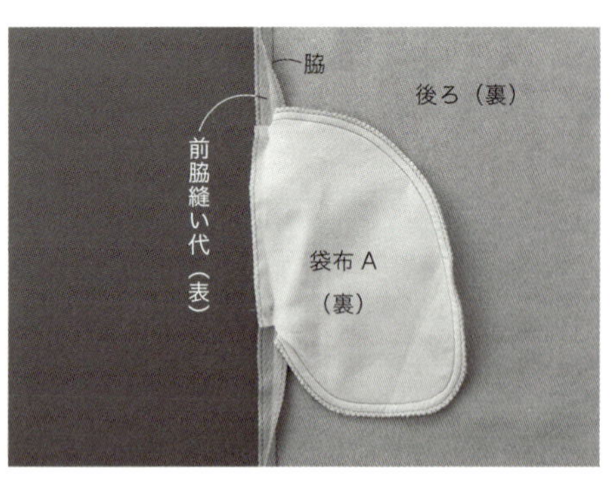

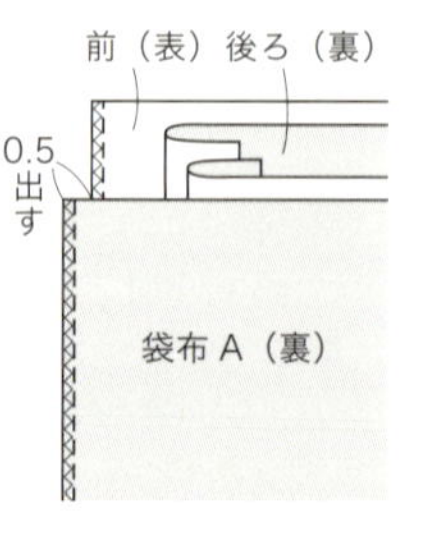

5 ポケット口を残して前後の脇を縫い合わせる（→p.86 6）。次に前脇縫い代のポケット口に、袋布Bをよけて袋布Aのポケット口縫い代を中表に合わせる。袋布 A の布端を 0.5 ㎝出して前身頃側からまち針でとめる。

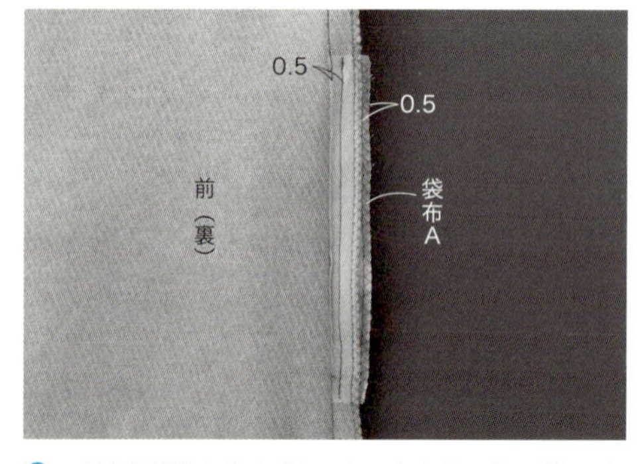

6 前身頃側から後ろポケット口をよけて前のポケット口を縫う。このとき 3 の折り山の 0.5 ㎝外側を縫う。

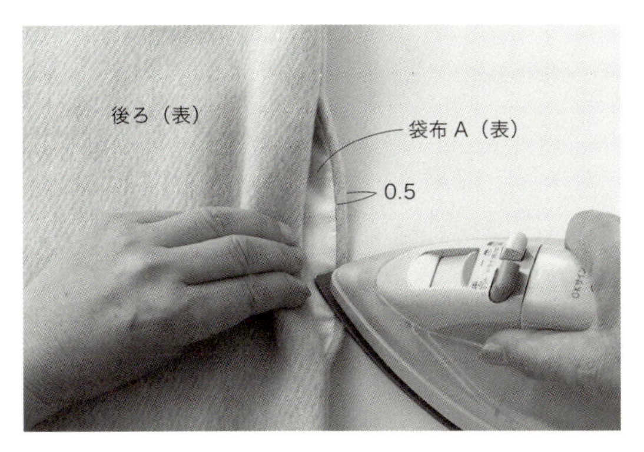

7 表に返し、袋布 A を 0.5 ㎝控えて前ポケット口をアイロンで整える。

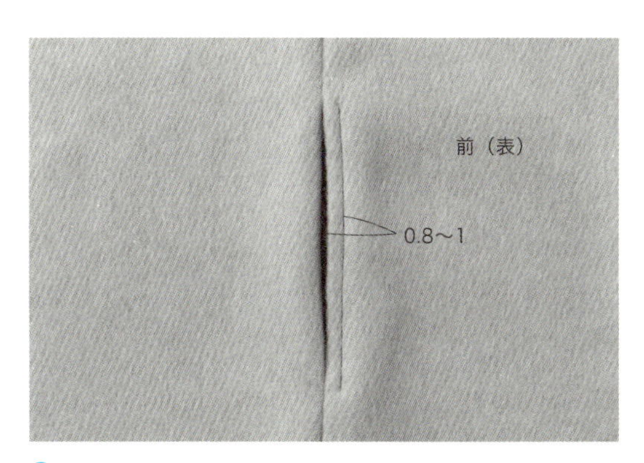

8 袋布 B をよけて前ポケット口にステッチをかける。→p.86 11

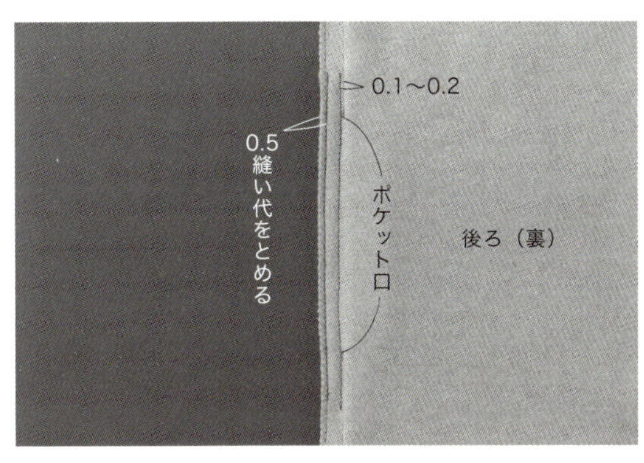

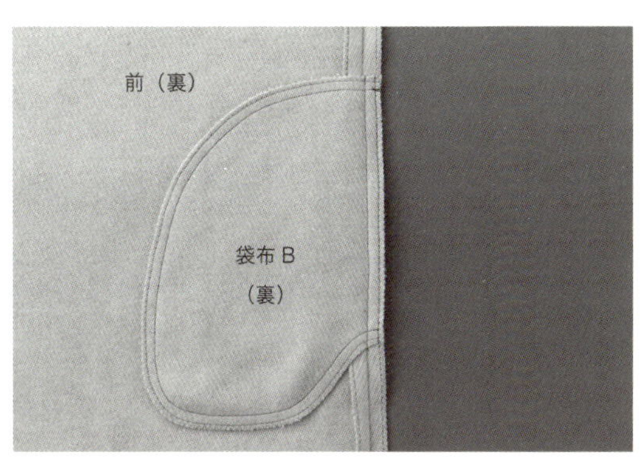

9 袋布 B と後ろ身頃の脇縫い代を中表に合わせ、後ろ身頃側から後ろのポケット口を縫う。前ポケット口をよけ、ポケット口の上下は脇縫い目の少し外側を縫う。次に縫い代端を縫いとめる。

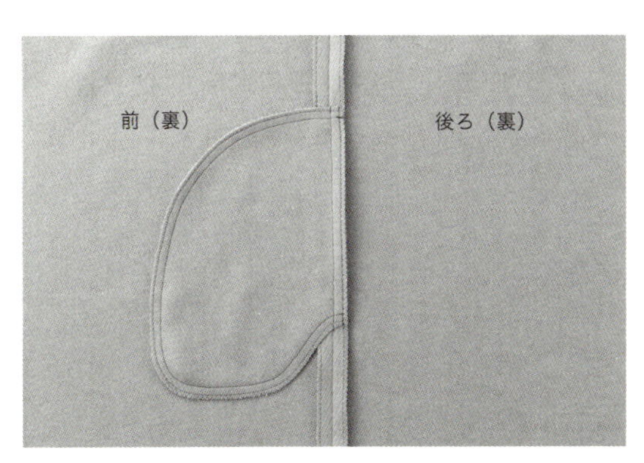

10 脇縫い代をアイロンで割る。

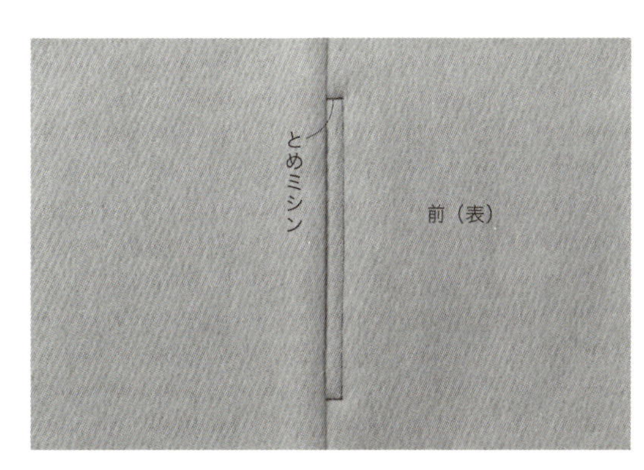

11 ポケット口の上下に、3～4 回重ねてとめミシンをかける。出来上り。

片玉縁ポケット・袋布１枚…布：綿ギャバジン

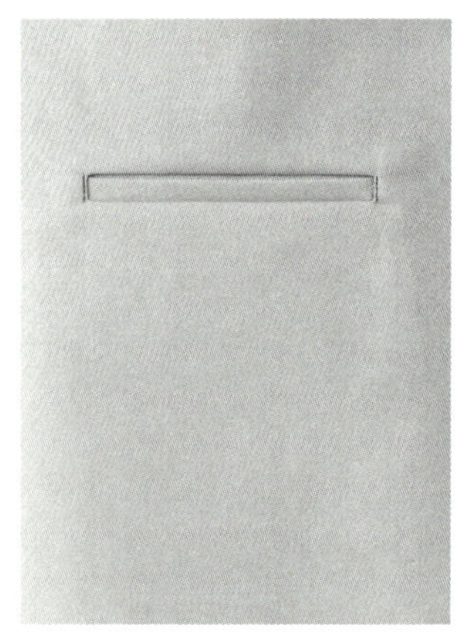

［製図］

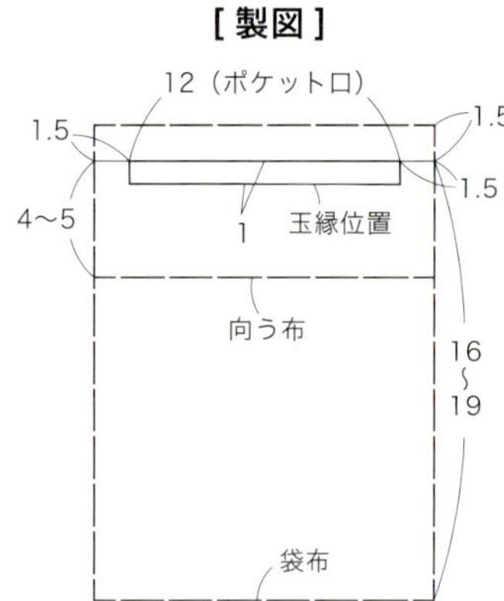

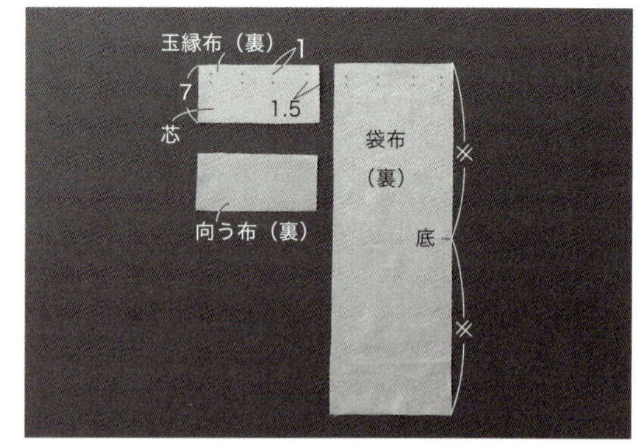

1　袋布はスレキなどの薄手木綿で底をわにして裁ち、裏面の片側に玉縁位置をしるす。玉縁布と向う布は表布で裁ち、玉縁布は裏面に接着芯をはり、玉縁位置をしるす。向う布と玉縁布は、下端に裁ち目かがりミシン（またはジグザグミシン）をかけておく。

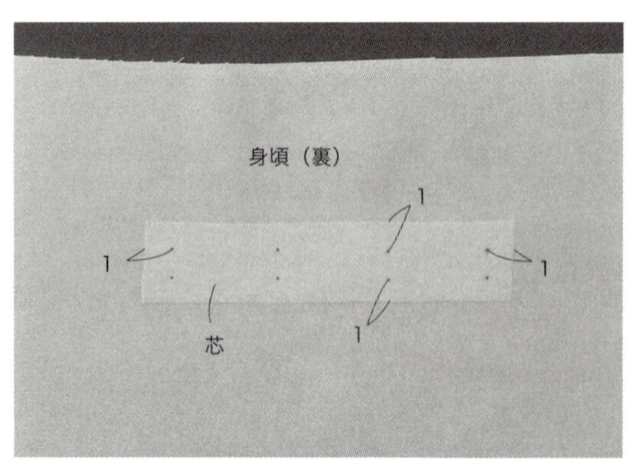

2　身頃裏面の玉縁位置に接着芯をはり、玉縁位置をしるす。

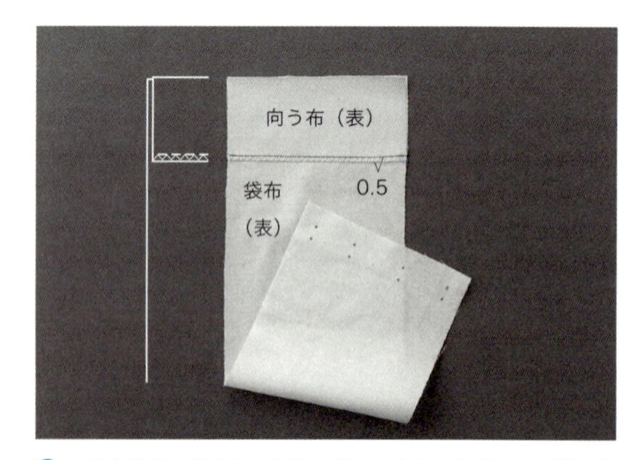

3　袋布表面の印のないほうの端に、向う布を重ね、下端を縫いとめる。

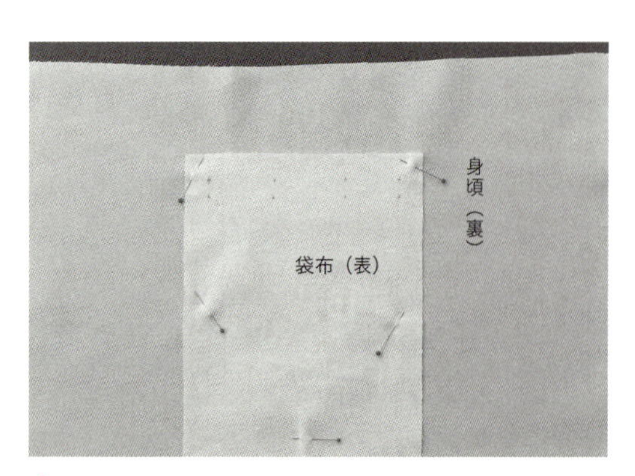

4　身頃裏面の玉縁位置に、袋布の表面を上にして玉縁位置を合わせて重ね、まち針でとめる。

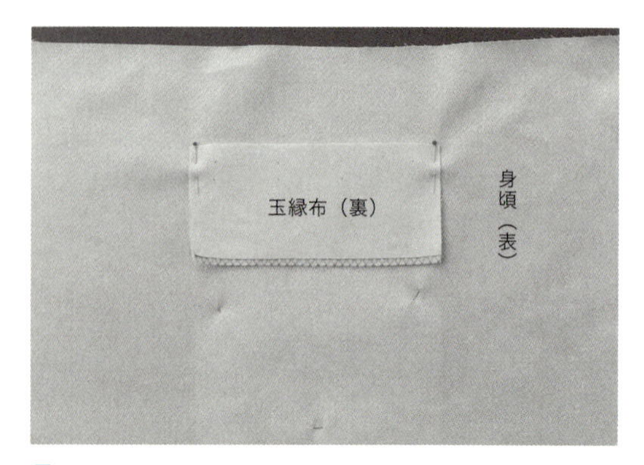

5　4の身頃表面に玉縁布を中表に重ね、玉縁位置を合わせて両サイドをまち針でとめる。

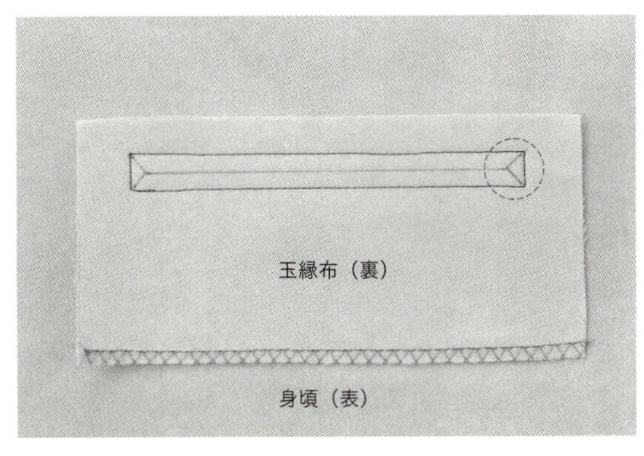

6　玉縁位置にミシンをかける。このとき両端は針目を細かくして縫う。次に中央に切込みの線を引くが、両端はＹ字に描く。

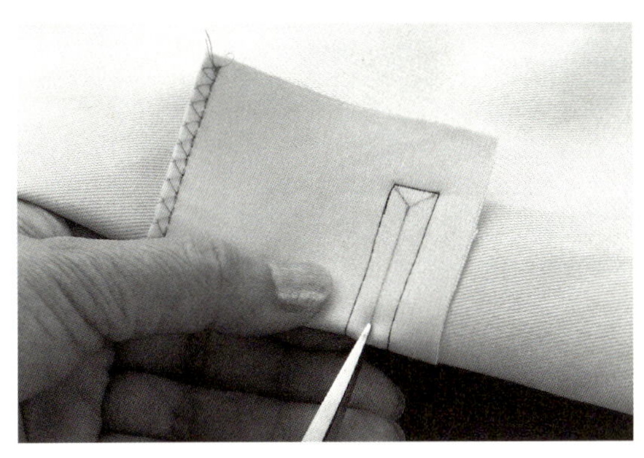

→

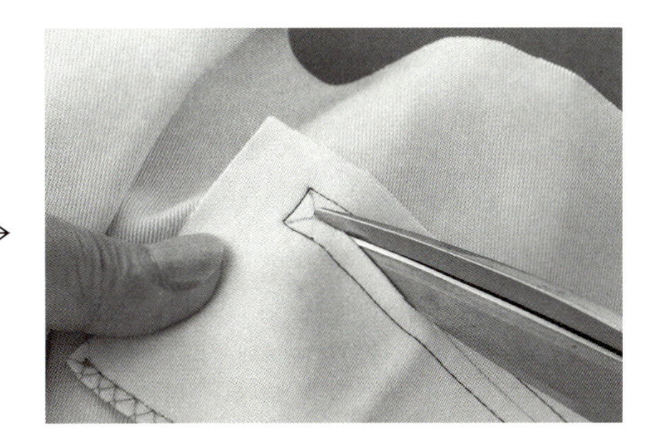

7　6の線どおりに切込みを入れる。角は際まで切り込む。

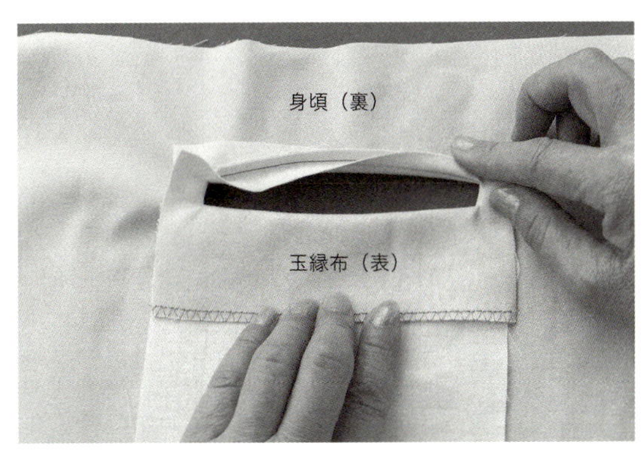

8　切込みから玉縁布を身頃の裏面に引き出して表に返す。

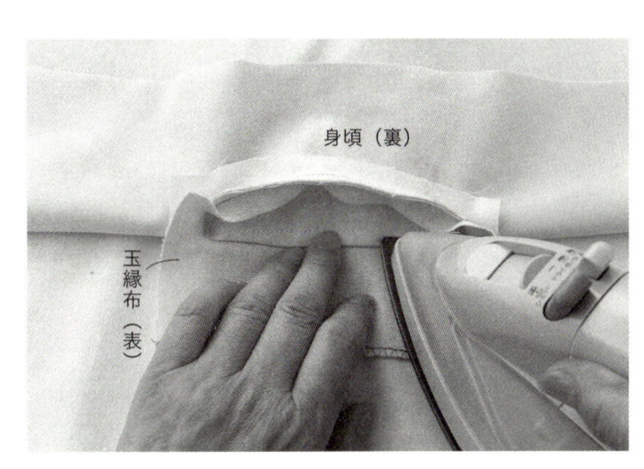

9　玉縁布の下側の縫い代を身頃側に倒してアイロンで整える。

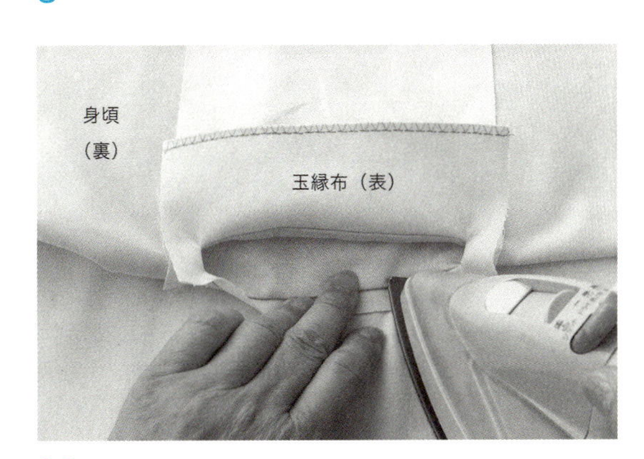

10　玉縁布の上側の縫い代を身頃側に倒してアイロンで整える。

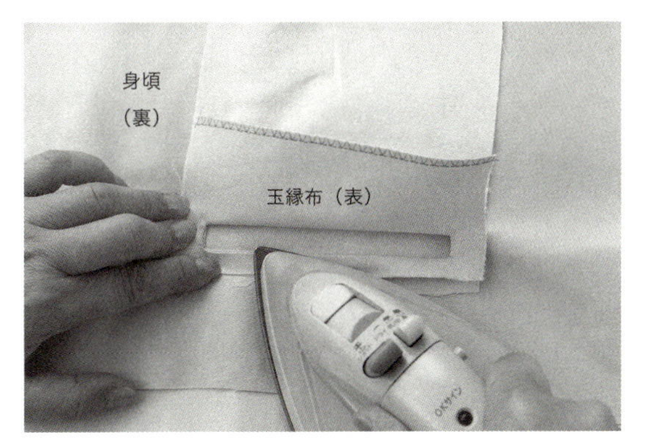

11　玉縁位置を窓状にアイロンで整える。

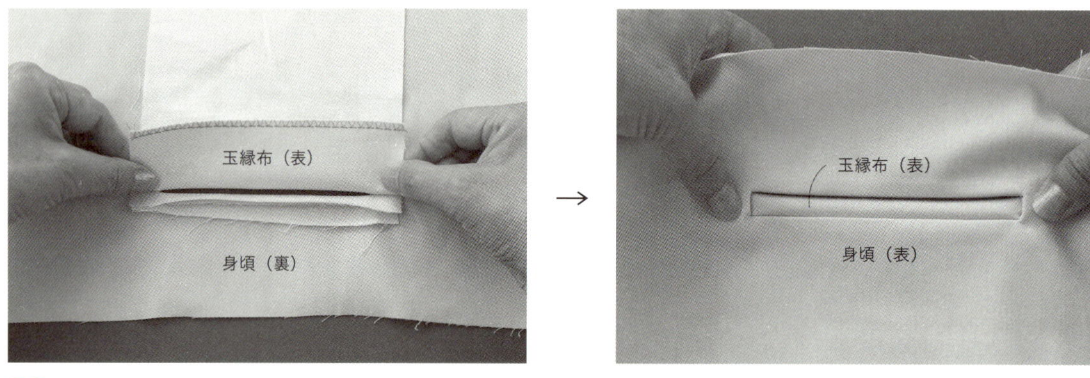

12 玉縁布を 11 の窓の幅に合わせて折り、そのまま押さえて身頃を表に返す。

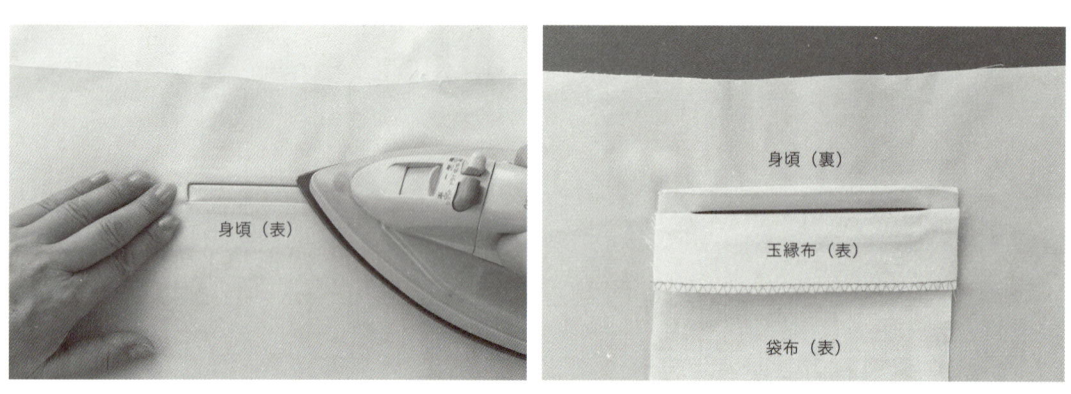

13 身頃の表面からアイロンを当てて、玉縁幅を整える。

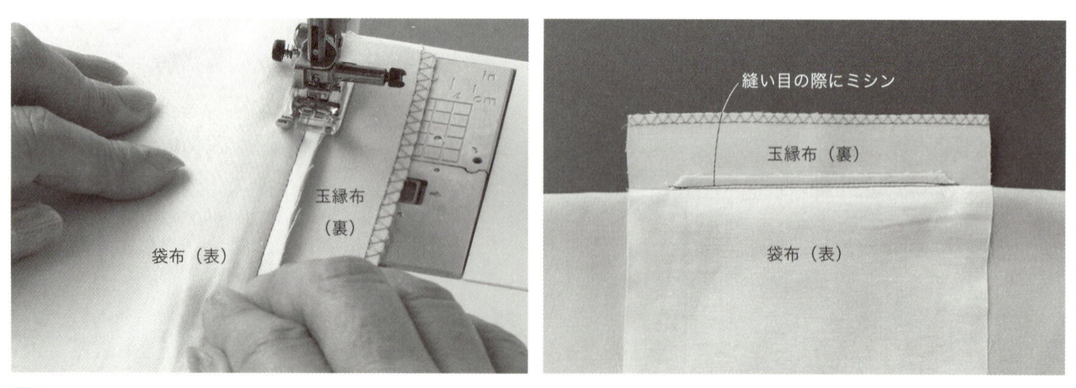

14 玉縁布の下側をめくり、玉縁位置下側の縫い目の際にミシンをかけて玉縁布を縫いとめる。

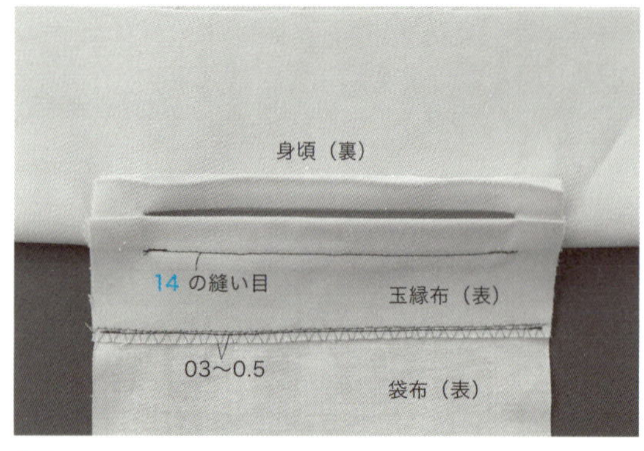

15 身頃をよけて、玉縁布の下端を袋布に縫いとめる。

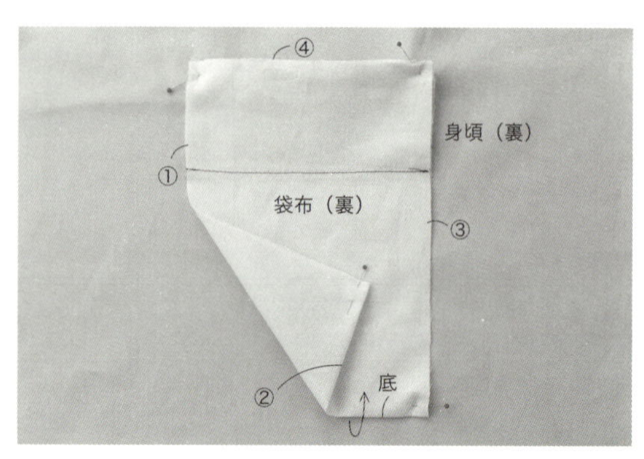

16 袋布を中表に折ってまち針でとめる。このあと①〜④の順で袋布の周囲を縫う。

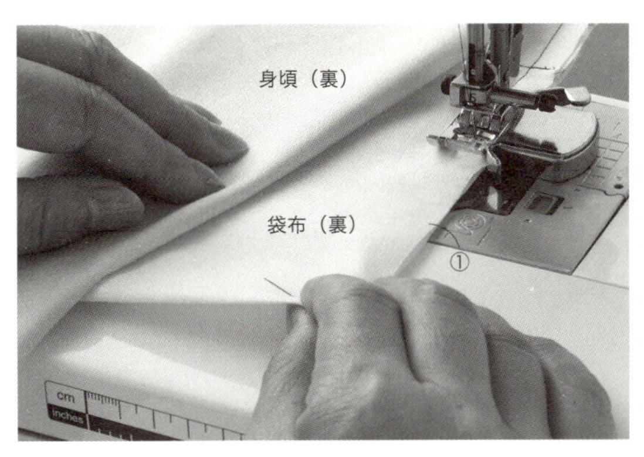

17 身頃に接している袋布側から、身頃をよけて①の辺を上端から 1 cmの縫い代で縫う。

18 続けて②の辺（底）を 0.5 cmの縫い代で縫う。底はわになっているが、縫っておくと安定する。

19 さらに続けて③の辺を 1 cmの縫い代で、④の辺（上端）は 0.3 cmの縫い代で縫う。

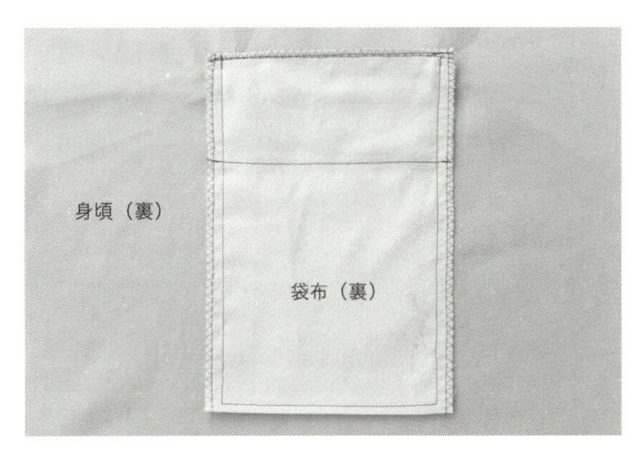

20 袋布の底以外の 3 辺に裁ち目かがりミシンをかける。

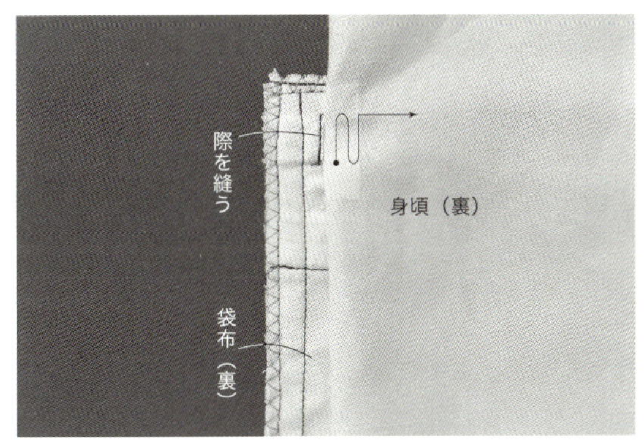

21 内側の身頃に接している袋布側から、身頃をよけて玉縁位置のサイドの際を縫う。

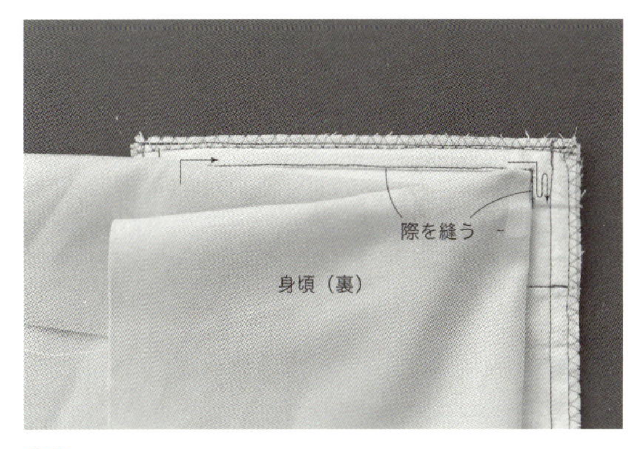

22 続けて上端～反対側のサイドの際を縫う。

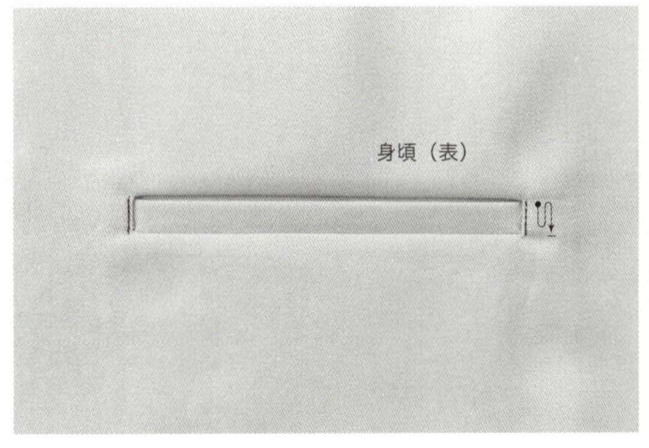

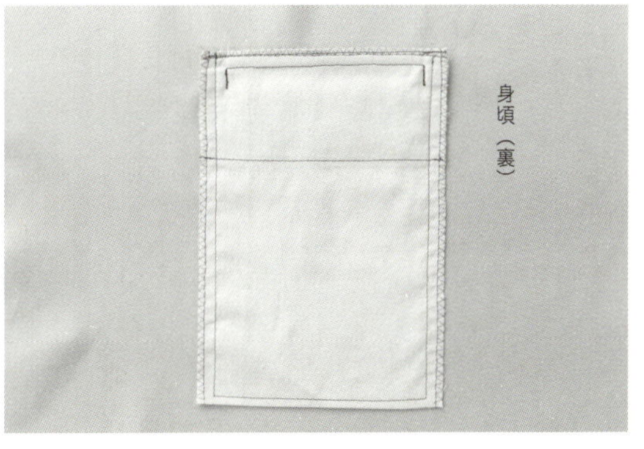

23 身頃の表面から玉縁の両サイドに 3 回重ねてとめミシンをかける。出来上り。

片玉縁ポケット・袋布2枚・ボタンどめ …布：綿ギャバジン

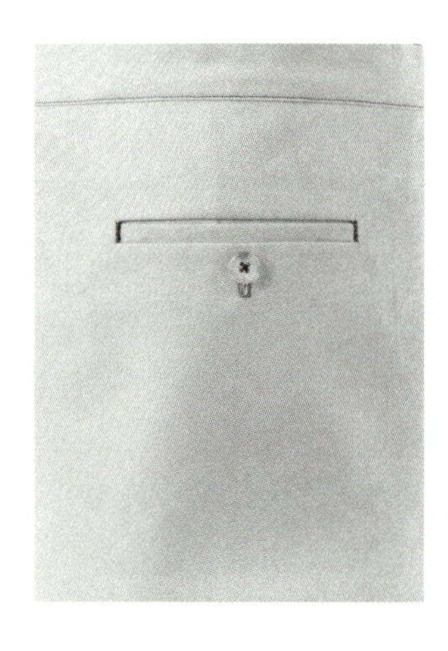

[製図]

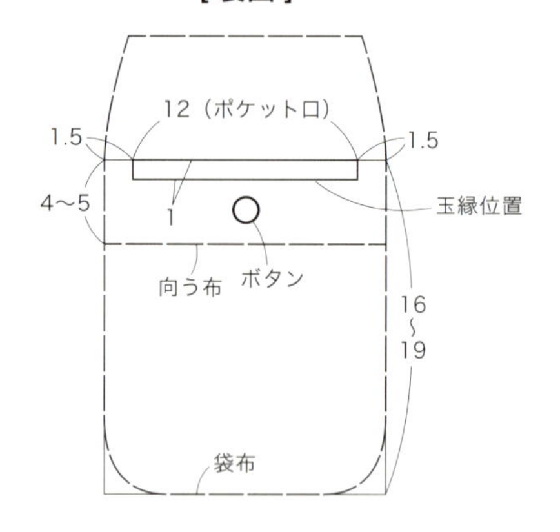

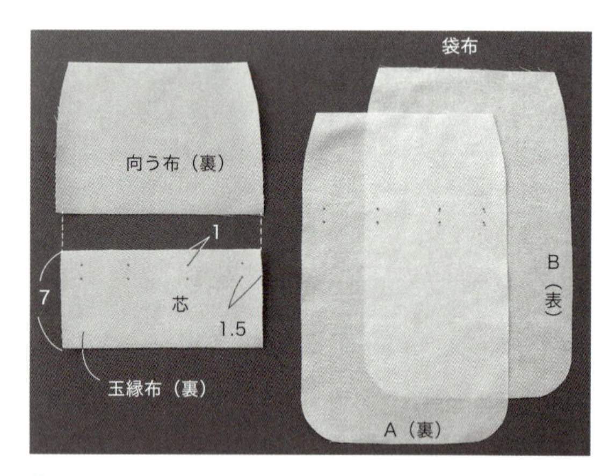

1 袋布はスレキなどの薄手木綿で 2 枚裁ち、1 枚の裏面に玉縁位置をしるす。玉縁位置をしるしたほうを袋布 A、印のないほうを袋布 B にする。玉縁布と向う布は表布で裁ち、玉縁布は裏面に接着芯をはり、玉縁位置をしるす。向う布と玉縁布は下端に裁ち目かがりミシン（またはジグザグミシン）をかけておく。

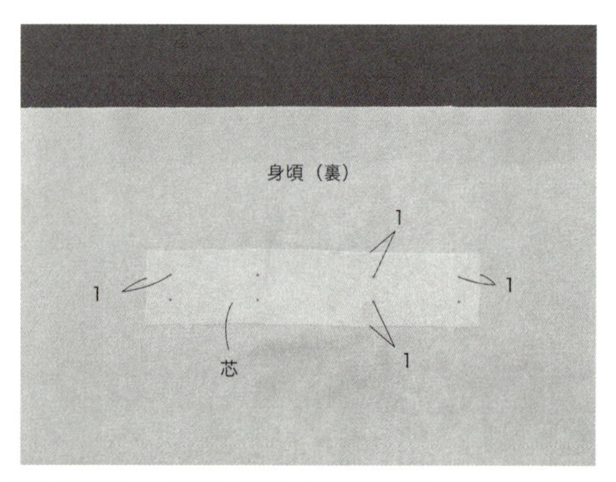

2 身頃裏面の玉縁位置に接着芯をはり、玉縁位置をしるす。

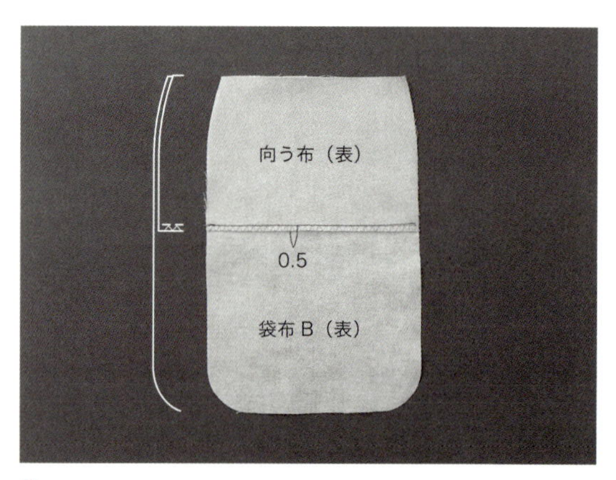

3 袋布 B に向う布を重ね、下端を縫いとめる。

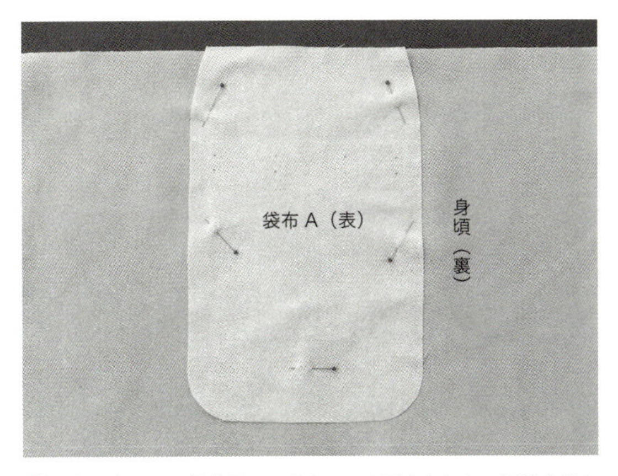

4　身頃裏面の玉縁位置に、袋布Ａの表面を上にして玉縁位置を合わせて重ね、まち針でとめる。

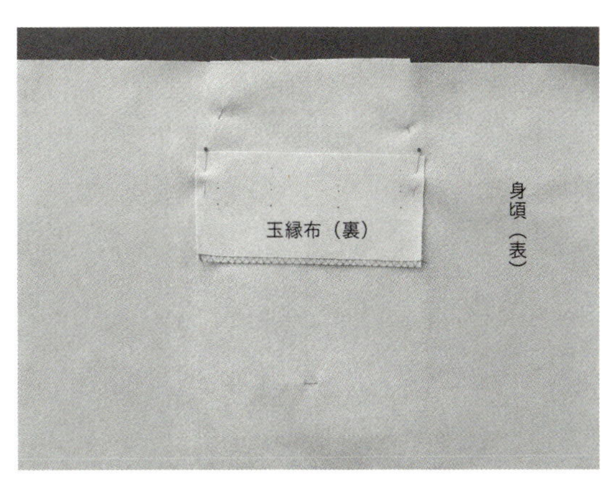

5　4 の身頃表面に玉縁布を中表に重ね、玉縁位置を合わせて両サイドをまち針でとめる。

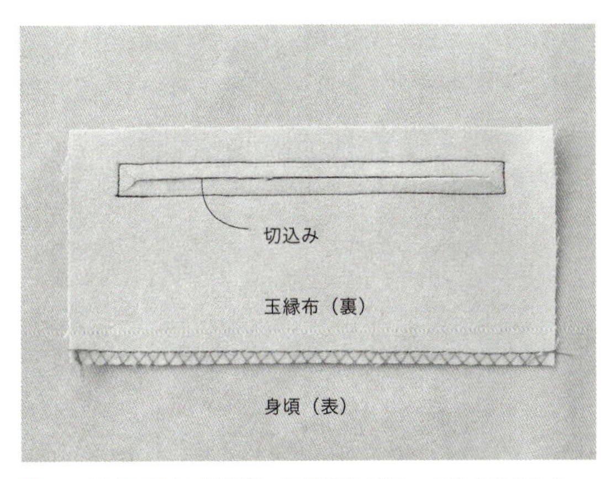

6　p.91 6、7 と同じ要領で玉縁位置を縫い、切込みを入れる。

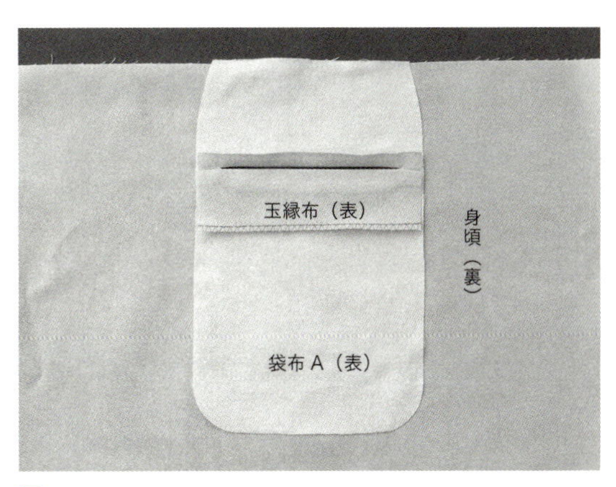

7　p.91 8 〜 13 と同じ手順で玉縁布を身頃の裏面に返し、玉縁幅に折って整える。

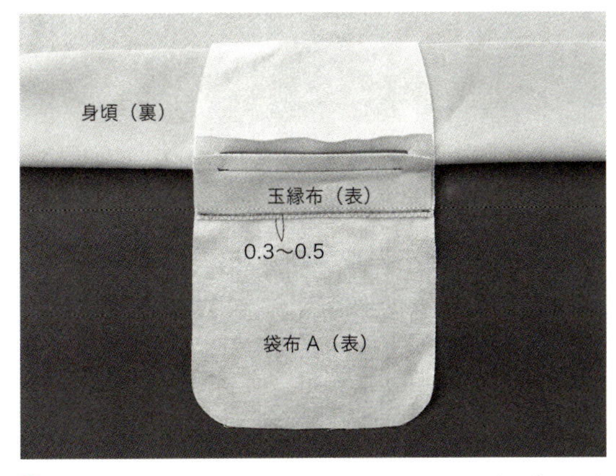

8　p.92 14 と同じ要領で玉縁位置の下側を縫い、次に身頃をよけて玉縁布の下端を袋布に縫いとめる。

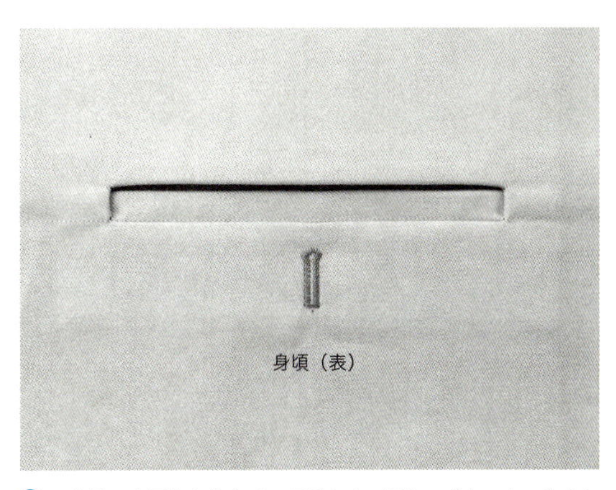

9　身頃の表面から袋布 A、玉縁布まで通してボタンホールミシンをかける。

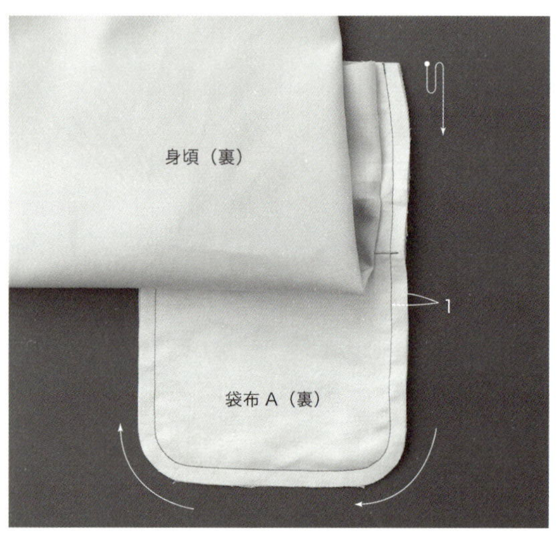

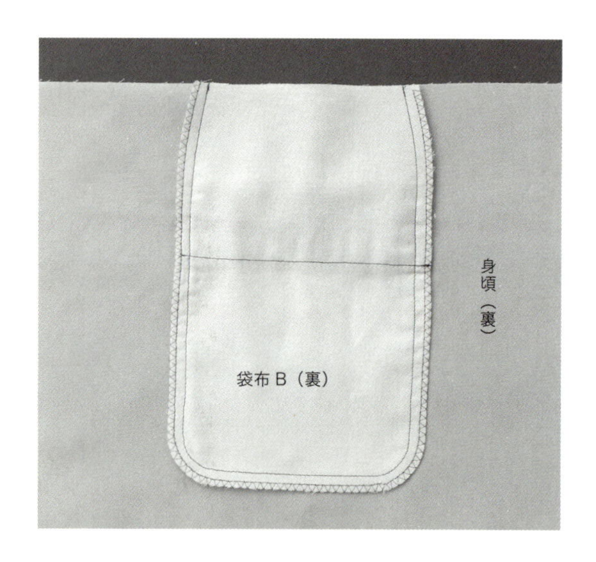

10 袋布 A に袋布 B を中表に重ね、袋布 A 側から外回りを縫う。次に縫い代を裁ち目かがりミシンで始末する。

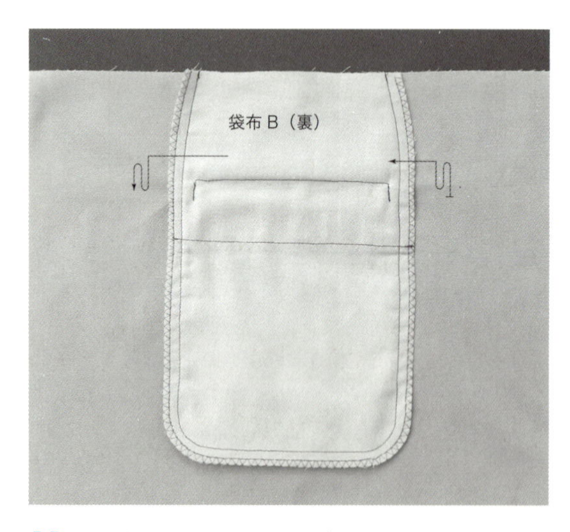

11 p.93 **21**、**22** と同じ手順で、内側の袋布A側から玉縁布のサイド〜上端〜サイドの際を縫う。

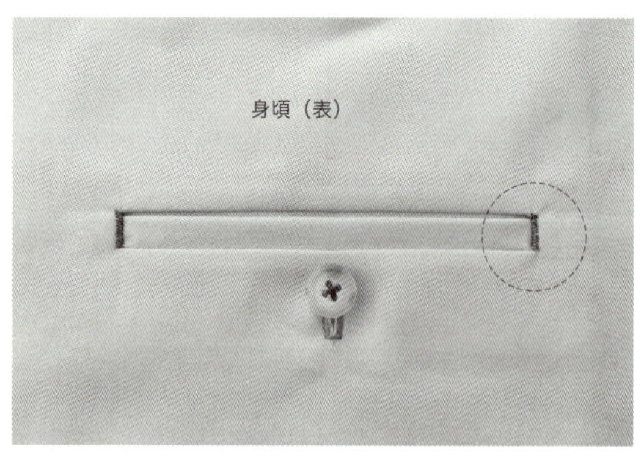

12 身頃の表面から、振り幅を小さくしたジグザグミシンで玉縁の両サイドをとめる。直線縫いでとめてもいい（→p.93 **23**）。ボタンホールに切込みを入れ（→p.27）、ボタンをつけて出来上り。

パフスリーブ … 布：綿ブロード

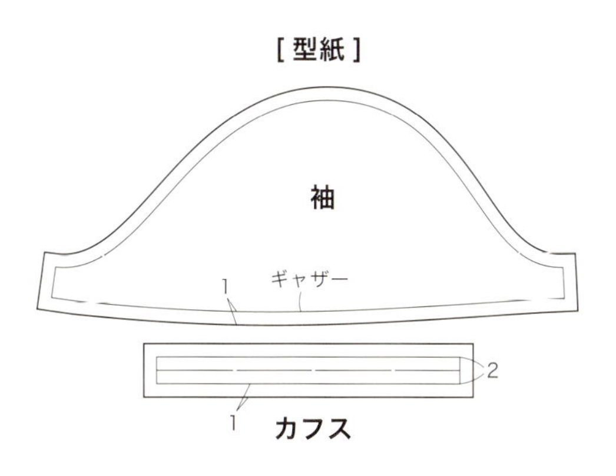

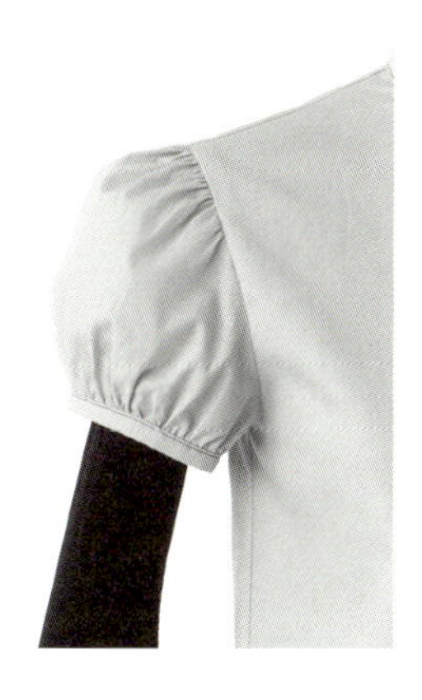

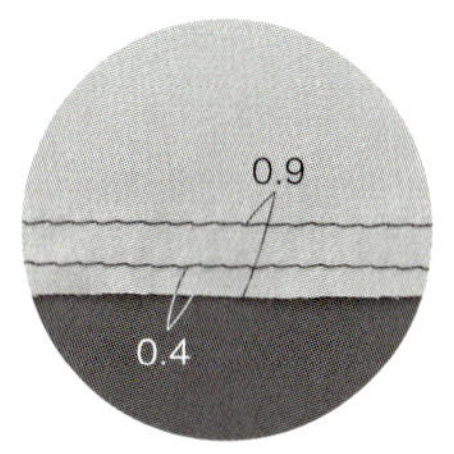

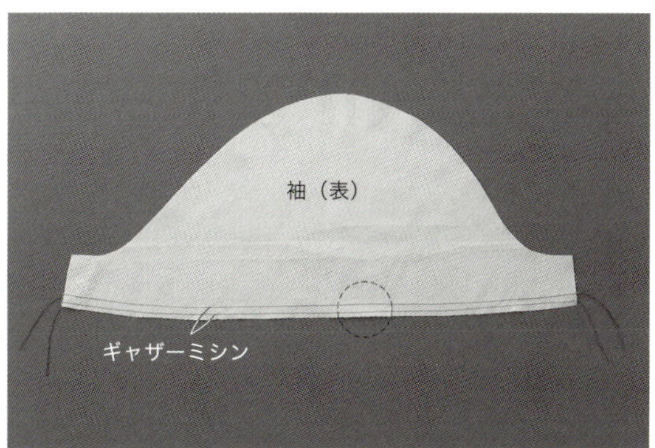

1 袖口の縫い代に粗い針目でギャザー用のミシンを２本かける。

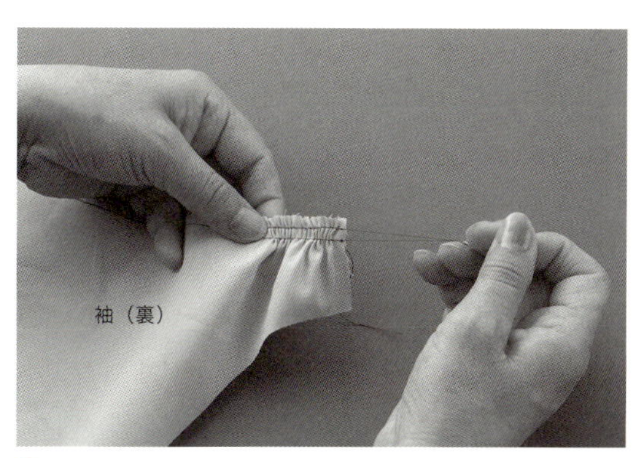

2 袖の裏面の糸を２本一緒に引いてギャザーを寄せる。

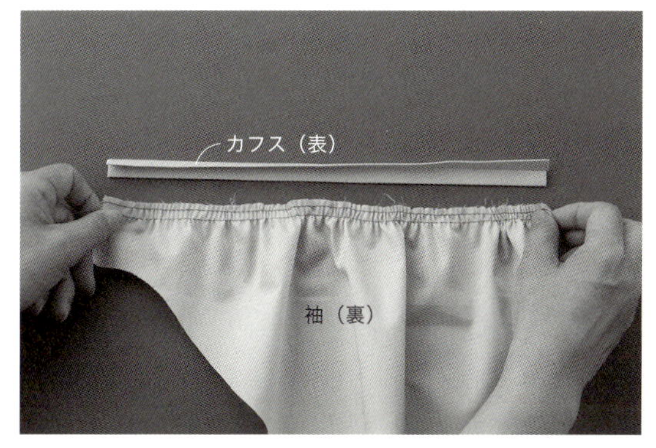

3 カフスはアイロンで出来上り幅に折っておく。袖口のギャザーは、カフスの長さに合わせて縮める。

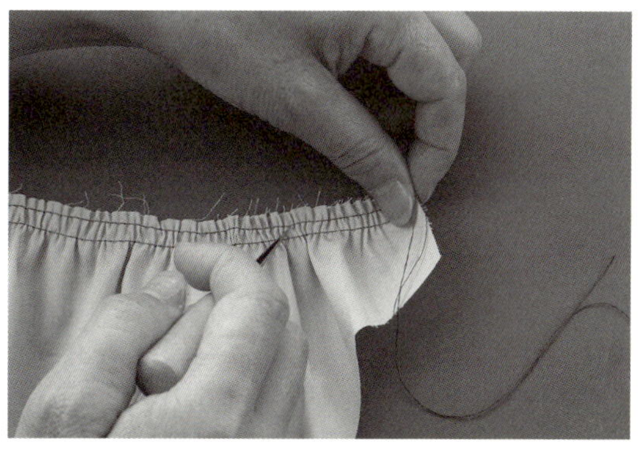

4 目打ちの先でギャザーをバランスよく整える。

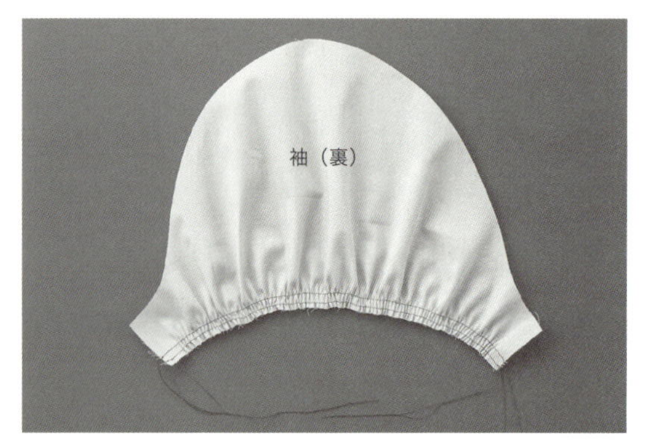

5 ギャザーを整えた袖。袖下近くはギャザー分を少なめにするといい。

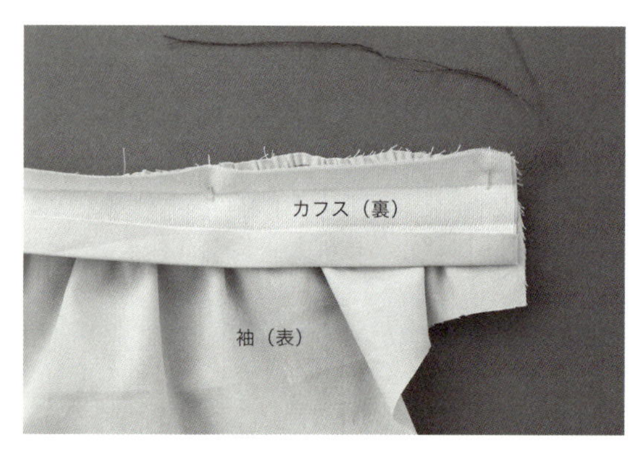

6 カフスの折り目を開き、袖口に中表に合わせて、袖側からまち針でとめる。

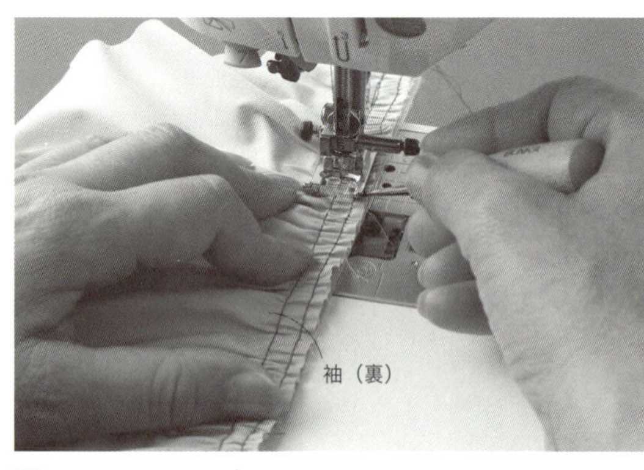

7 袖側から 1 cmの縫い代でカフスつけミシンをかける。ギャザーがよじれないように、押え金の際を目打ちで押さえながら縫う。このとき厚紙を当てて縫うと、ギャザーが安定して縫いやすい（→p.99 2）。

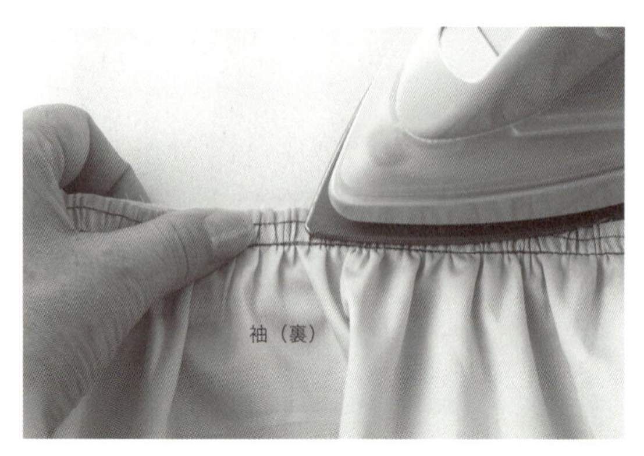

8 ギャザーを寄せた袖口の縫い代を、アイロンでしっかり押さえてつぶす。

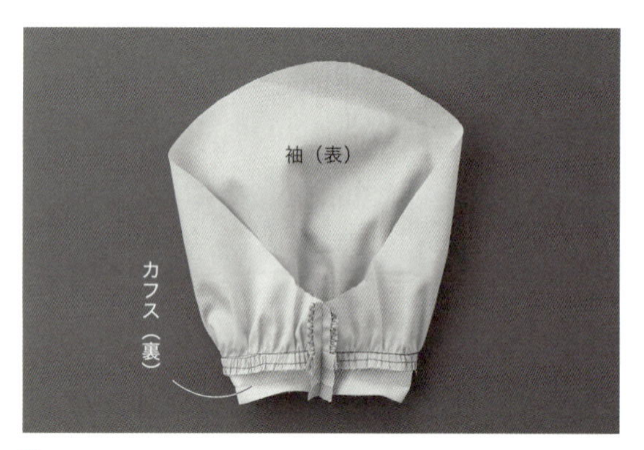

9 カフスつけ縫い代をカフス側に倒してアイロンで整える。次に袖下をカフスまで続けて縫い、縫い代を割る。

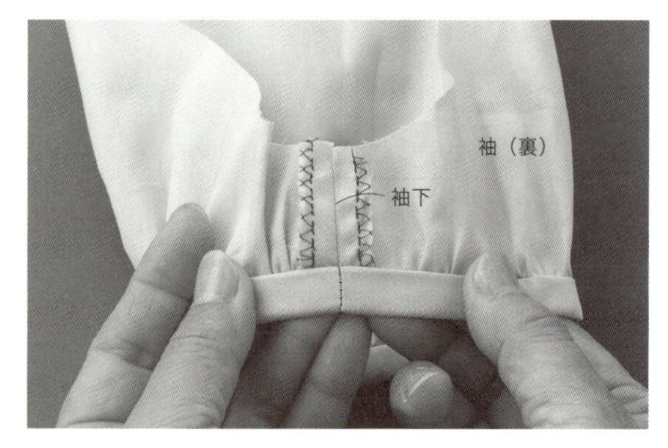

10 カフスを 3 の折り目で折って出来上り幅に整える。

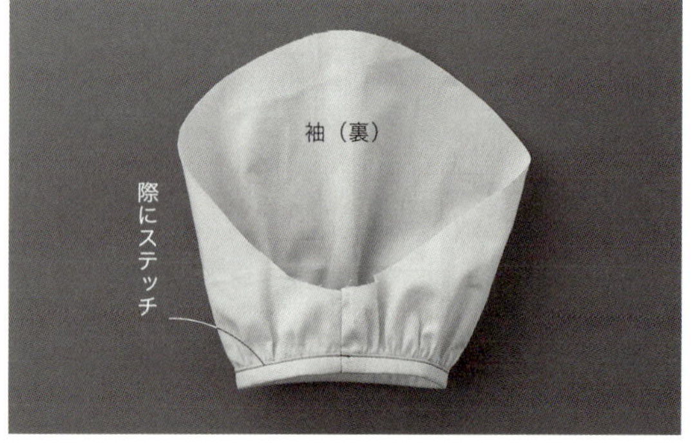

11 表からカフスにステッチをかける。出来上り。

[針跡の残りにくい布のギャザーの寄せ方] … 布：ウールジョーゼット

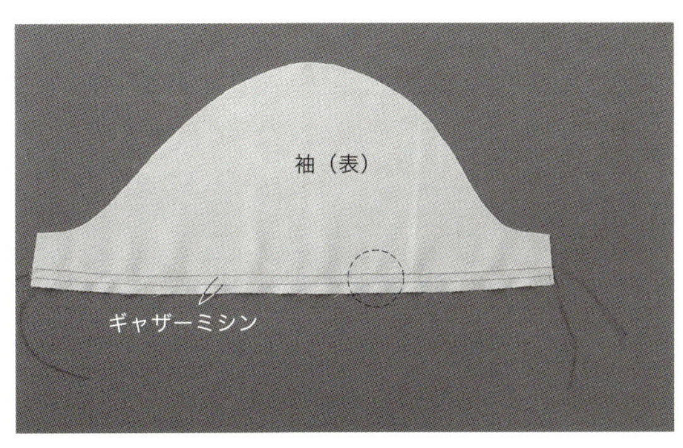

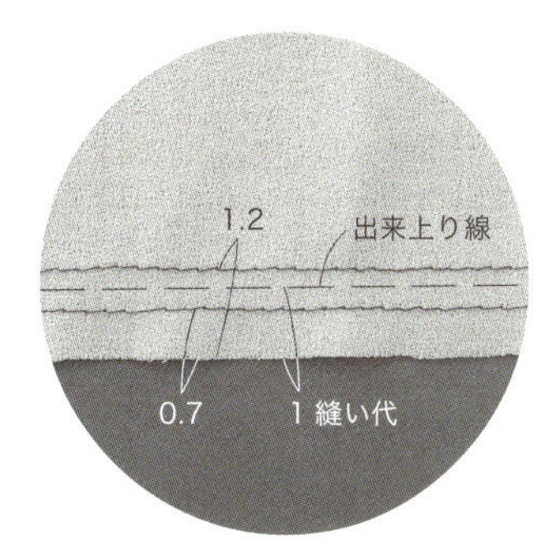

1 袖口に出来上り線をはさんで粗い針目のミシンを 2 本かける。カフスをつけるとき、2 本のギャザーミシンの間を縫うほうが、ギャザーがよじれにくくきれいに仕上がるが、出来上り線の内側のミシン目をあとで抜くので、針跡の残る布の場合は、必ず縫い代内にギャザーミシンをかける（→p.97 1）。

2 p.97、98、2〜7 と同じ要領で袖口にギャザーを寄せ、カフスを中表に合わせて縫う。ミシンをかけるときは、はがき程度の厚紙を当て、厚紙でギャザーを押さえながら縫うとギャザーが安定して縫いやすい。

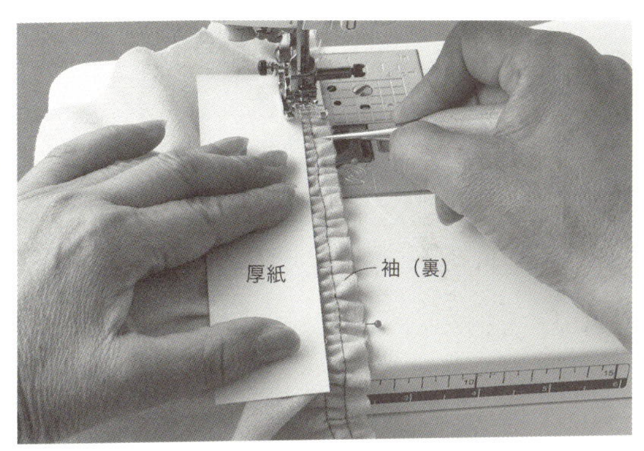

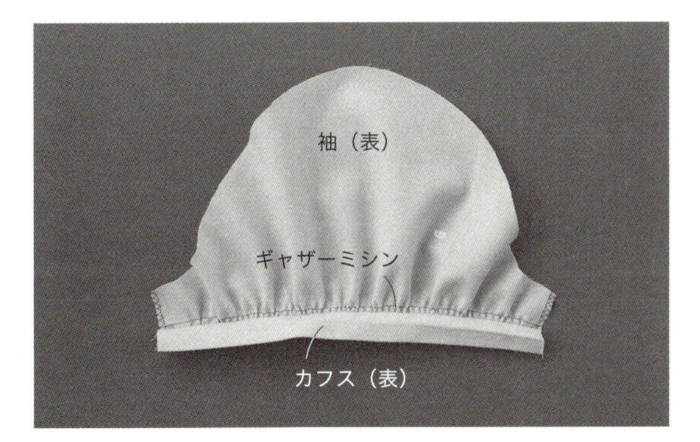

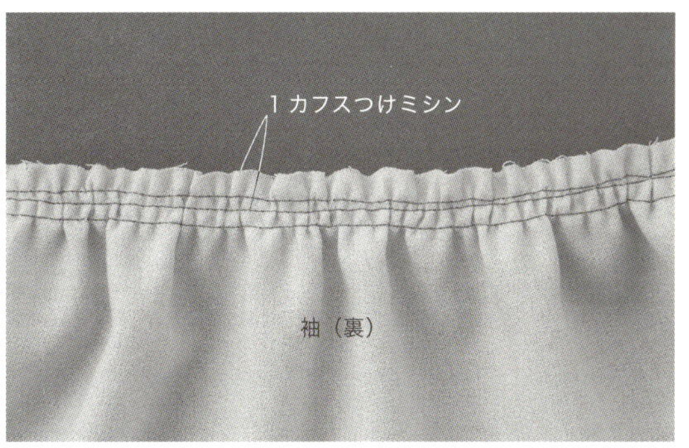

3 カフスつけ縫い代をカフス側に倒してアイロンで整える。表から見るとカフスの上にギャザーミシンが 1 本見えている。

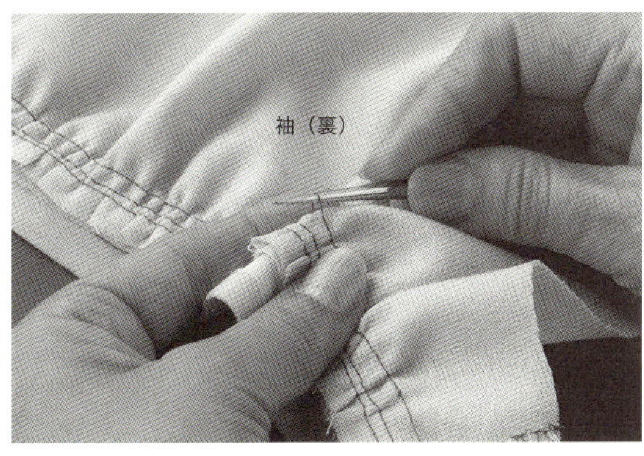

4 裏面から上側のギャザーミシンの糸を抜く。布を傷めないように、目打ちの先で糸を引き上げて抜く。

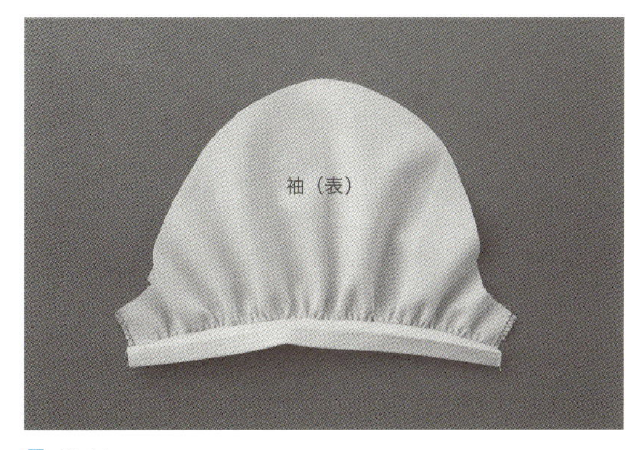

5 縫上り。

シャツスリーブの袖つけ …布：綿ブロード

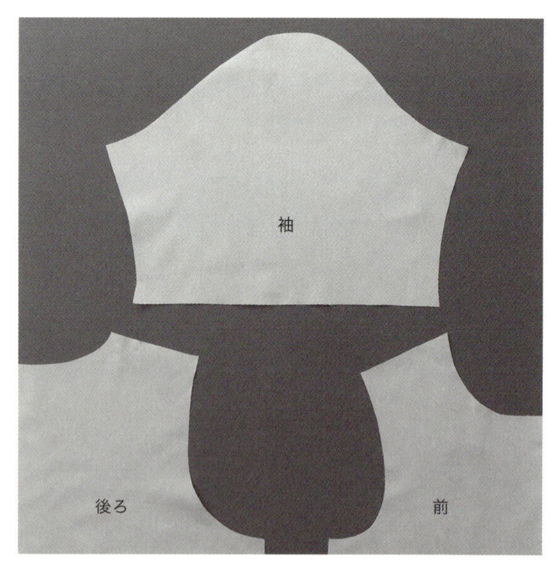

1 身頃の袖ぐりと脇、袖の山と袖下は各１㎝の縫い代をつけて裁つ。

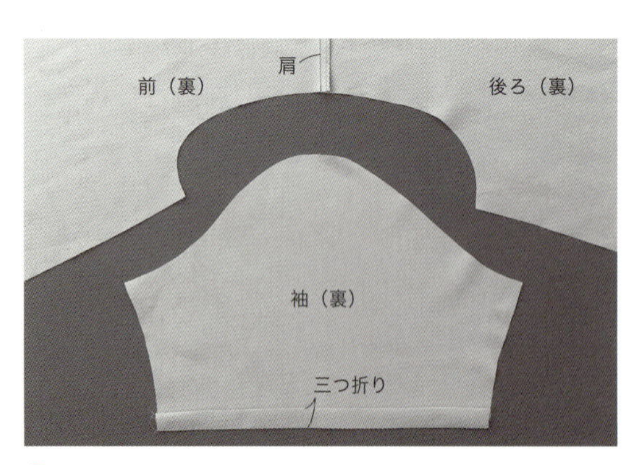

2 身頃は肩を縫い合わせ、袖は袖口縫い代をアイロンで三つ折りにしておく。

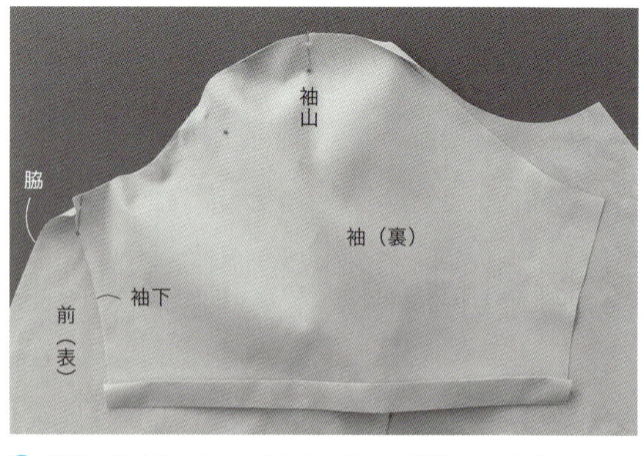

3 身頃の袖ぐりに袖を中表に合わせ、まず半分をまち針でとめる。肩と袖山、中間の合い印、脇と袖下の順に３か所にまち針をとめる。

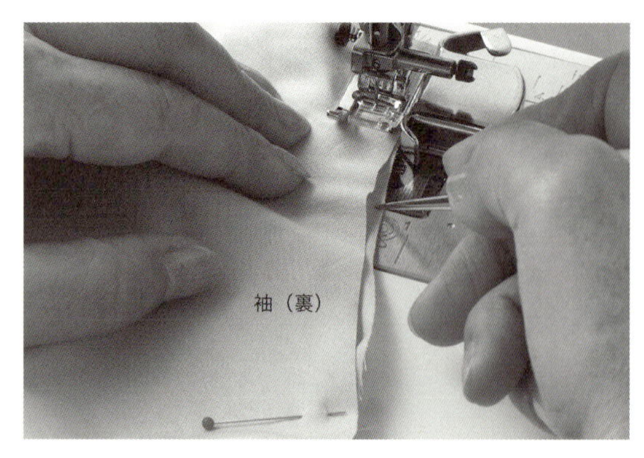

4 袖側からミシンをかける。目打ちで下の身頃を引き出すようにして２枚の布端をそろえながら１㎝の縫い代で縫う。

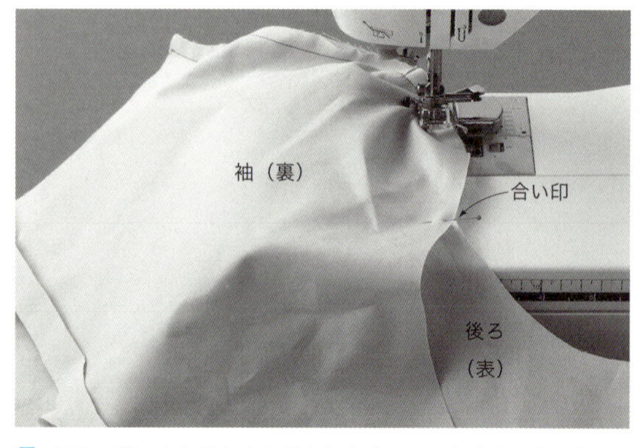

5 肩まで縫ったら針を布に刺したままミシンを止め、次の合い印を合わせてまち針をとめる。

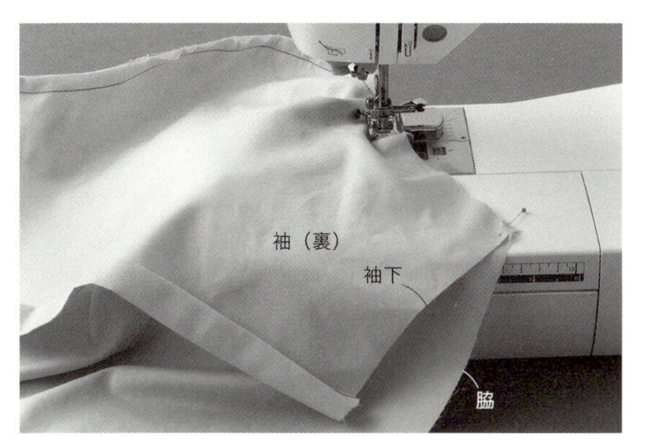

6 4の要領で続けて縫い、5のまち針まで縫ったら、5と同じ要領で袖下と脇を合わせてまち針をとめる。

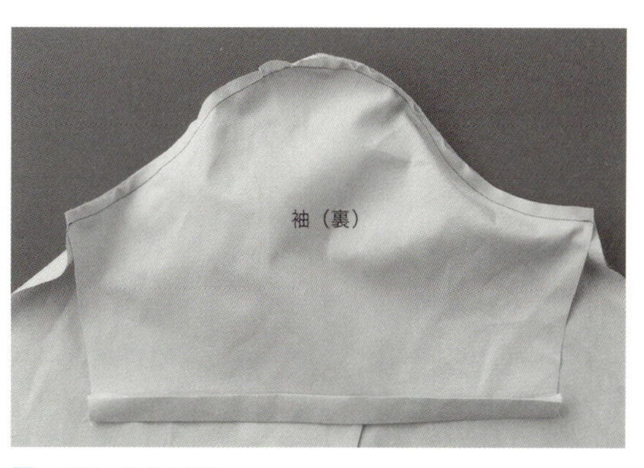

7 続けて残りを縫う。

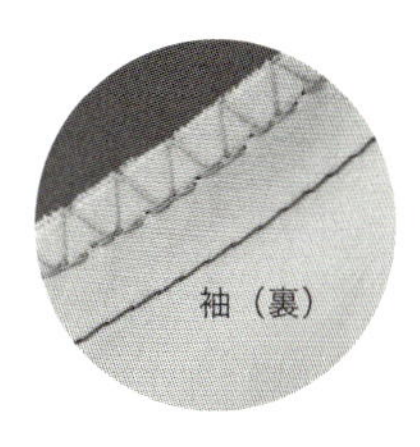

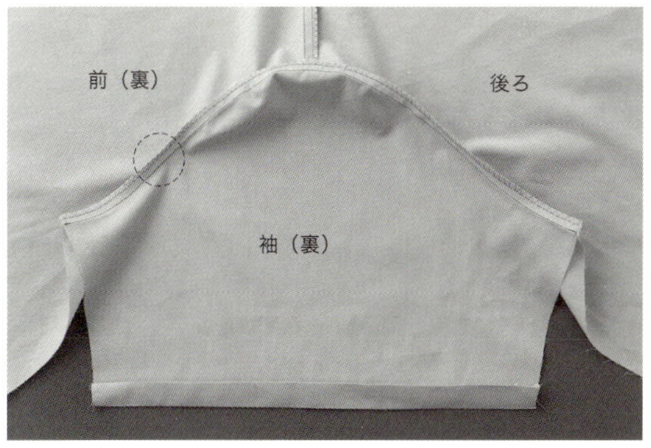

8 縫い代に袖側から 2 枚一緒に裁ち目かがりミシン（またはジグザグミシン）をかけ、身頃側に倒してアイロンで整える。

9 前後の袖下、脇を中表に合わせ、袖口～裾までを続けて縫う。縫い代に前側から 2 枚一緒に裁ち目かがりミシンをかける。

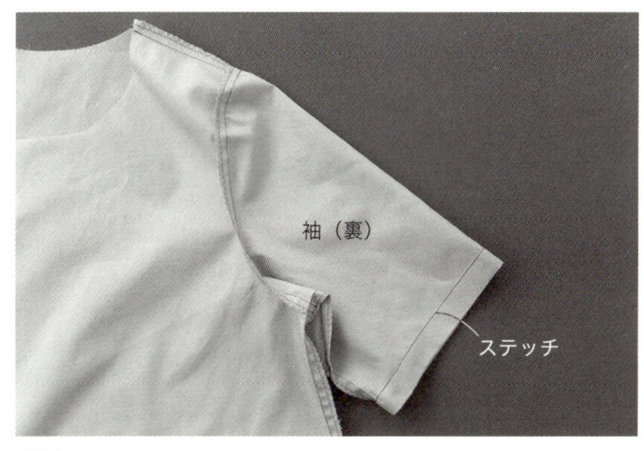

10 袖下～脇の縫い代を後ろ側に倒してアイロンで整え、袖口の三つ折りを整えてステッチをかける。

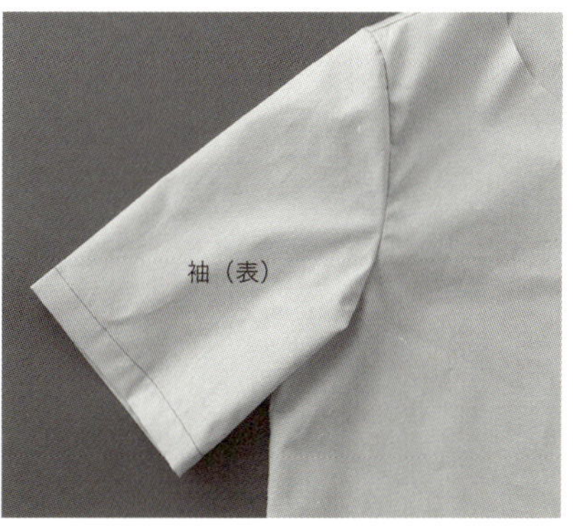

11 出来上り。

シャツスリーブの袖つけ・折伏せ縫い…布：綿ローン

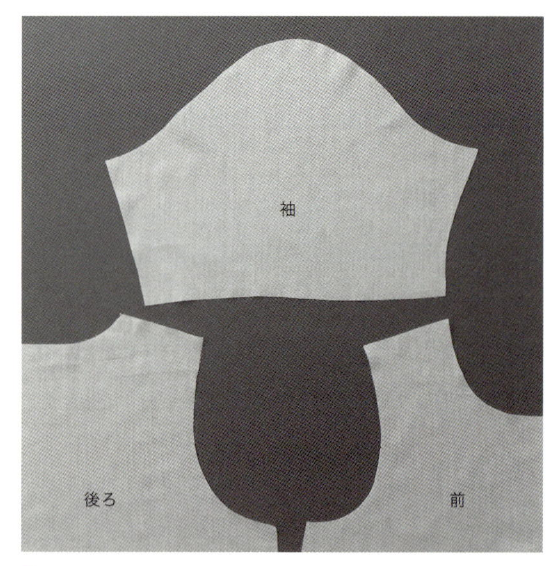

1 身頃の袖ぐりと脇、袖の山と袖下は 1.5 ～ 2 cmの縫い代をつけて裁つ。

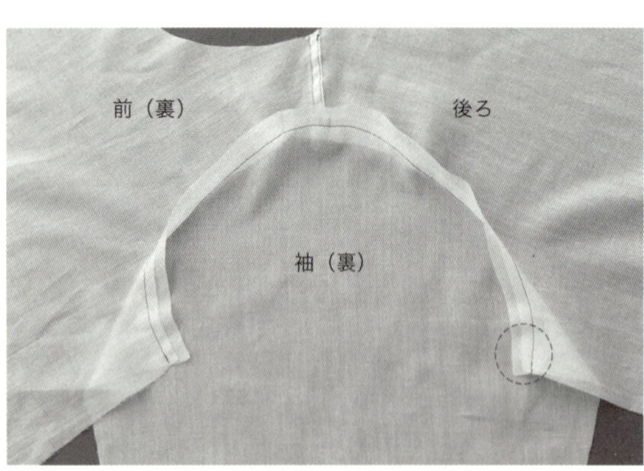

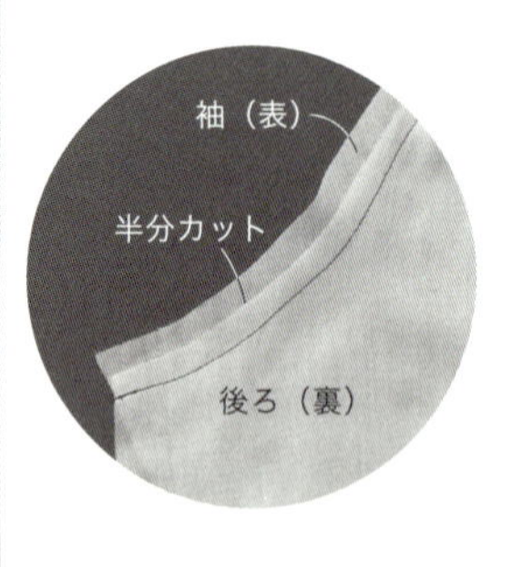

2 身頃の肩を折伏せ縫い（→p.16）で縫い、身頃と袖を中表に合わせてp.100、101 3～7の要領で、1.5～2cmの縫い代で縫う。次に身頃の縫い代を半分にカットする。

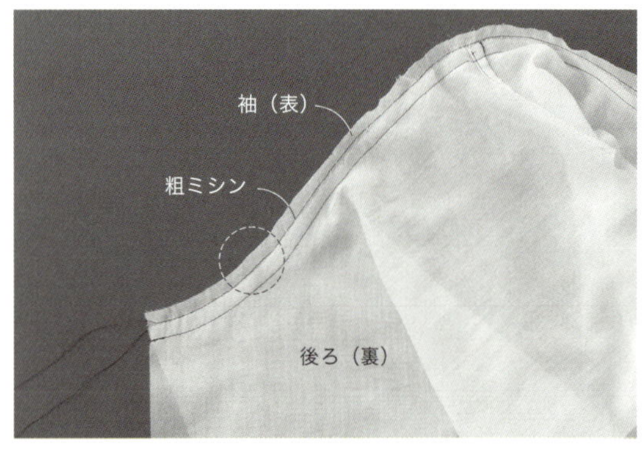

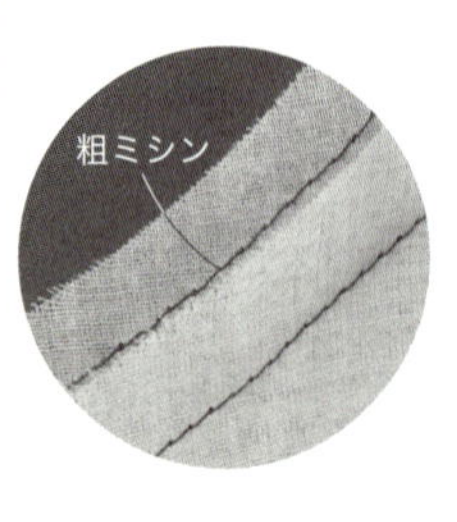

3 袖つけ縫い代の広いほう（袖）の縫い代に、粗い針目でミシンをかける。ミシンは狭いほう（身頃）の縫い代の際にかける。

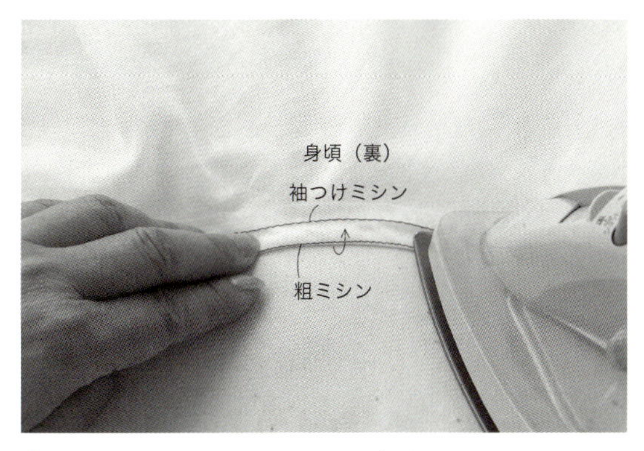

4 袖つけ縫い代の袖下寄りの凹カーブの部分は、広いほうの縫い代を粗ミシン目にそってアイロンで折る。

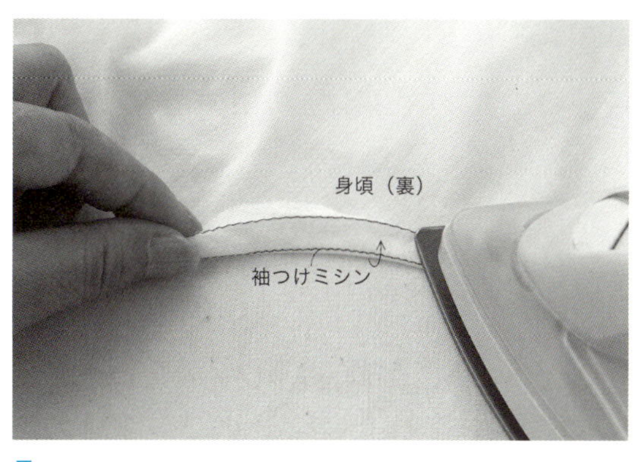

5 4で折った縫い代を、袖つけミシン目の際から身頃側に折る。

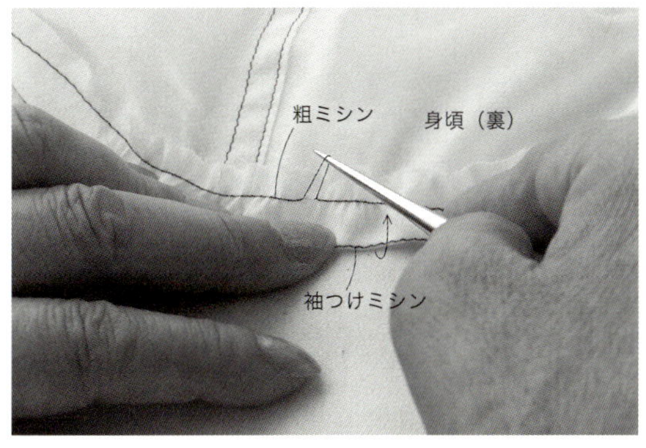

6 袖山あたりの凸カーブの縫い代は、まず袖つけミシン目にそって身頃側に折る。次に粗ミシンの糸を目打ちで引き、袖山のカーブに合わせて縫い代を縮める。

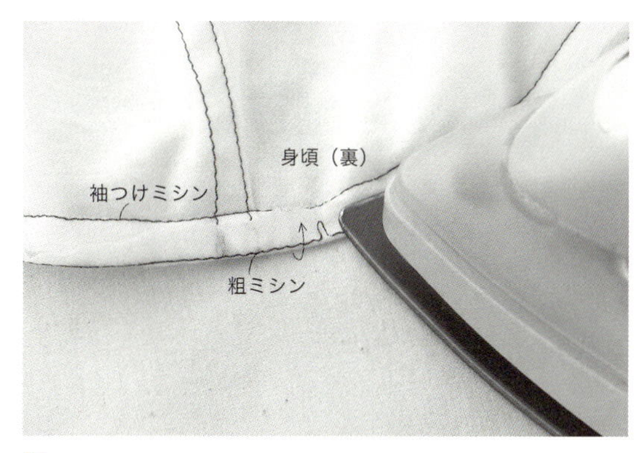

7 縮めた縫い代を粗ミシン目にそって身頃側に折り、アイロンで整える。

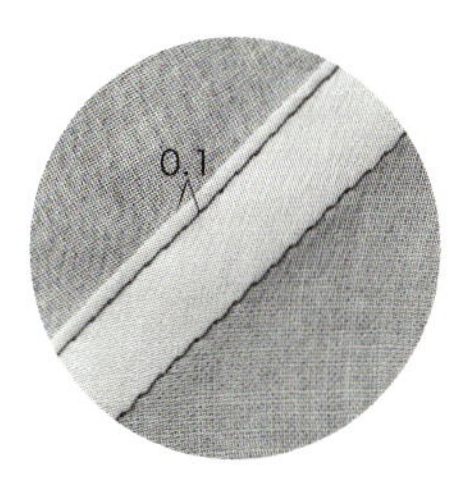

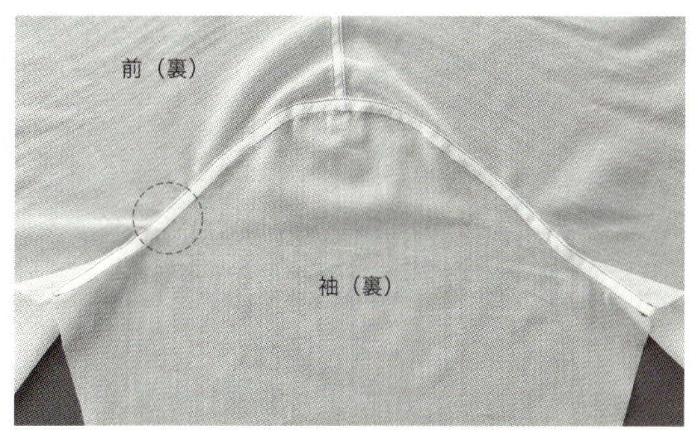

8 折った袖つけ縫い代を身頃側に倒してアイロンで整え、縫い代端にステッチをかける。粗ミシンの糸は抜いておく。

9 前後の袖下〜脇を続けて折伏せ縫いで縫い、袖口の縫い代を三つ折りにしてステッチをかける。

10 出来上り。

シャツスリーブの袖つけ・袋縫い …布：シフォンジョーゼット

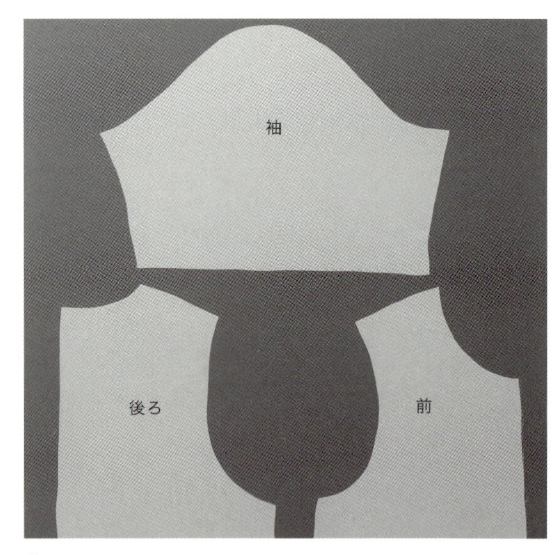

1 身頃の袖ぐりと脇、袖の山と袖下は1cmの縫い代をつけて裁つ。

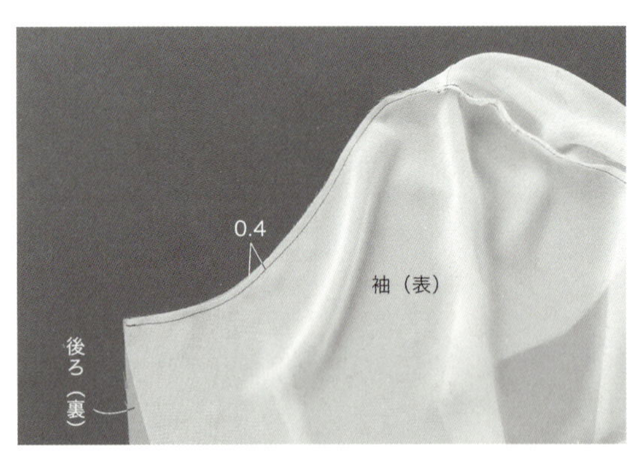

2 身頃の肩を袋縫い（→p.16）で縫い合わせておく。身頃と袖を外表に合わせ、p.100、101 3〜7 の要領で、0.4cmの縫い代で縫う。

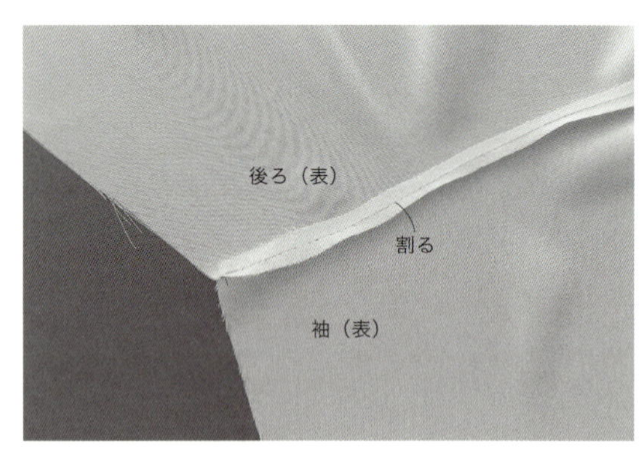

3 2の縫い代をアイロンで割る。

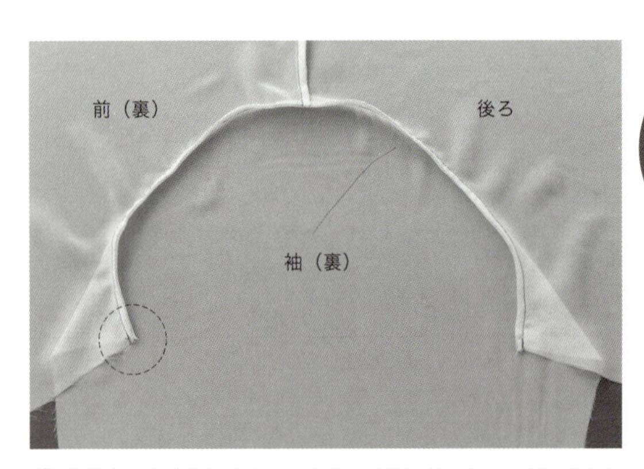

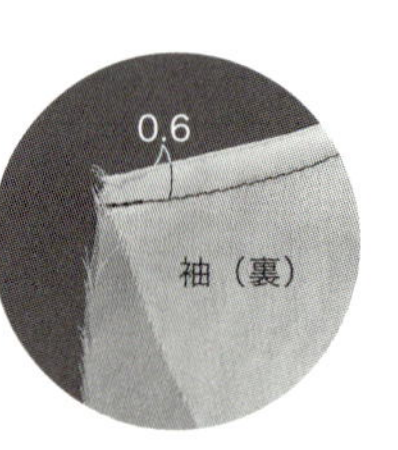

4 身頃と袖を中表に合わせ、0.6cmの縫い代で縫う。縫い代は袖側に倒してアイロンで整える。

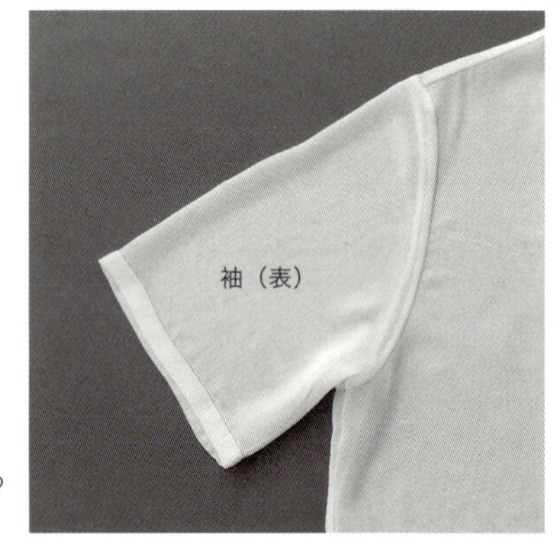

5 袖下〜脇を袋縫いで縫い、袖口の縫い代を三つ折りにしてステッチをかける。出来上り。

セットインスリーブの袖つけ・いせあり …布：ウールジョーゼット

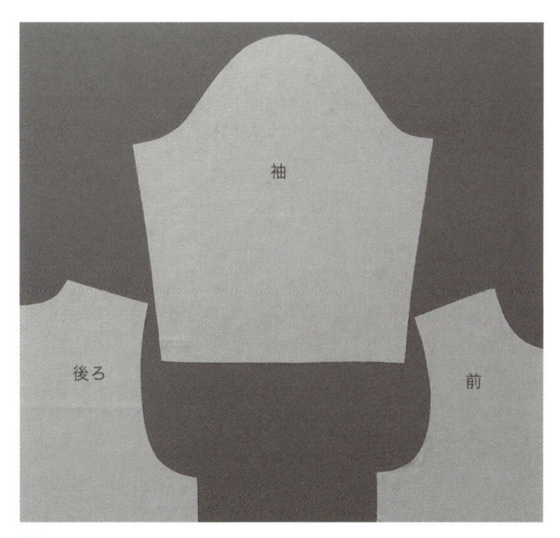

1 身頃の袖ぐり、袖の山は１㎝の縫い代をつけて裁つ。

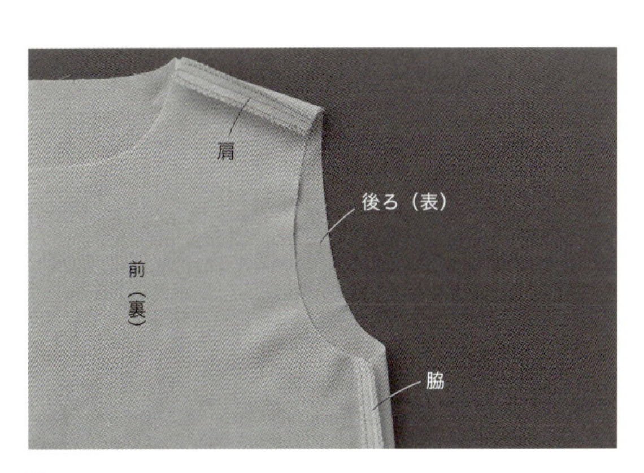

2 身頃は肩と脇を縫い合わせる。

3 袖は袖下を縫い、袖口の始末をする。

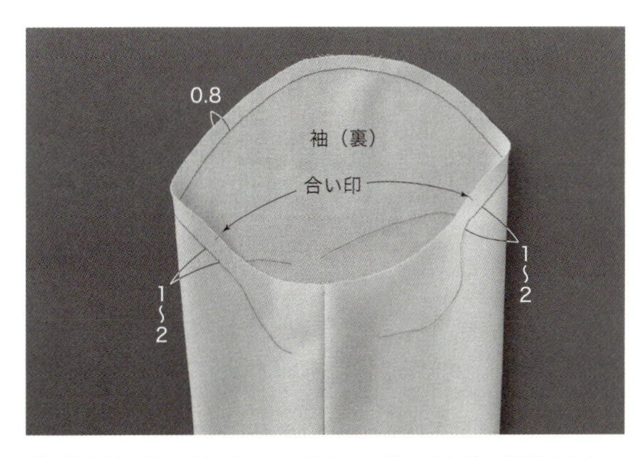

4 袖にはいせを入れるので、袖の山の縫い代に粗い針目のミシンをかける。前側、後ろ側とも合い印の１～２㎝袖下側まで。

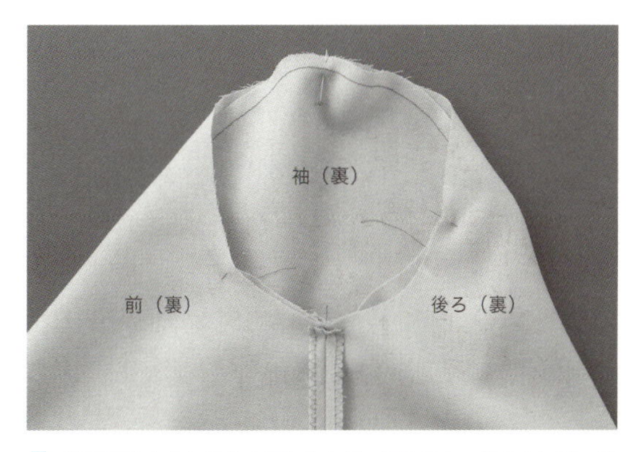

5 身頃の袖ぐりに袖を中表に合わせ、肩と袖山、前の合い印、後ろの合い印を合わせ、袖側からまち針をとめる。

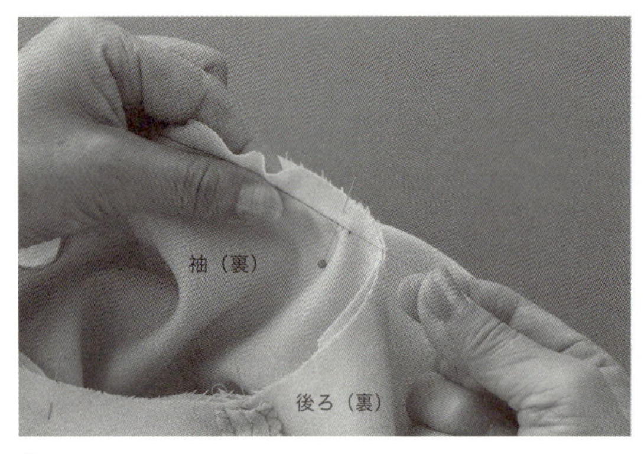

6 まず肩〜後ろの合い印の間をいせるので、袖裏面の後ろ側の粗ミシンの糸を引いて縮める。

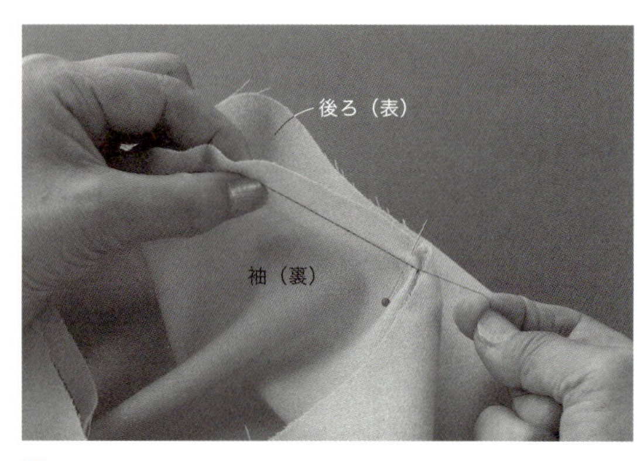

7 縮めた分を指でしごいて、袖山側に移動する。

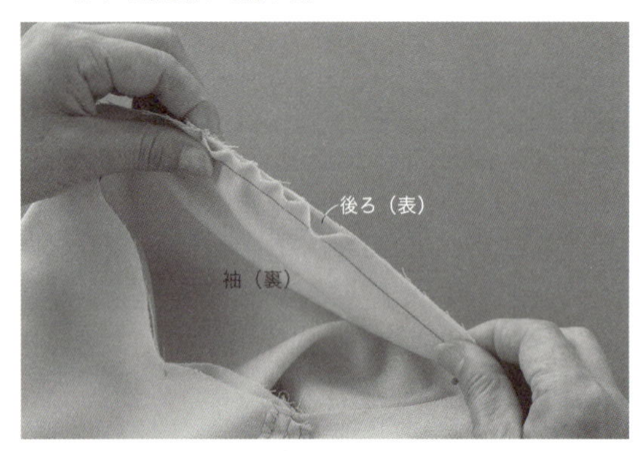

8 6、7 を 2 〜 3 回繰り返し、肩〜合い印までの袖の長さを身頃に合わせる。このとき袖山側にいせを多めに配分するが、ギャザーにならないように注意する。

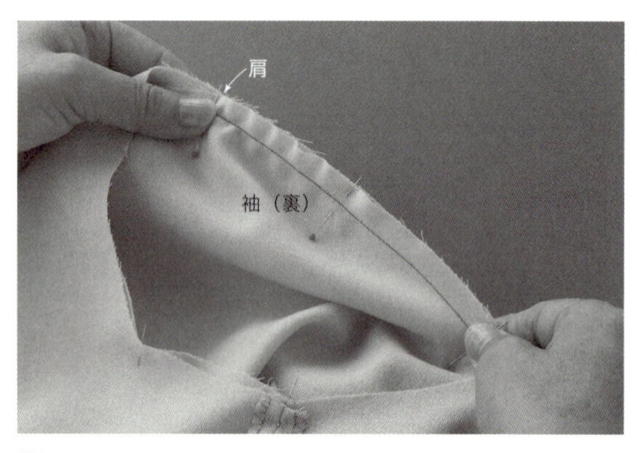

9 いせた部分の中間あたりをまち針でとめる。

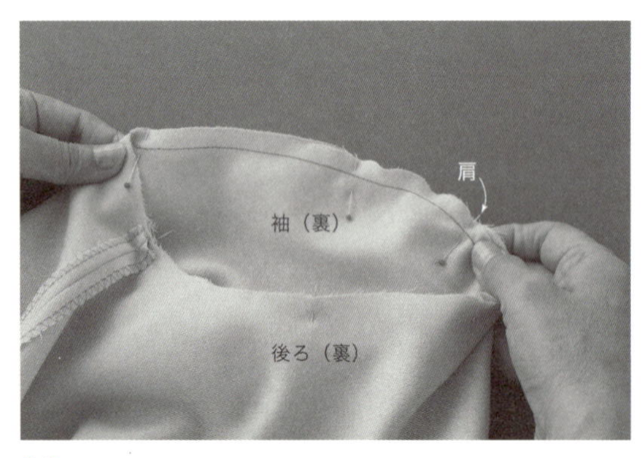

10 前側も同じ要領でいせてまち針でとめる。

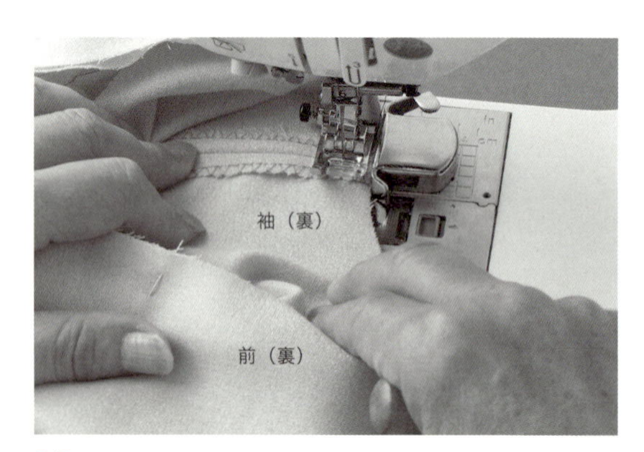

11 袖側から袖つけミシンをかける。袖下から縫い始め、身頃と袖の布端を合わせながら縫い進める。

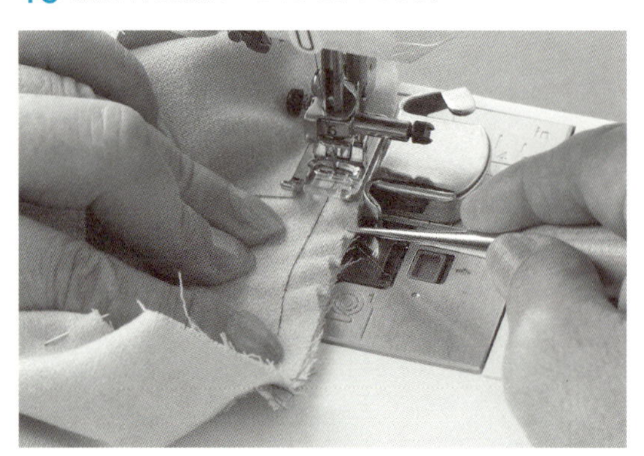

12 いせのある部分は、いせのふくらみを目打ちで押さえるようにしながらミシンをかけ、ぐるりと袖ぐりを縫う。縫終りは、始めの縫い目に 5 〜 6 ㎝重ねて縫い止める。

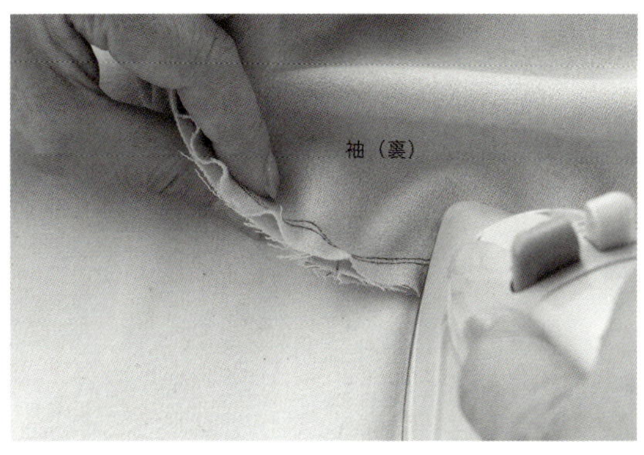

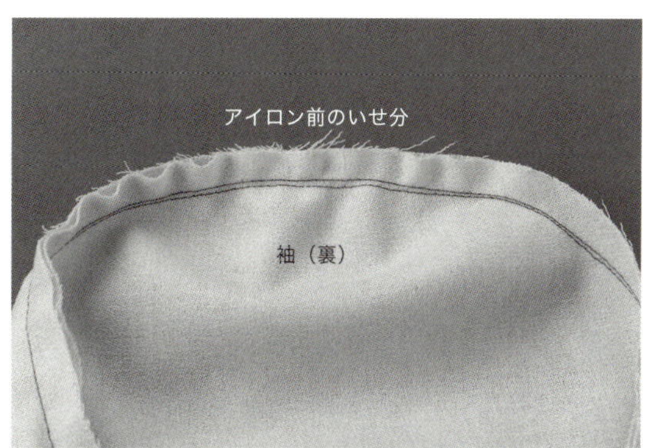

13 いせた部分の縫い代がぶくぶくしないように、アイロンで縫い代をしっかり押さえてつぶす。

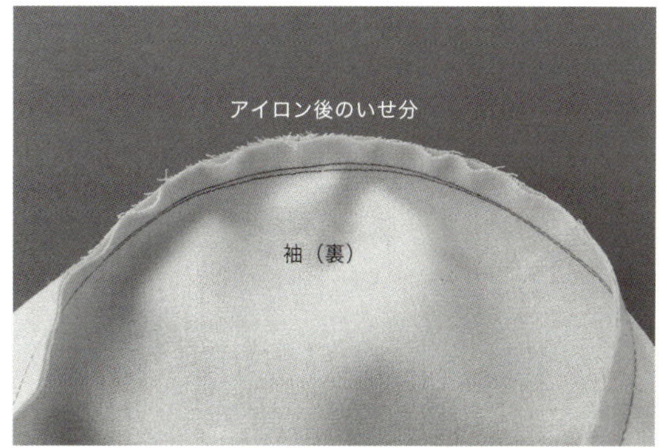

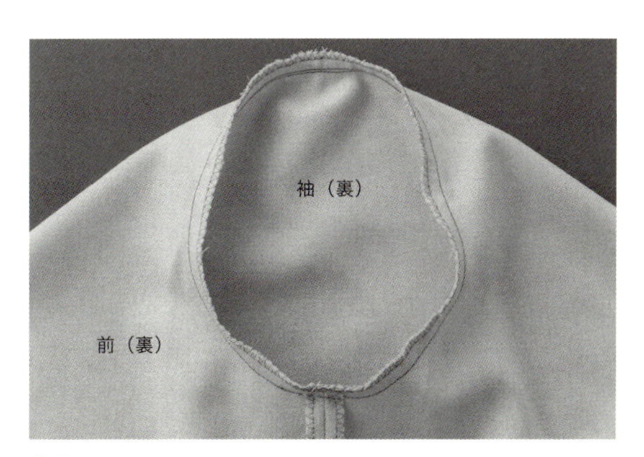

14 袖つけ縫い代を 2 枚一緒に裁ち目かがりミシン（またはジグザグミシン）で始末する。

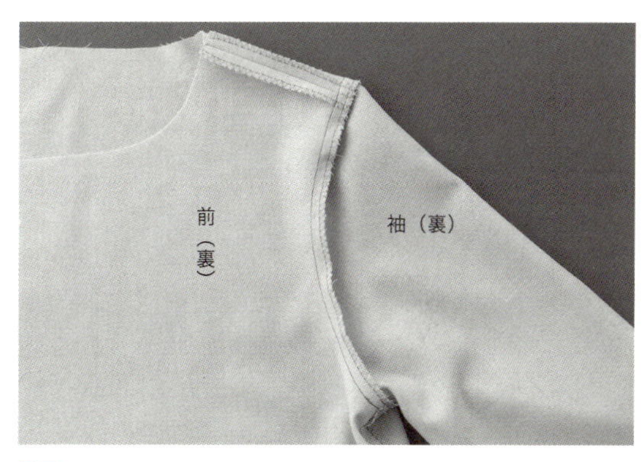

15 袖つけ縫い代を袖側に倒してアイロンで整える。

16 出来上り。

プリーツの仕立て

プリーツの折り方 … 布：綿ブロード

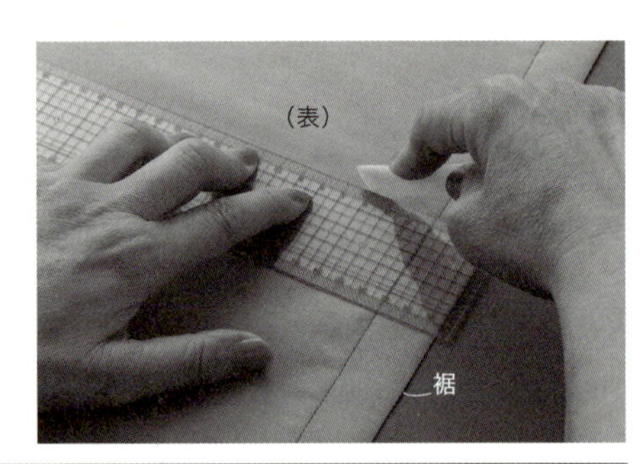

1 スカートの裾は出来上りに始末しておく。布の表面に表ひだ山、陰ひだ山の位置をへらでしるす。はぎ目が入る場合は、陰ひだ山にはぎ目がくるように位置を決める。へらで印がつきにくい布の場合は、布の裏面にチョークや印つけペンでしるす。

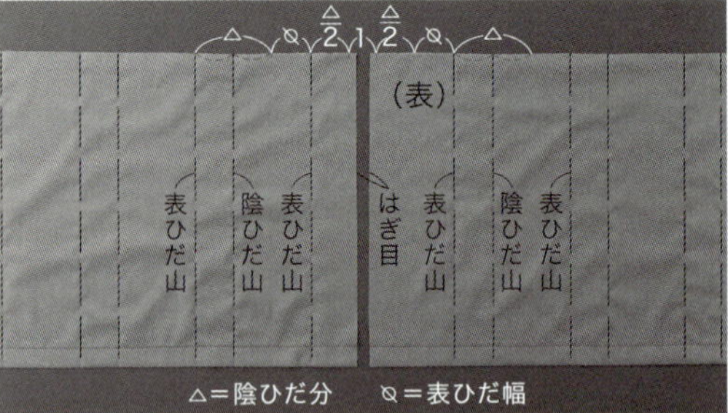

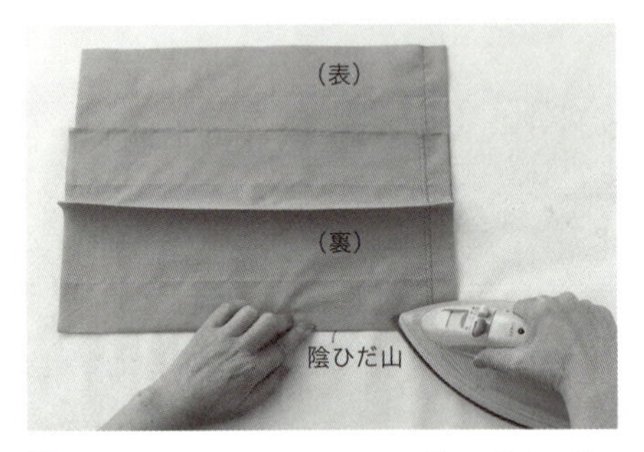

2 陰ひだ山を中表にアイロンで折る。端から順にすべての陰ひだ山を折る。

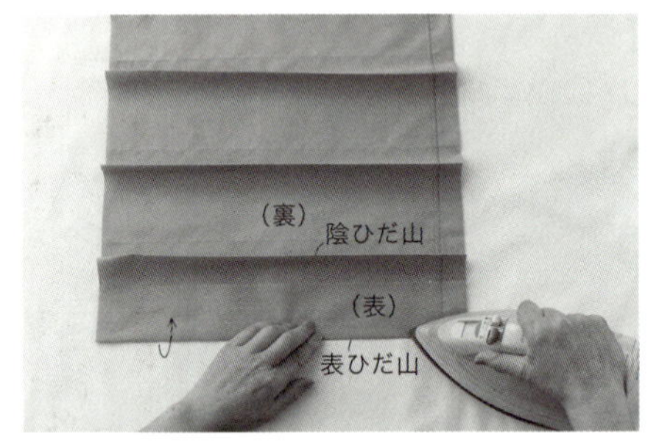

3 表ひだ山を外表にアイロンで折る。端から順にすべての表ひだ山を折る。

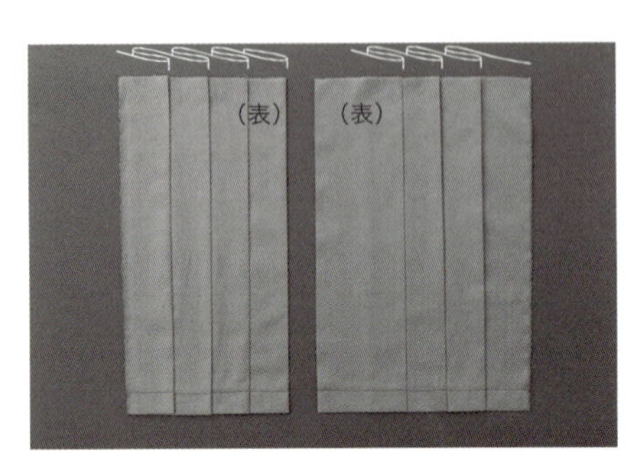

4 プリーツを折り山どおりに整える。

5 2 枚のはぎ目位置を中表に合わせて縫う。縫い代は 2 枚一緒に裁ち目かがりミシン（またはジグザグミシン）で始末するが、裾は縫い代端を折り込んでミシンをかける。

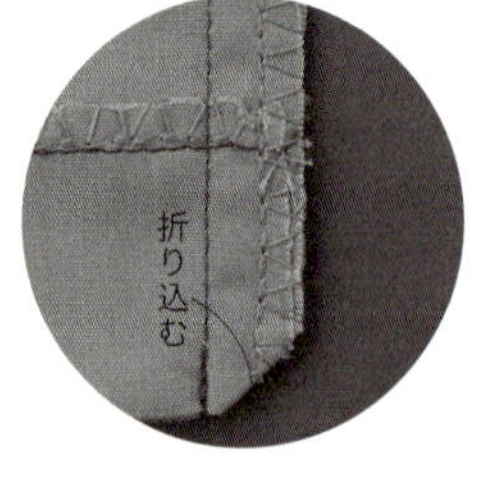

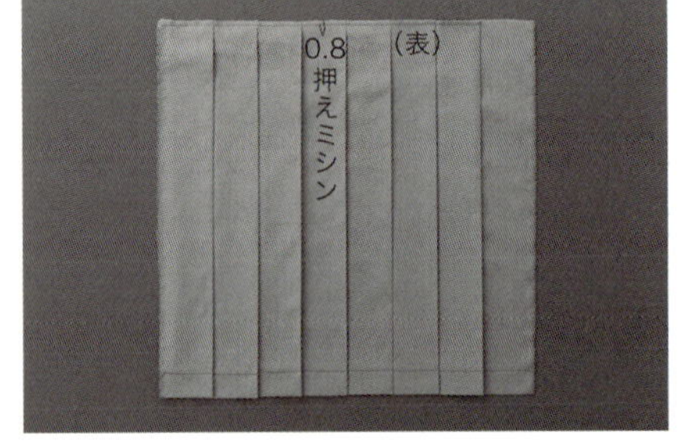

6 プリーツを整え、上端の縫い代に押えミシンをかける。

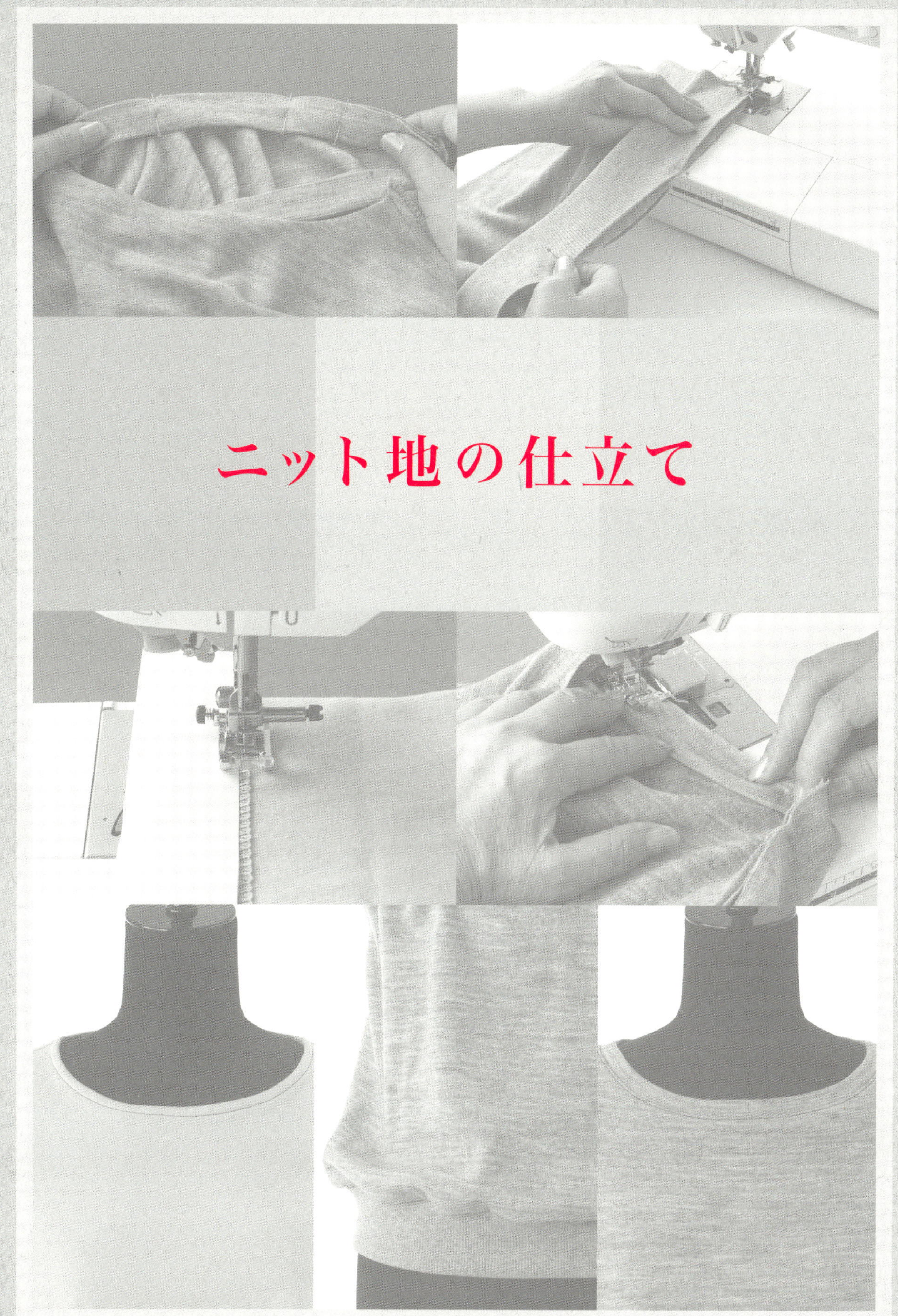

ニット地の仕立て

ニット地の縫い方の基本

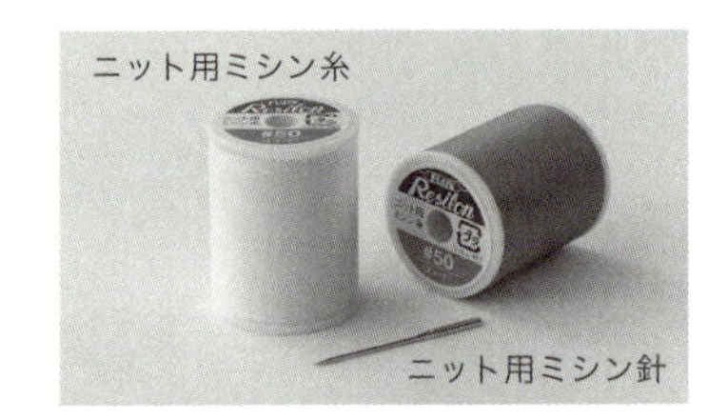

代表的なニット地

天竺：平編み。表と裏の編み目の外観が異なります。特徴は裁ち端が丸まりやすいこと。

フライス：ゴム編み。表、裏とも編み目が畝のように見えます。特徴は横によく伸びること。

スムース：両面編み。2 つのゴム編みを組み合わせた編み地。特徴は密度が高く、フライスよりも厚みがあること。

糸と針

●伸びることが特徴のニット地を縫うためには、縫い目が布の伸びに対応できるように、伸縮性のあるニット用のミシン糸（レジロンなど）を使います。

●ミシン針は、針先で編み地を傷めないように、普通の針よりも先が丸くなっているニット用のミシン針がおすすめです。

ミシンかけのポイント

●ミシンの針目は、普通～やや大きめにします。針目を細かくすると布を伸ばしやすいので注意。

●ミシンで縫うときは、布を平らに自然に置き、伸ばさないように気をつけてミシンをかけます。特に伸びやすい横地方向にミシンをかけるときは、厚紙を当てて縫うと、伸びを抑えることができます。→裾の始末

●ニット地はミシンをかけると縫い目が波打ちやすいので、縫い終わったら必ず縫い目にアイロンをかけて落ち着かせます。

縫い代の始末

1　2 枚を中表に合わせて縫う。縫い代は 2 枚一緒に裁ち目かがりミシン（またはジグザグミシン）をかけて、アイロンで整える。厚手のニット地以外は、縫い代は 2 枚一緒に始末する方法が最適。

2　縫い代を片側に倒してアイロンをかける。

裾の始末

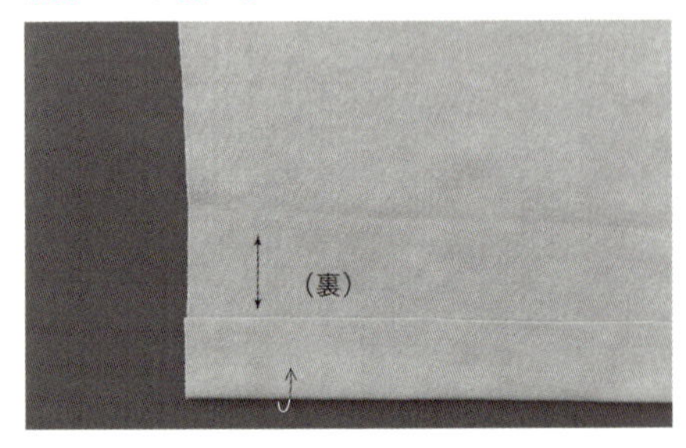

1　裾の縫い代をアイロンで裏面に折る。正確に折るために、裁ち目かがりミシンをかける前に折るといい。

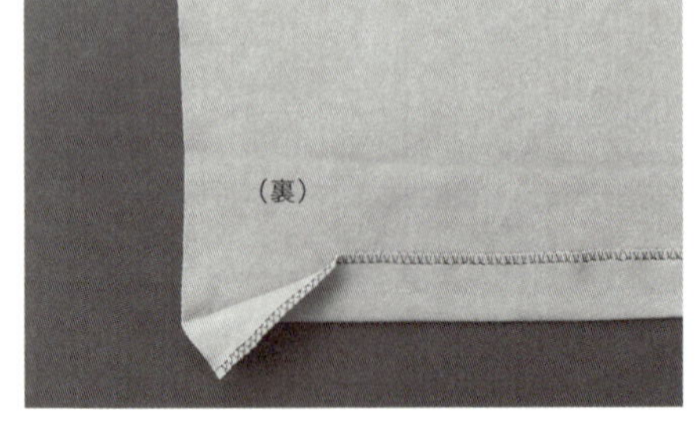

2　折り目を開いて、裾の縫い代端に裁ち目かがりミシンをかける。

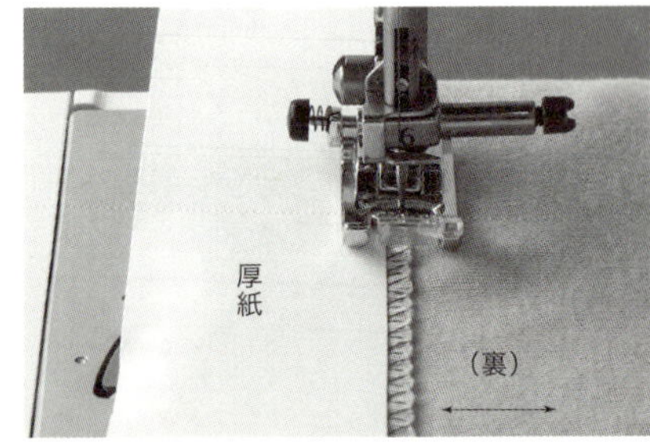

3　1 の折り目どおりに折って縫い代端にステッチをかける。横地方向に縫うため、伸ばしやすいので、はがき程度の厚紙を当ててミシンをかけるといい。ステッチは 1 本でもいいが、2 本のステッチで押さえるとより縫い代が安定する。

肩の縫い方

肩縫い目が伸びてしまうと洋服のシルエットが台なしになります。
肩の伸びを防ぐためには、接着テープをはるか共布のテープを当てて縫い合わせます。

接着テープをはる

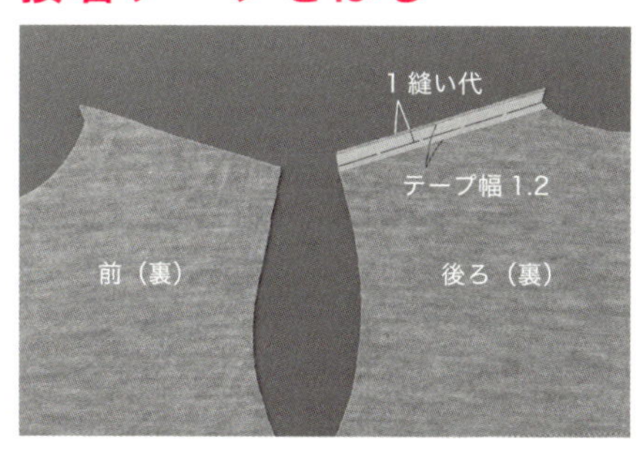

1 後ろの肩縫い代の裏面に、縫い線にかかるように接着テープをはる。テープはニット用接着テープを使う。

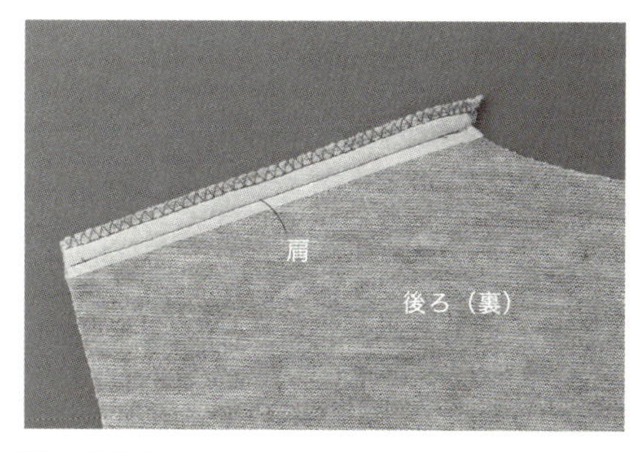

2 前後身頃の肩を中表に合わせて縫い、縫い代には前身頃側から 2 枚一緒に裁ち目かがりミシンをかける。

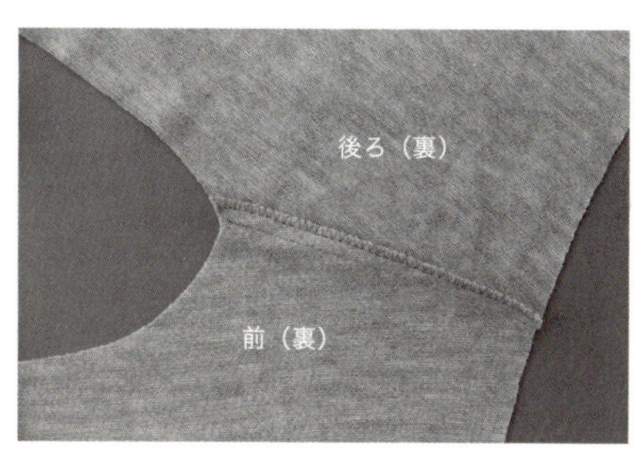

3 肩縫い代を後ろ側に倒してアイロンで整える。

共布のテープを使う

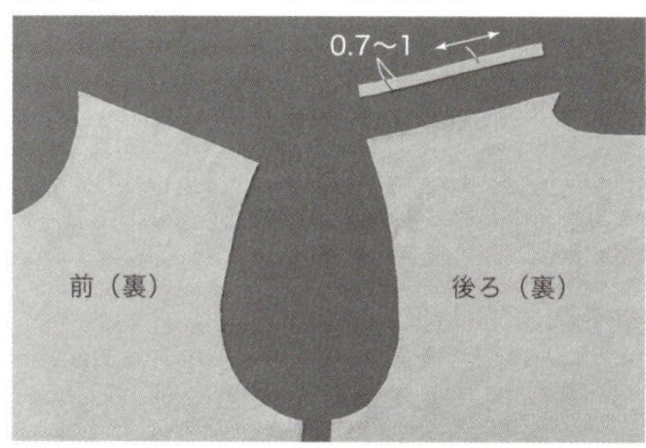

1 伸止め用のテープは、共布で縦地にカットする。幅は0.7〜1㎝、長さは肩と同寸法か少し長めに。

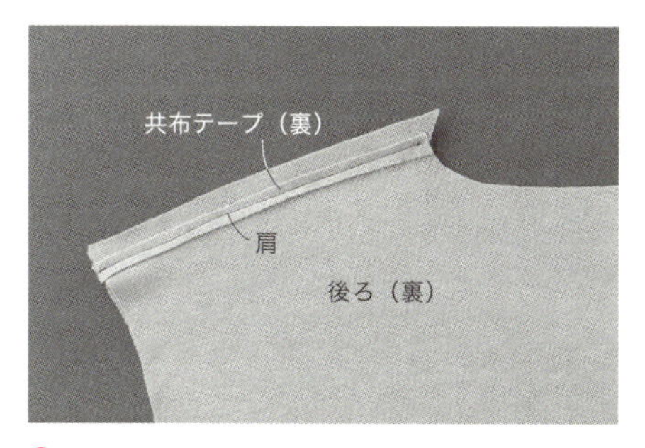

2 前後身頃の肩を中表に合わせ、後ろの肩に共布テープを重ねて一緒に縫う。

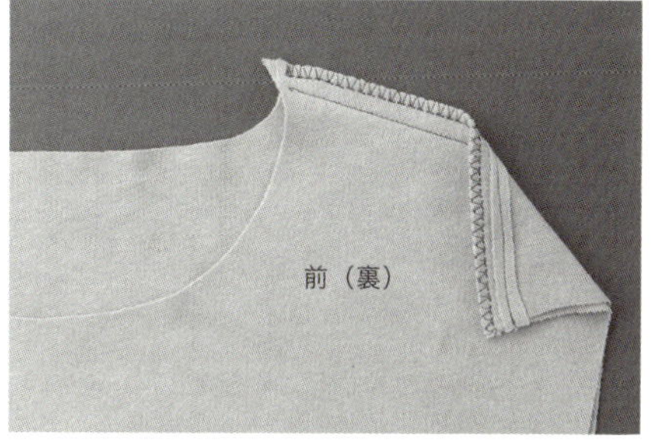

3 肩縫い代に、前身頃側から裁ち目かがりミシンをかける。縫い代は後ろ側に倒してアイロンで整える。

裁ち端が丸まるときは・・・

天竺など裁ち端が丸まってしまう布を扱いやすくするためには、アイロン用スプレーのり（→p.15）がおすすめです。
裁ち端に軽く吹きかけてアイロンをかけるだけで、布端が落ち着いて縫いやすくなります。

左：裁切りのままの布。端が丸まっている。

右：スプレーのりを吹きかけてアイロンをかけた布。

ニット地のラウンドネック・共布テープ始末 …布：スムース

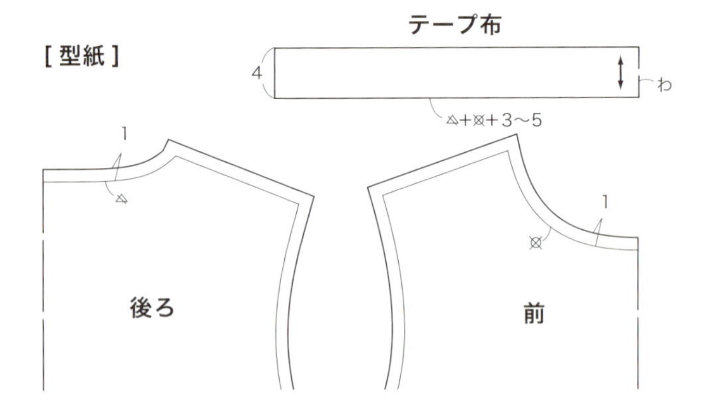

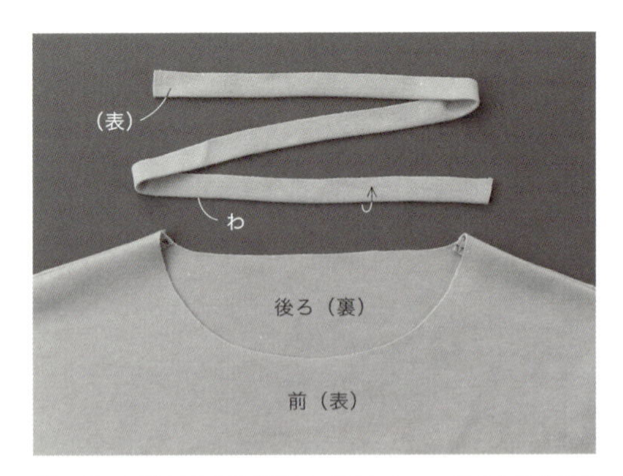

1 テープ布は共布の縦地で、幅は 4 ㎝、長さは衿ぐり寸法+5 〜 10 ㎝にカットし、外表にアイロンで二つ折りにする。身頃は衿ぐりに 1 ㎝の縫い代をつけて裁ち、肩を縫い合わせておく。

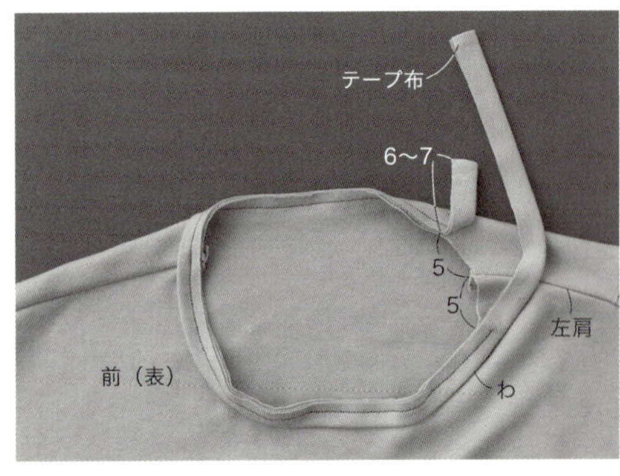

2 二つ折りにしたテープ布を身頃の衿ぐりに中表に合わせ、左肩から前後とも5㎝ぐらいを残して衿ぐりを縫う。

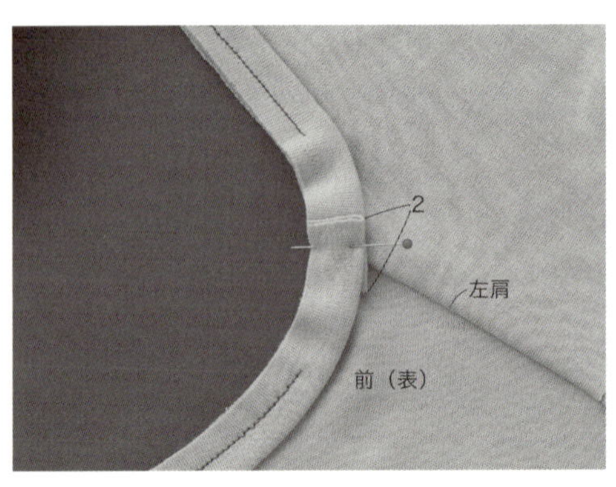

3 テープ布の端を左肩で２㎝重ねて余分をカットする。

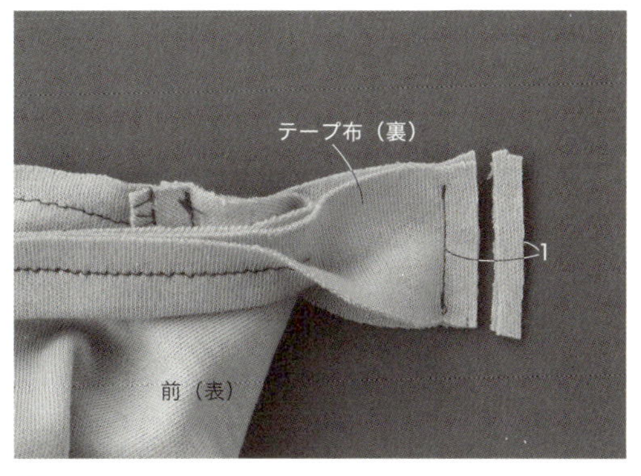

4 前側と後ろ側のテープ布の端を中表に合わせて 1 cmの縫い代で縫い、縫い代を半分ぐらいにカットする。

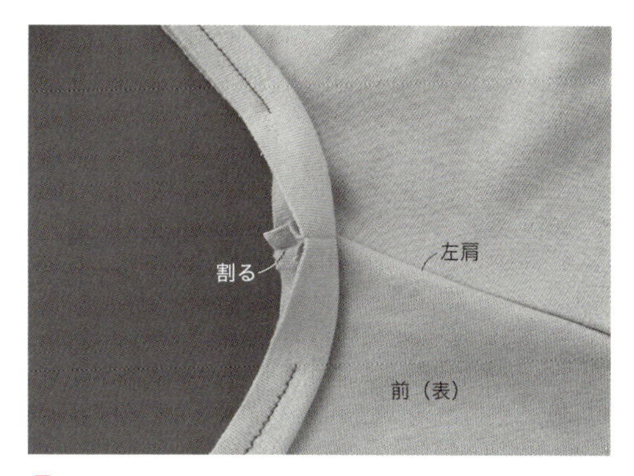

5 テープ布の 4 の縫い代をアイロンで割る。

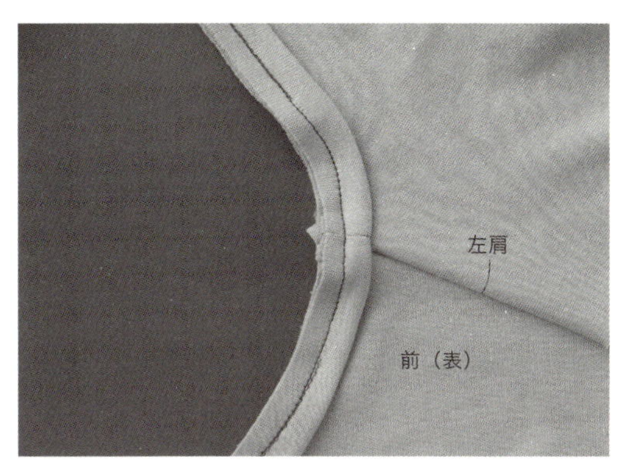

6 縫い残した部分のテープ布を、二つ折りにして衿ぐりにそわせ、縫い残した衿ぐりを縫う。

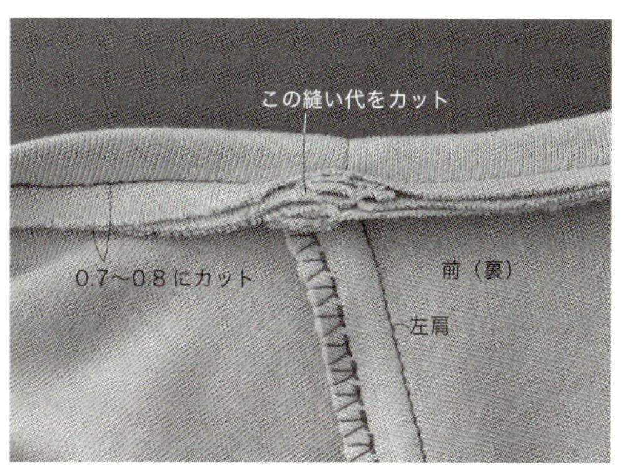

7 衿ぐりの縫い代を 0.7 〜 0.8 cmにカットする。左肩は縫い代が何枚も重なっているので、かさばらないように差をつけてカットする。

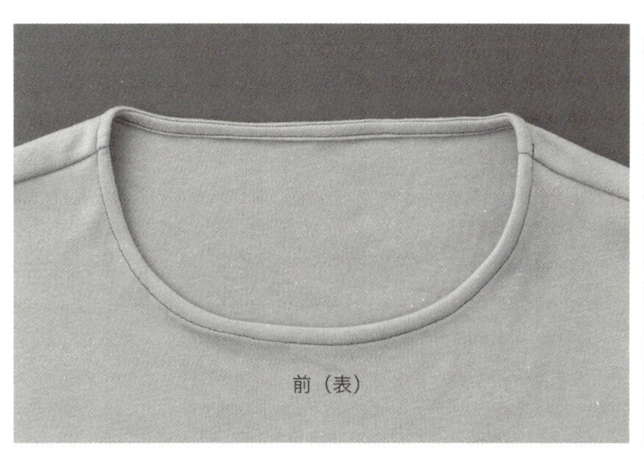

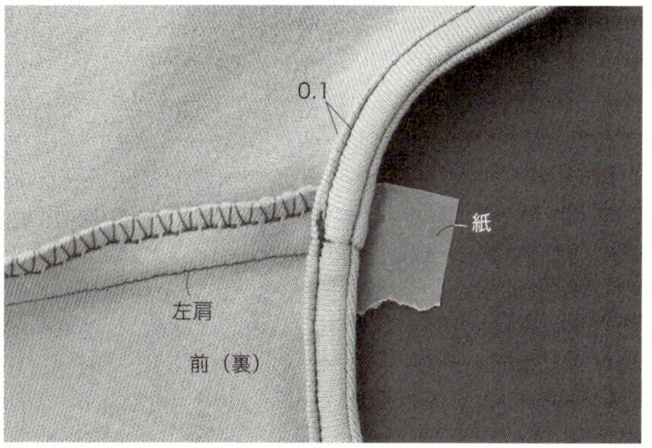

8 テープ布を身頃の裏面に返し、テープ布を少し控えて衿ぐりをアイロンで整え、ステッチをかける。左肩は縫い代が重なってミシンが進みにくいときには、薄手の紙（ハトロン紙やトレーシングペーパー）を身頃の下に当てて一緒に縫うと縫いやすい。紙はあとで破り取る。出来上り。

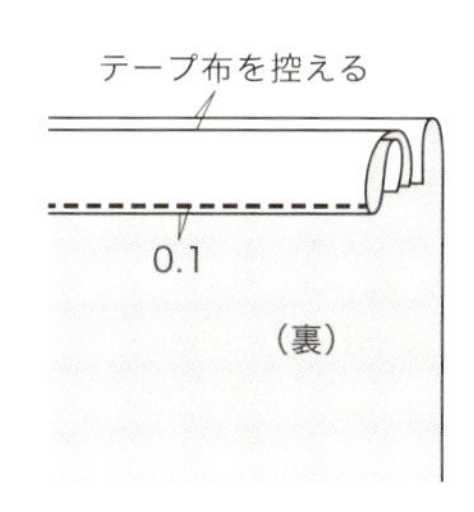

ニット地のラウンドネック・衿ぐり布をつける…布：天竺

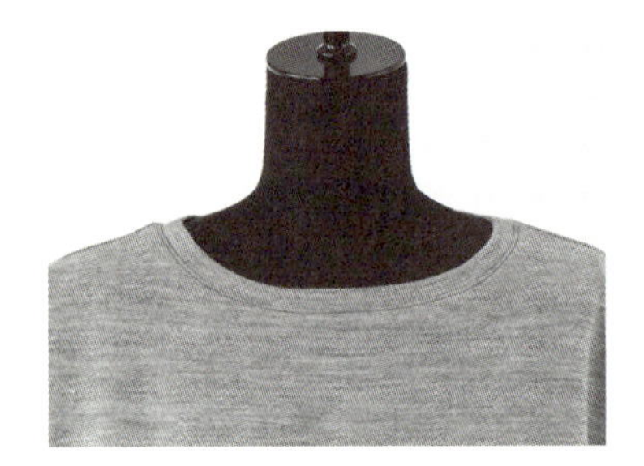

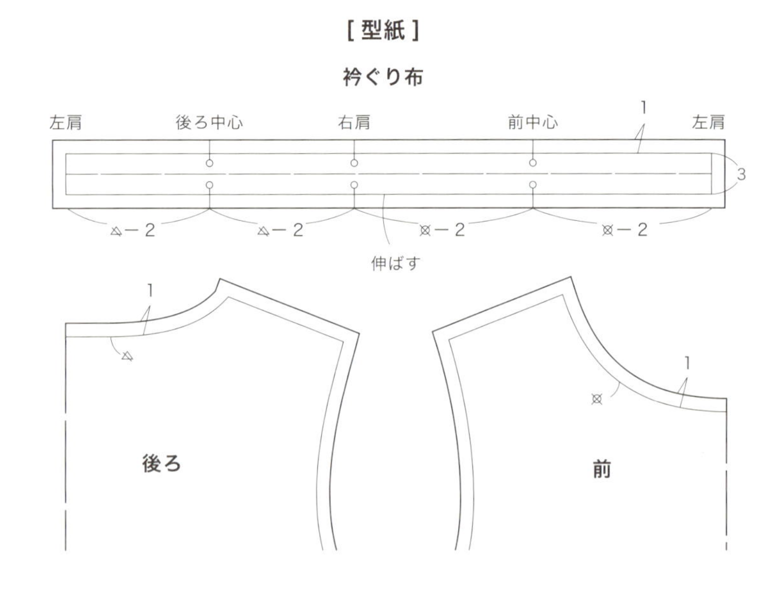

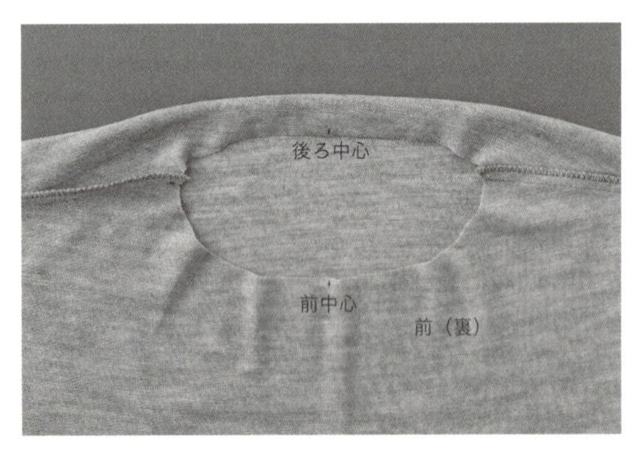

1 身頃は肩を縫い、衿ぐりの裏面に前後中心の印をつける。

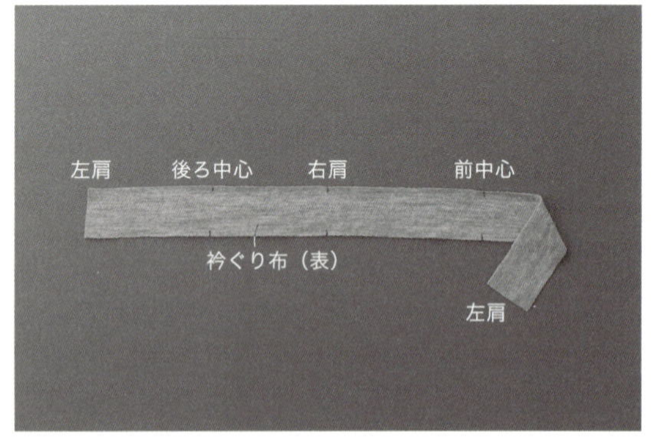

2 衿ぐり布は表面に前後中心、右肩の合い印をつける。

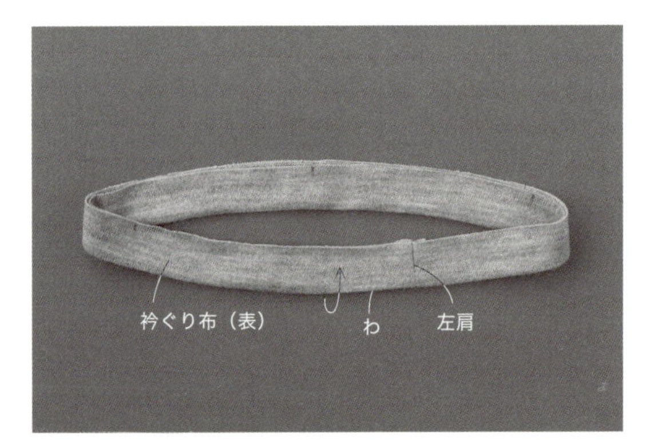

3 衿ぐり布の左肩を縫い合わせて輪にし、外表に半分に折ってアイロンで整える。

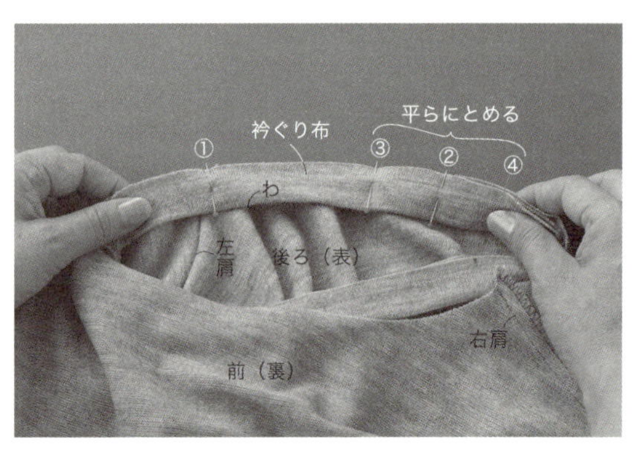

4 身頃の衿ぐりに、衿ぐり布を中表に合わせ、合い印を合わせてまち針でとめる。まず左肩（①）、次に後ろ中心（②）、さらに後ろ中心の左右の衿ぐりのカーブが始まるあたり（③、④）をまち針でとめる。②〜③、②〜④は衿ぐり布と身頃を平らに合わせてまち針をとめる。右肩〜前衿ぐりも同様にまち針でとめる。

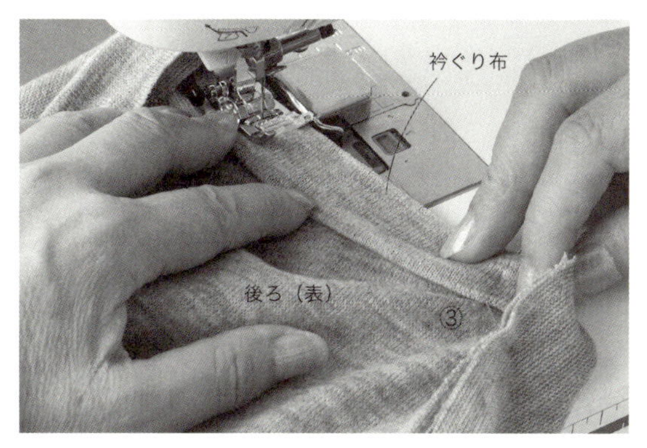

5 衿ぐり布を上にして、左肩から縫い始める。左肩（①）から③のまち針までは、身頃に合わせて衿ぐり布を伸ばしてミシンをかける。

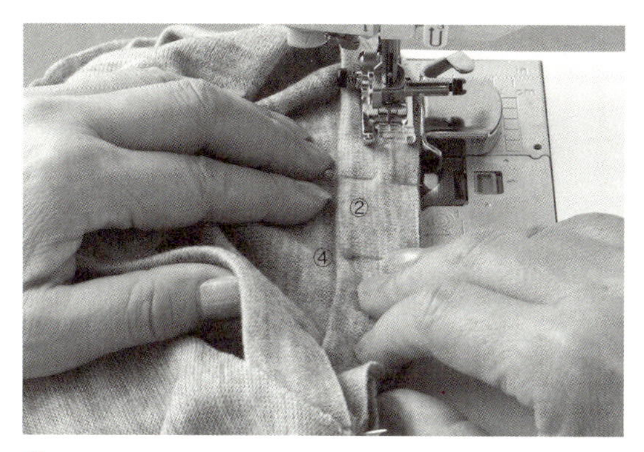

6 ③〜②〜④は平らに合わせているので、伸ばさないでミシンをかける。

7 残りの衿ぐりも 5、6 の要領でミシンをかけて、ぐるりと1周縫う。

8 衿ぐり布側から、縫い代に3枚一緒に裁ち目かがりミシン（またはジグザグミシン）をかける。

9 衿ぐり縫い代を身頃側に倒してアイロンで整える。

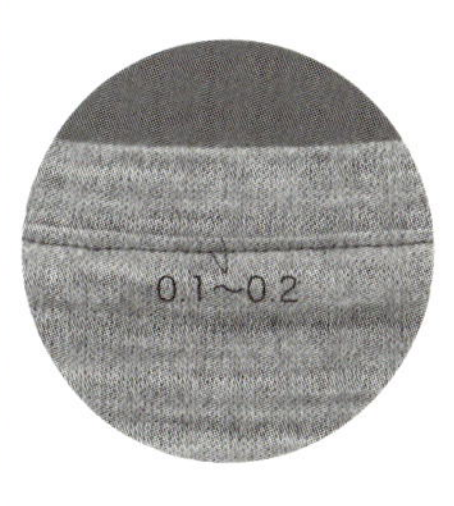

10 衿ぐり縫い目の際、身頃側にステッチをかけて縫い代を押さえる。出来上り。

裾にリブニットをつける … 布：天竺＋リブニット

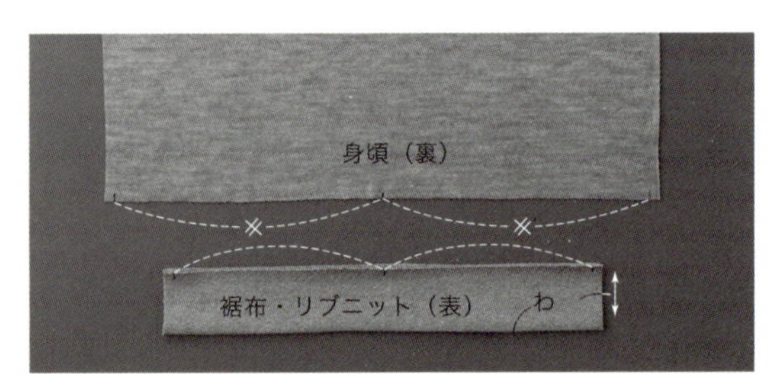

1 裾につけるリブニットは、外表に二つ折りにしてアイロンで整える。身頃の下端、リブニットをそれぞれ等分して合い印をつける。ここでは 2 等分だが、距離が長い場合は 3 等分、4 等分して印をつける。

2 リブニットと身頃を中表に合わせ、合い印を合わせてまち針でとめる。

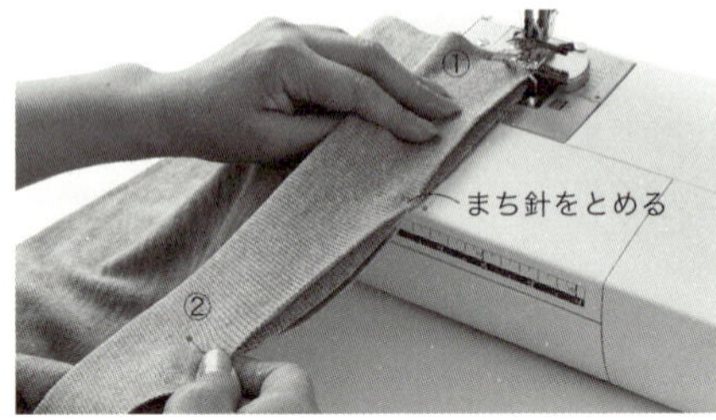

3 リブニット側からミシンをかける。縫始めは 1 cmぐらい返し縫いをし、針を刺した状態で止める。中間のまち針の位置（②）を持って身頃が平らになるまでリブニットを伸ばし、その中間にまち針をとめる。

4 身頃に合わせてリブニットを伸ばしながら②のまち針までミシンをかける。

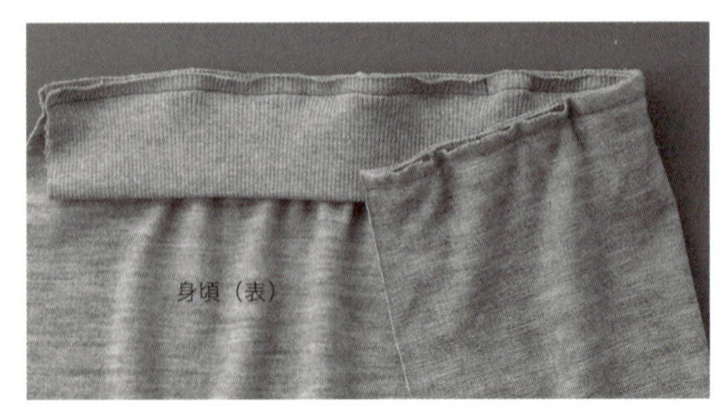

5 ②～③も 3、4 と同じ要領で縫う。

6 縫い代に 3 枚一緒に裁ち目かがりミシン（またはジグザグミシン）をかける。このときもリブニットを伸ばしながらミシンをかける。

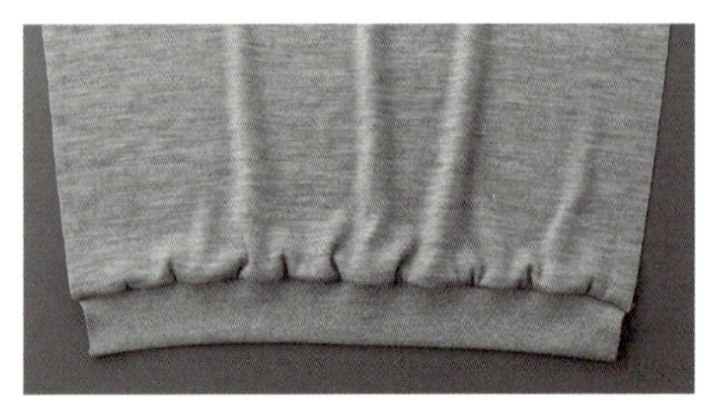

7 表に返して出来上り。アイロンをかけなくても縫い代は自然に身頃側に倒れて仕上がる。

洋服を仕立てる

ギャザーブラウス

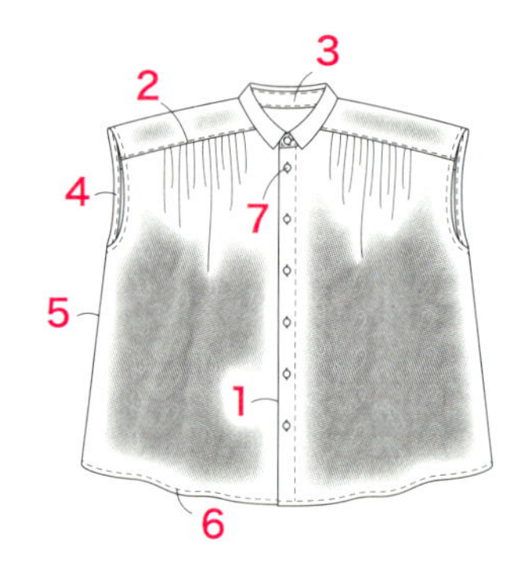

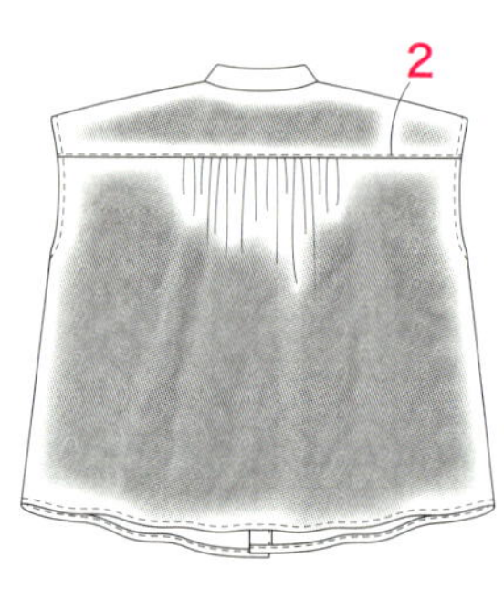

出来上り寸法

バスト156cm　着丈67.2cm

＊対応するバストのヌード寸法は82～90cm

材料

表布(綿ローンレース)…110cm幅1m60cm

別布(綿ローン)…110cm幅70cm

接着芯…90cm幅70cm

ボタン…直径1.2cm幅7個

作り方順序

＊前端見返し、台衿、表上衿の裏面に接着芯をはる。

1　前端に見返しをつける。

❶前身頃の前端に見返しを中表に合わせて縫う。

❷見返しを身頃の裏面に返し、見返し端の縫い代を折ってアイロンで整え、ステッチをかける。

2　身頃とヨークを縫い合わせる。

❶前身頃、後ろ身頃の上端にギャザーを寄せる。→ギャザーの寄せ方はp.97

❷表、裏ヨークで後ろ身頃をはさんで縫う。

❸前身頃と表ヨークを中表に合わせて縫う。

❹裏ヨークの前側の縫い代を折り、ヨークの前側、後ろ側にステッチをかける。

3　台衿つきシャツカラーを作ってつける。→p.53

4　袖ぐりをバイアス布で縫い返す。→p.35

5　脇を縫う。縫い代は2枚一緒に裁ち目かがりミシン(またはジグザグミシン)で始末し、後ろ側に倒す。→p.16

6　裾縫い代を三つ折りにしてステッチをかける。

7　ボタンホールを作り(→p.27)、ボタンをつける。

裁合せ図

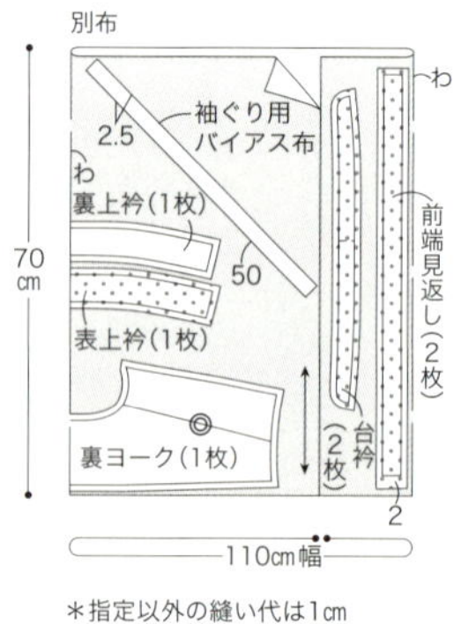

＊指定以外の縫い代は1cm

＊　　　接着芯をはる位置

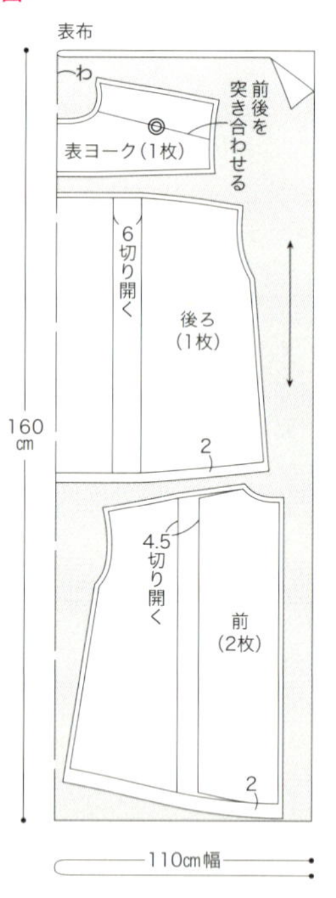

囲み製図

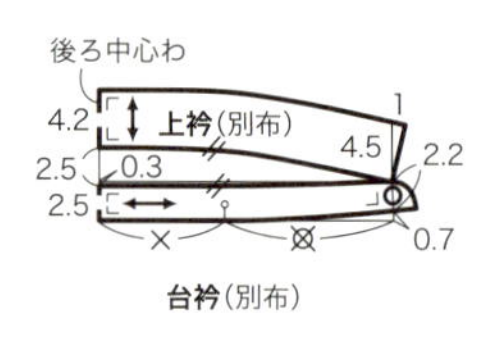

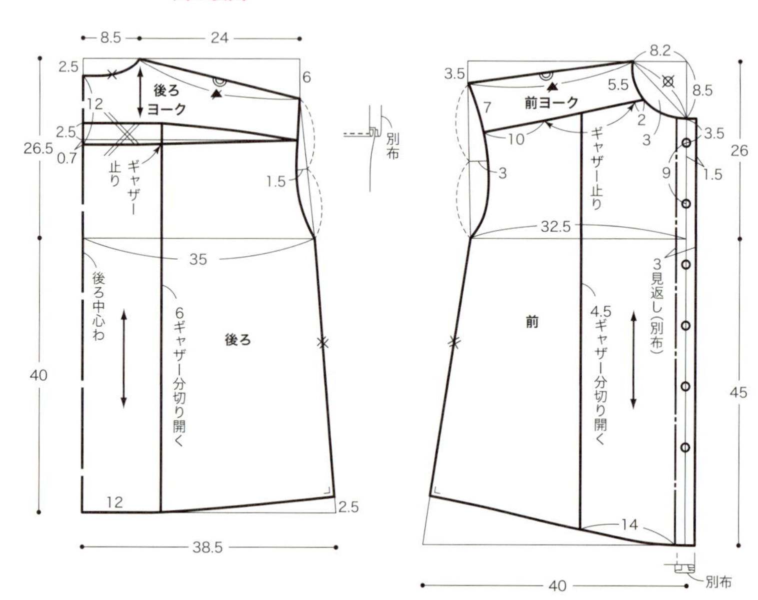

メンズシャツ

出来上り寸法(Mサイズ)

バスト114㎝　着丈77.2㎝　袖丈63.5㎝

材料

表布(ブロードストライプ)…150㎝幅1m60㎝

接着芯…90㎝幅70㎝

ボタン…直径1.3㎝9個／直径1.1㎝2個

作り方順序

＊左前立て、上衿、台衿、カフスの裏面に接着芯をはる。

1 前端の始末をする。左前身頃には前立てをつける(→図)。右前身頃は前端の縫い代を3㎝幅の三つ折りにしてステッチ。

2 胸ポケットを作ってつける。→p.83

3 裾の縫い代を三つ折りにしてステッチ。

4 ヨークをつける。

❶タックをたたんだ後ろ身頃を2枚のヨークではさんで縫う。

❷前身頃と表ヨークを中表に合わせて縫う。

❸裏ヨークの前側の縫い代を折り、ヨークの前側、後ろ側にステッチをかける。

5 台衿つきシャツカラーを作ってつける。→p.53

6 袖口の短冊あきを作る。→p.64

7 袖を折伏せ縫いでつける。→p.102

8 袖下～脇を折伏せ縫いで縫う。

9 カフスをつける。→p.64

10 ボタンホールを作り(→p.27)、ボタンをつける。前端とカフスには1.3㎝のボタンを、袖口短冊には1.1㎝のボタンをつける。

左前立てのつけ方

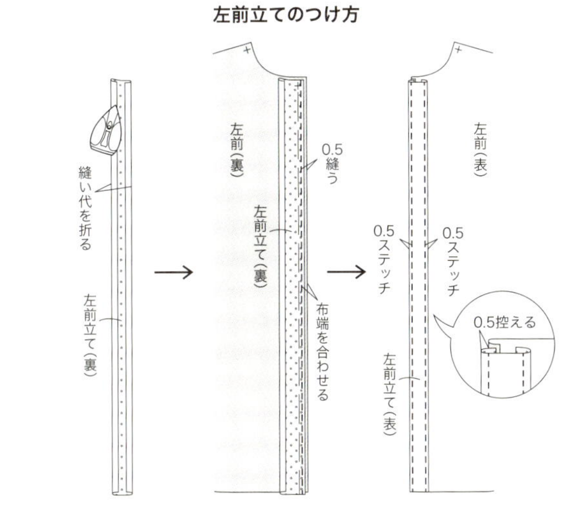

裁合せ図

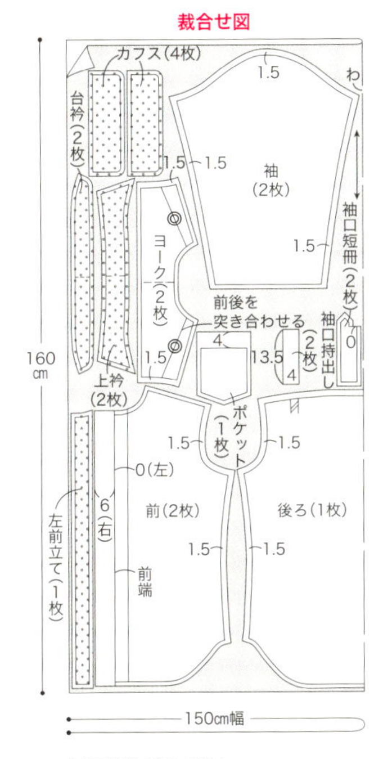

＊指定以外の縫い代は1㎝

＊ 接着芯をはる位置

囲み製図

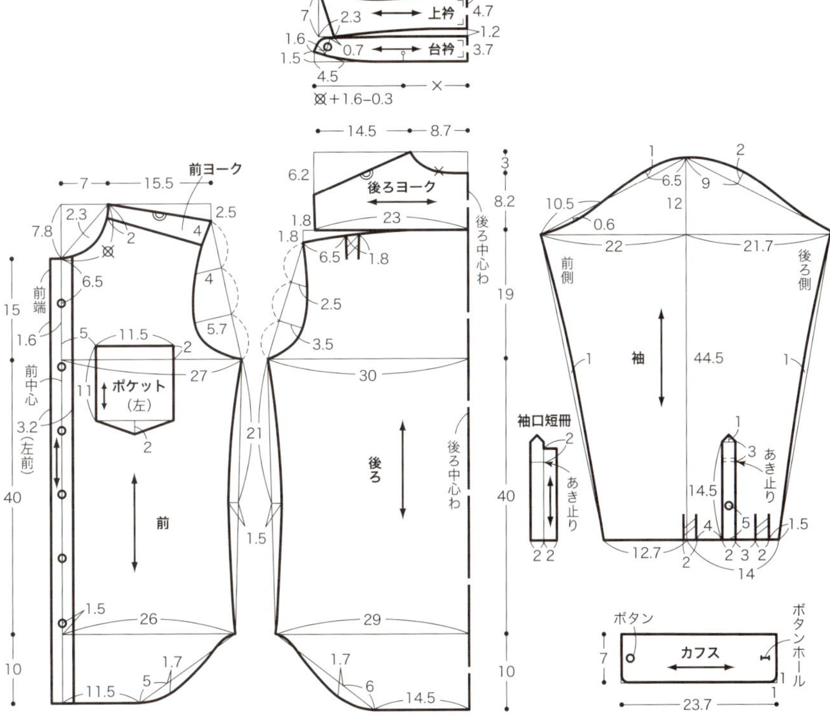

ウエストリブニットのワンピース

出来上り寸法

バスト90㎝　ウエスト74㎝　ヒップ94㎝　着丈92.1㎝

＊対応するヌード寸法は

バスト80～84㎝　ウエスト60～64㎝　ヒップ88～92㎝

材料

表布(コットンタッカープリント)…137㎝幅1m20㎝

リブニット…48㎝幅20㎝

裏布(スカート用)…90㎝幅1m20㎝

接着芯…90㎝幅30㎝

接着テープ…1.2㎝幅適宜

メタルファスナー…3㎝幅53㎝を1本

作り方順序

＊前後の衿ぐり見返し、後ろ裾スリットの見返しに接着芯を、衿ぐり縫い代には接着テープをはる。

＊後ろ中心、肩、脇、裾、袖口、見返しの外回り、リブニットの脇と後ろ中心の縫い代に裁ち目かがりミシン(またはジグザグミシン)をかける。

1 身頃、スカートのダーツを縫う。縫い代は中心側に倒す。→p.17

2 身頃、見返しの肩をそれぞれ縫い、縫い代を割る。

3 衿ぐりに見返しをつける。→図

4 身頃の脇を縫い、縫い代を割る。

5 スカートの後ろ中心を縫い、スリットの始末をする。

❶左右ともスカートの後ろ中心の見返し分を中表に折って裾を縫い、表に返す。

❷左右スカートの後ろ中心を中表に合わせ、あき止り～スリット止りまでを縫い、縫い代を割る。

6 スカートの脇を縫い、縫い代を割る。

7 スカートの裾縫い代を折り上げてまつる。後ろ中心のスリットの見返し端もまつる。

8 ウエストにリブニットをつける。

❶ウエストリブニットの脇を縫い、縫い代を割る。

❷身頃のウエストとリブニットを中表に合わせ、リブニットを伸ばして縫い、縫い代に裁ち目かがりミシンをかける。→p.116

❸リブニットの下側とスカートのウエストを❷と同様に縫い合わせる。

9 後ろ中心にファスナーをつけ、衿ぐりを仕上げる。→図

10 袖を作る。袖口縫い代を折り上げてまつり、袖山にギャザーを寄せる。

11 袖をつける。袖つけ縫い代は2枚一緒に裁ち目かがりミシンで始末し、袖つけ止りから下の袖ぐりは、バイアス布で縫い返して始末する。→p.35

12 裏スカートを縫い合わせる。→図

13 裏スカートをつける。

❶表スカートの裏面に裏スカートを外表に合わせ、後ろ中心のファスナーあき、スリットあきをまつる。

❷裏布のウエスト縫い代を折り、リブニットつけ縫い目の際に、リブニットを伸ばしてまつる。

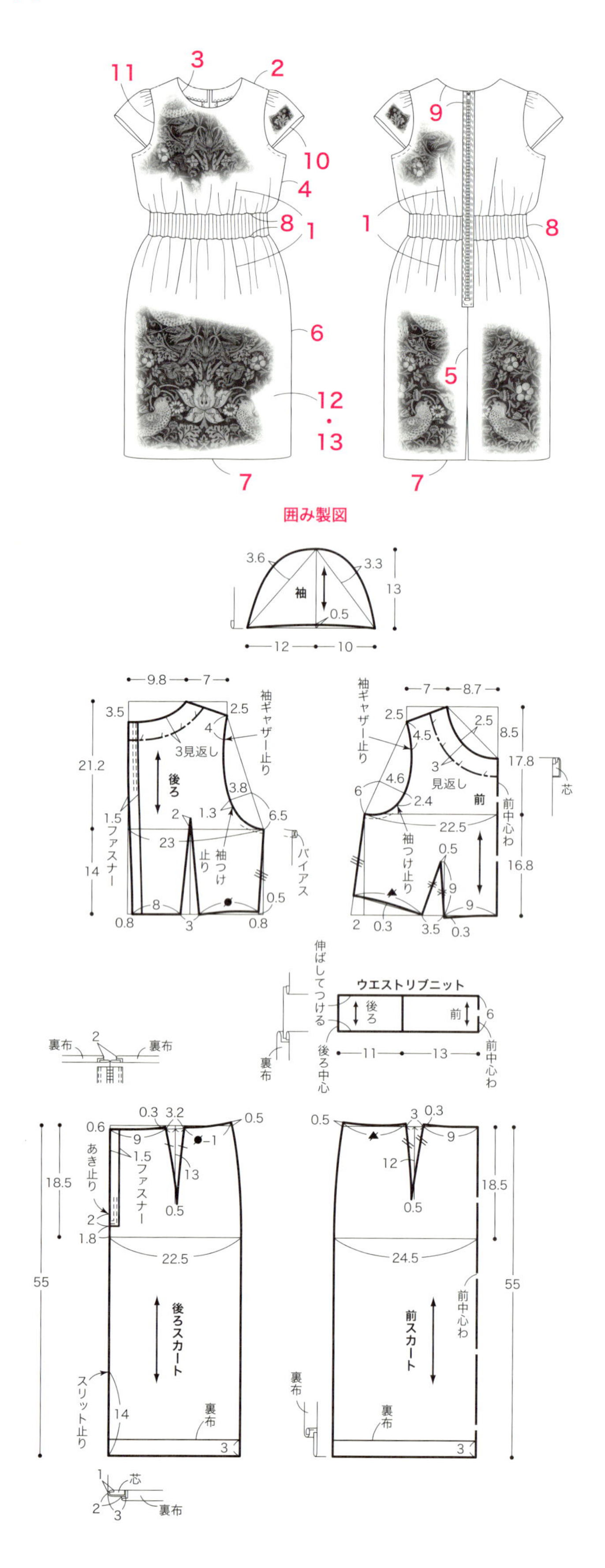

3 衿ぐりに見返しをつける

後ろ
（表）
肩
4〜5
見返し（裏）
前（表）
衿ぐりから4〜5㎝を残して縫う

12 裏スカートを縫い合わせる

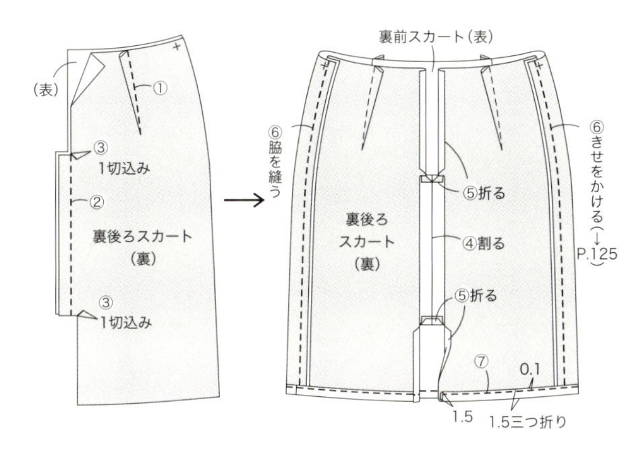

裁合せ図

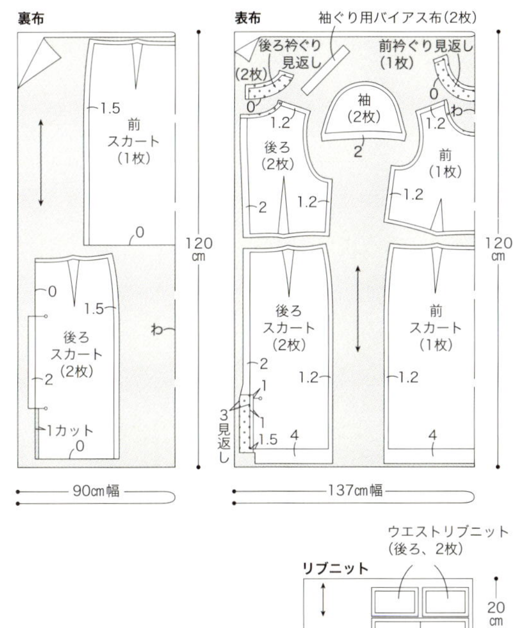

＊指定以外の縫い代は1㎝
＊ 接着芯・接着テープをはる位置

9 後ろ中心にファスナーをつけ、衿ぐりを仕上げる

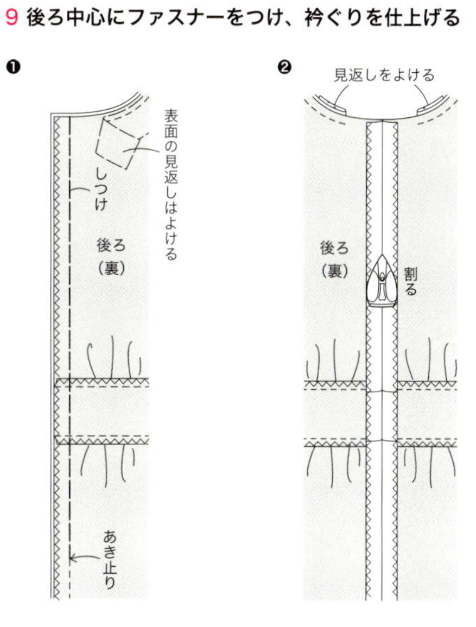

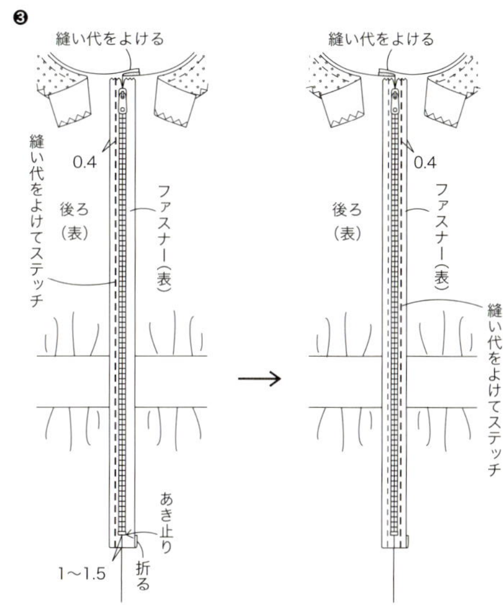

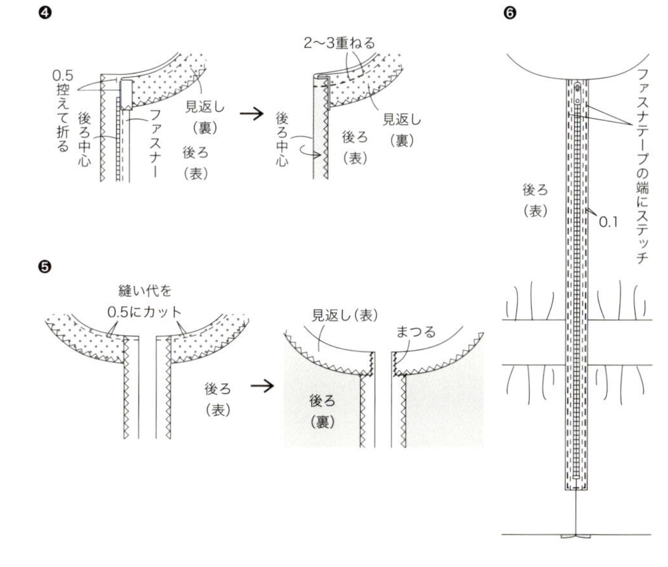

プリーツジャンパースカート

出来上り寸法

バスト98㎝　ウエスト100㎝　ヒップ100㎝　着丈85㎝

＊対応するヌード寸法はバスト82～86㎝、ヒップ92～96㎝

材料

表布（抜染タフタ）…137㎝幅3m10㎝

裏布…90㎝幅2m50㎝

接着芯…90㎝幅35㎝

接着テープ…1.2㎝幅適宜

裁ち方のポイント

表スカートは75×150㎝（ひだ分を入れた長さ）の長方形に縫い代をつけた寸法で裁ち、表ひだ山、陰ひだ山は裁合せ図に示した寸法で印をつけます。

裏スカートは裁合せ図に示した寸法で型紙を作ります。

作り方順序

＊各見返しの裏面に接着芯を、表布の衿ぐり縫い代の裏面には接着テープをはる。

＊表スカートの裾縫い代に裁ち目かがりミシン（またはジグザグミシン）をかける。

1　身頃に裏打ちをする。

❶前、後ろ身頃とも表布と裏布を外表に合わせて周囲の縫い代を粗い針目のミシンで縫いとめる。

❷肩、脇の縫い代に、2枚一緒に裁ち目かがりミシンをかける。

2　肩を縫い、縫い代を割る。

3　衿ぐりを縫う。→図

4　身頃の脇を縫い、縫い代を割る。

5　衿ぐりと同じ要領で、袖ぐりを見返しで縫い返す。

6　スカートの裾縫い代を折り上げてステッチをかける。

7　スカートのプリーツをたたみ、脇を縫う。→p.108

8　裏スカートを縫い合わせる。→図

9　ウエストを縫い合わせる。

❶表、裏スカートを外表に合わせ、ウエスト縫い代を縫いとめる。

❷身頃とスカートのウエストを中表に合わせて縫う。

❸縫い代に4枚一緒に裁ち目かがりミシンをかけ、身頃側に倒す。

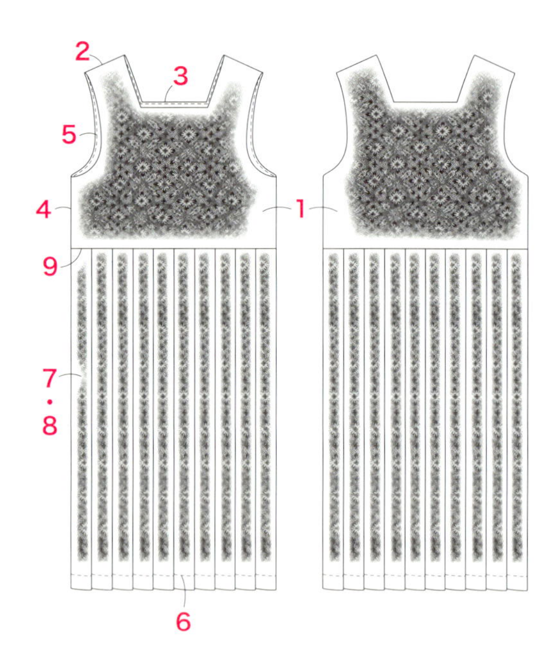

囲み製図

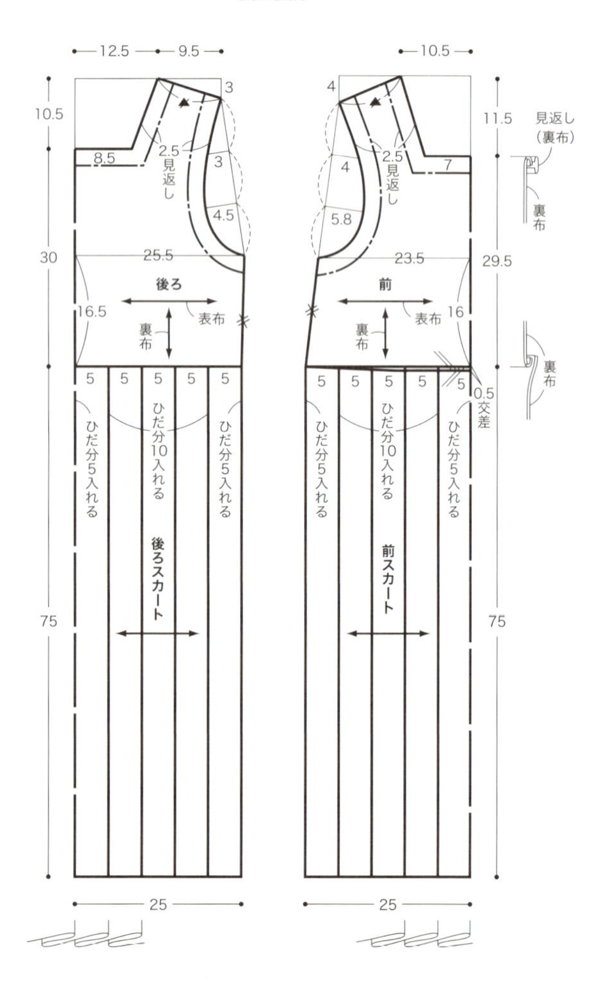

3 衿ぐりを縫う

8 裏スカートを縫い合わせる

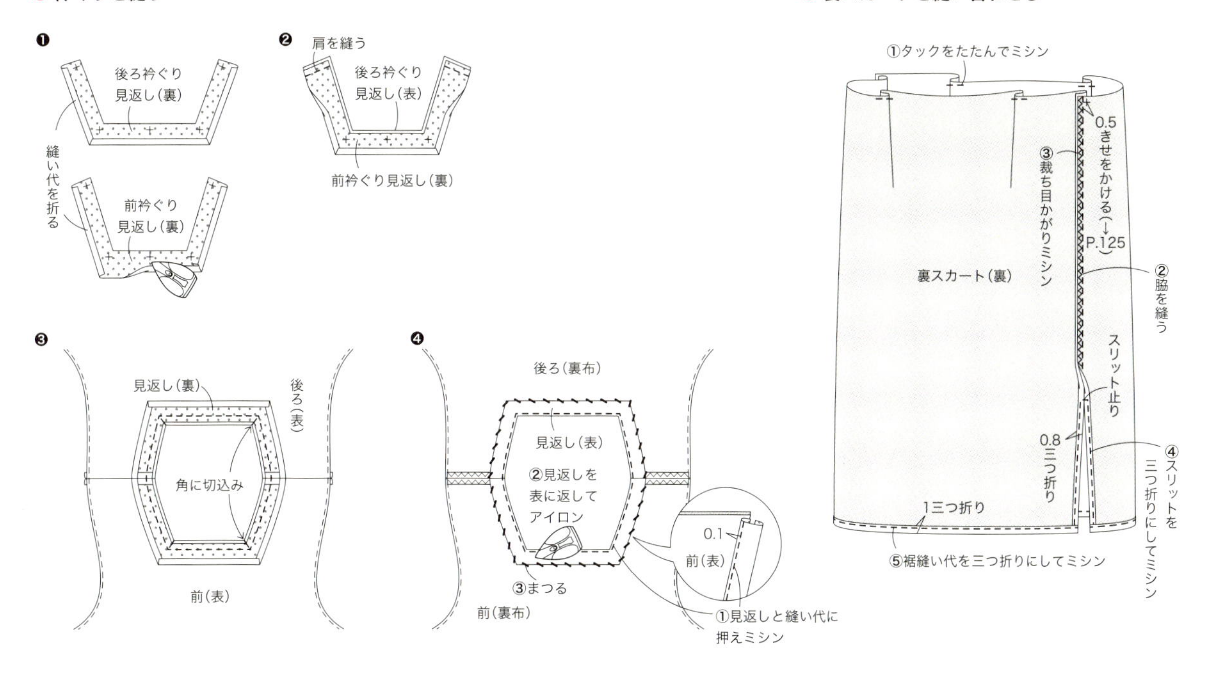

裁合せ図

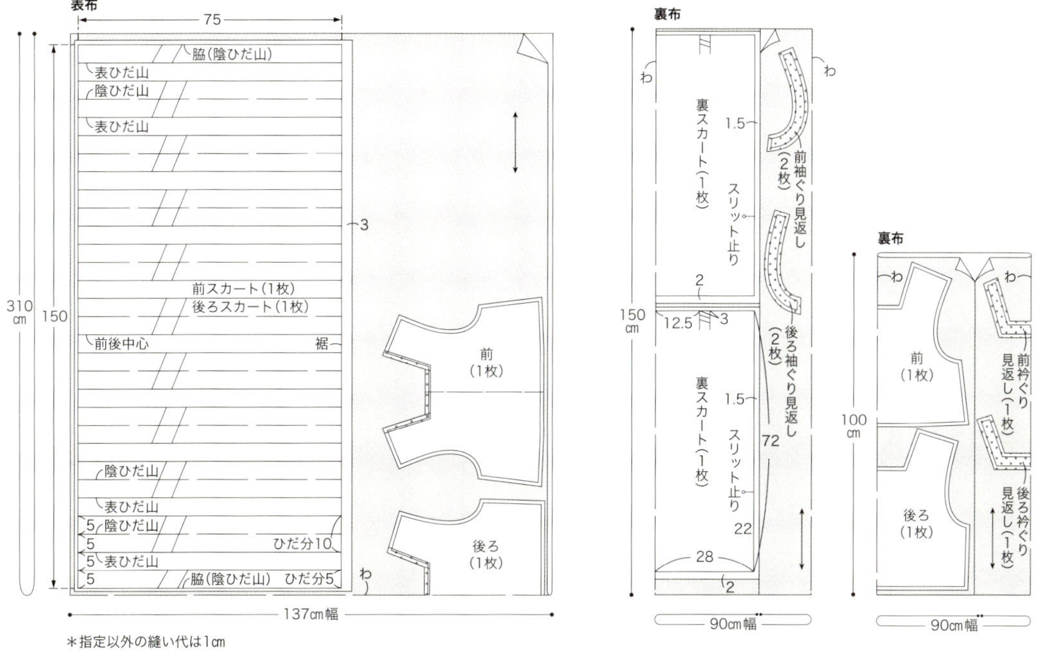

＊指定以外の縫い代は1cm

＊ 接着芯・接着テープをはる位置

パンツ

出来上り寸法

ウエスト79cm　ヒップ101cm　パンツ丈(前中心の丈)86cm

＊対応するヌード寸法はウエスト66～70cm　ヒップ90～95cm

材料

表布(ミルドストライプ)…148cm幅1m50cm

裏布…90cm幅1m40cm

スレキ…102cm幅50cm

接着芯…90cm幅60cm

ボタン…直径1.8cm10個／1.5cm2個

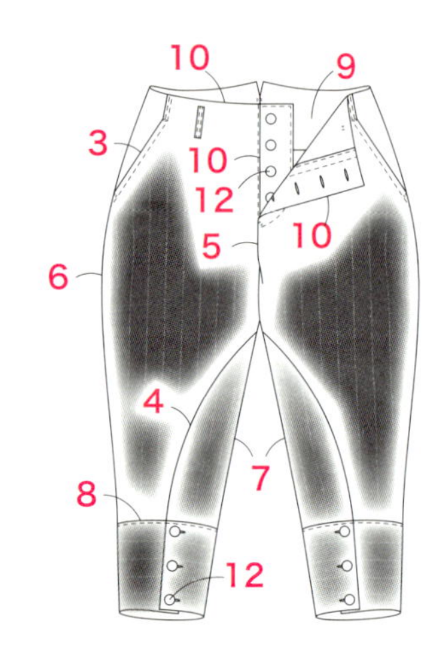

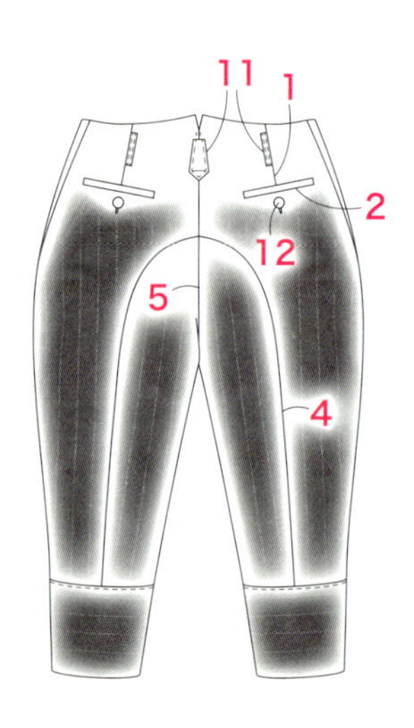

作り方順序

＊前後ウエスト見返し、前あき見返し、表持出し、各裾切替え布の表側のパーツ、玉縁布、ベルト通しAの裏面に接着芯をはる。

＊前後パンツの脇と切替え線、前後の股下切替え布の股下と切替え線に裁ち目かがりミシン(またはジグザグミシン)をかける。

1　後ろパンツのダーツを縫い、縫い代を中心側に倒す。→p.17

2　後ろパンツに玉縁ポケットを作る。→p.94

3　前パンツに脇ポケットを作る。→図

4　前、後ろパンツと前、後ろ股下切替え布をそれぞれ縫い合わせる。縫い代は割る。

5　股ぐりを縫う。前はあき止りから下を、後ろはウエスト側の縫止りから下を縫う。

6　脇を縫い、縫い代を割る。

7　左右の股下を続けて縫い、縫い代を割る。

8　裾切替え布を縫い合わせてつける。→図

9　裏パンツを縫い合わせる。

❶股ぐりを縫う。前はあき止りの0.5cm下から股下までを縫う。

❷きせをかけて(→図)脇を縫う。

❸きせをかけて左右の股下を続けて縫う。

❹裾縫い代を三つ折りにしてステッチ。

❺ウエスト見返しの後ろ中心、脇を縫い合わせて縫い代を割る。後ろ中心は縫止りから下を縫う。

❻ウエスト見返しと❹を縫い合わせる。

10 表、裏パンツを合わせて前あきを作り、ウエストを縫い返す。→p.79

11 ベルト通しを作ってつける。

❶ベルト通しAは2枚を縫い返して後ろ中心に縫いとめる。

❷ベルト通しBは2.5×30cmの布を中表に折って1cm幅に縫い、表に返して7cm、4本にカットし、つけ位置に縫いとめる。

12 ボタンをつける。前あきと裾に直径1.8cmのボタンを、後ろの玉縁ポケットに1.5cmのボタンをつける。

囲み製図

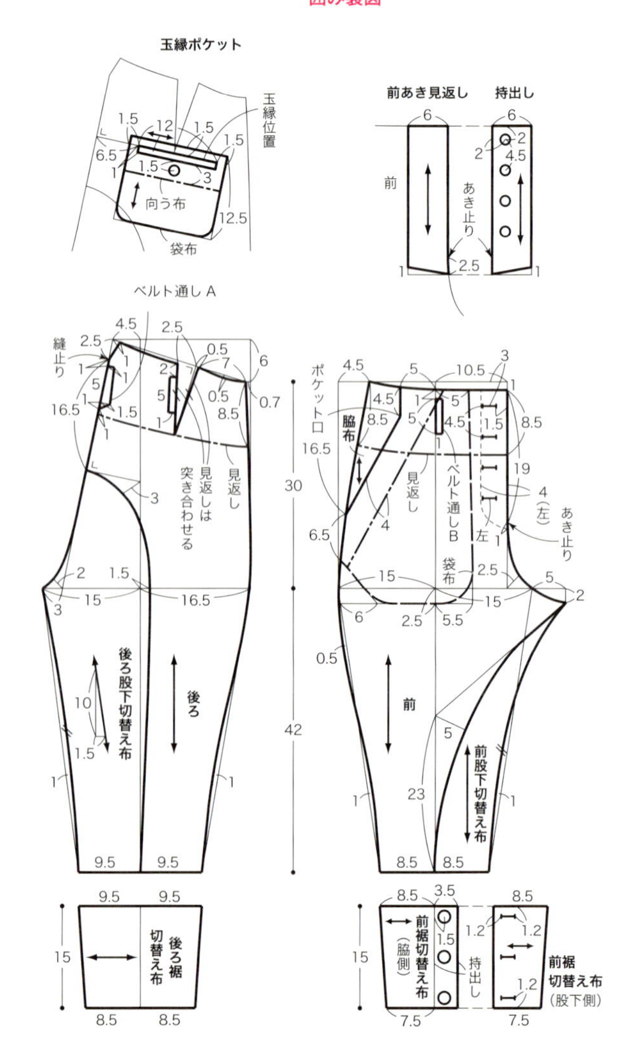

3 前パンツに脇ポケットを作る

8 裾切替え布を縫い合わせてつける

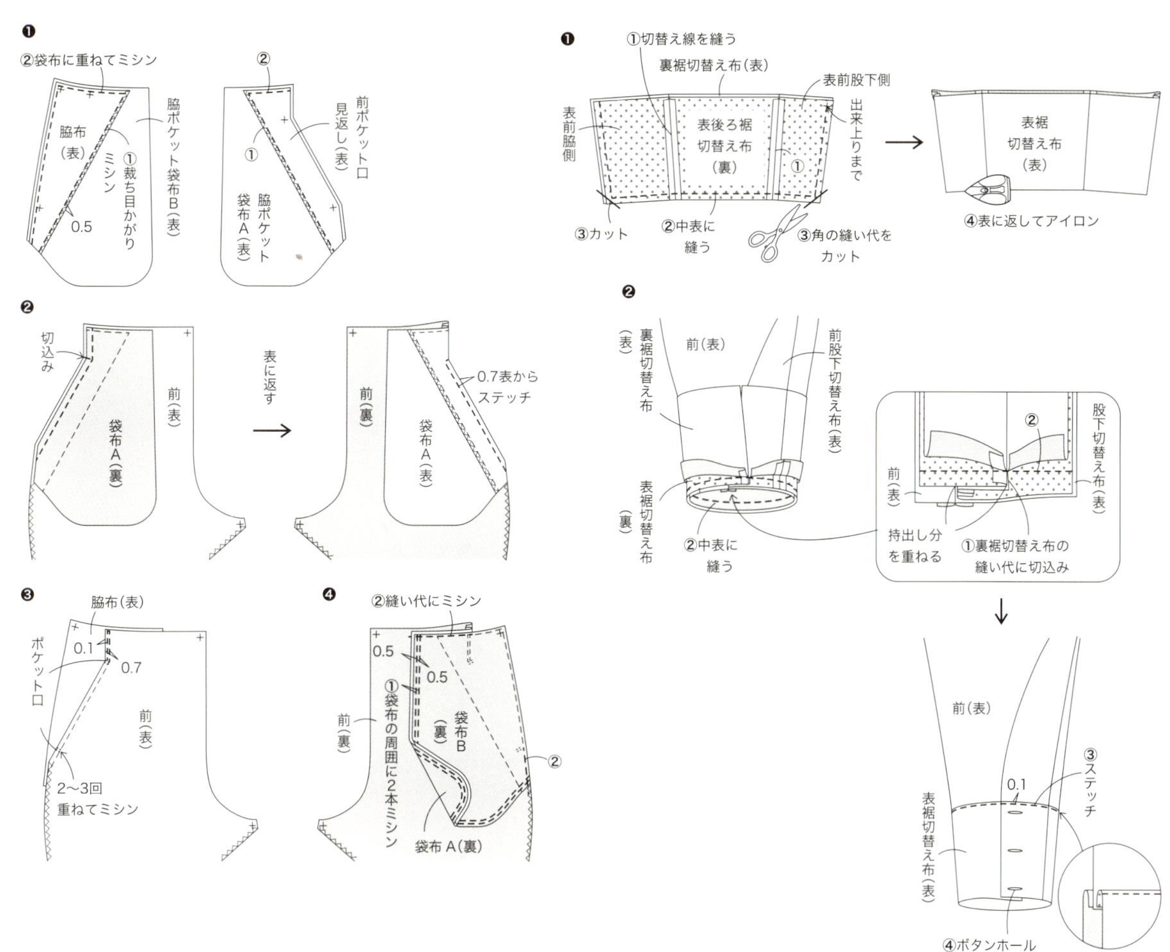

9 裏布のきせのかけ方

裁合せ図

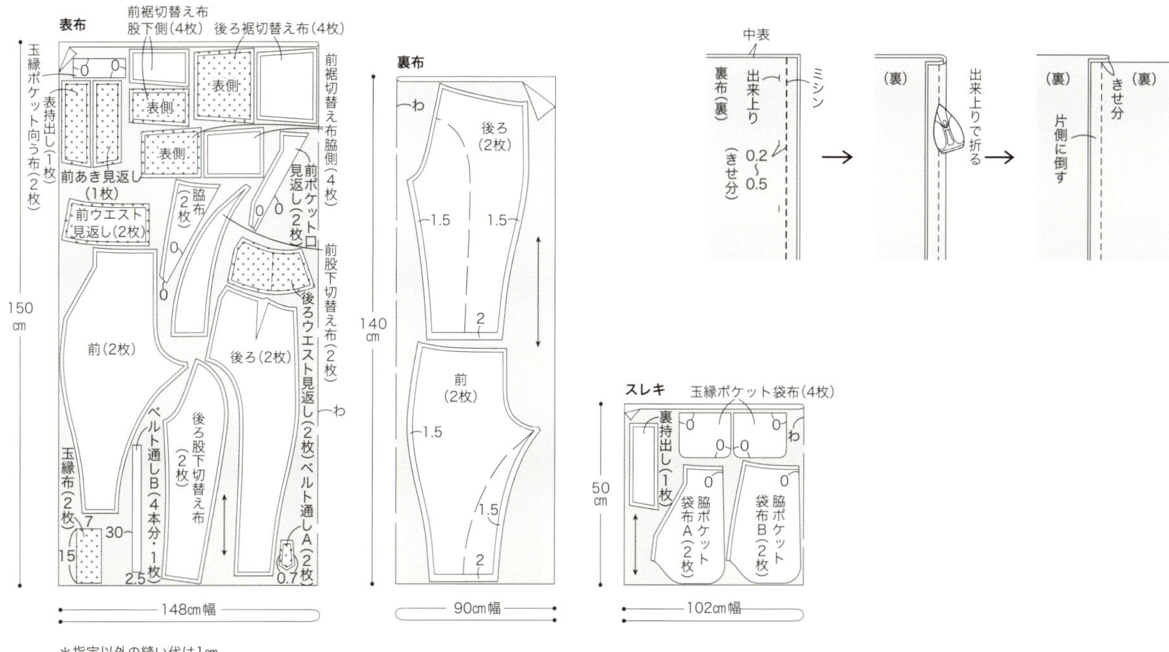

＊指定以外の縫い代は1cm
＊　　接着芯をはる位置

アシメトリースカート

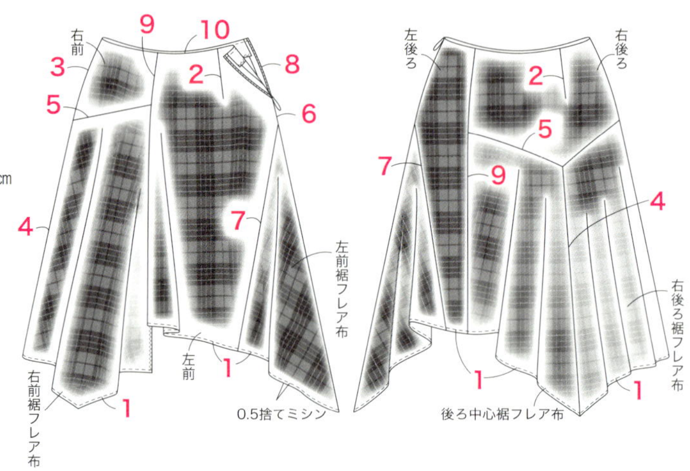

出来上り寸法

ウエスト74cm　ヒップ102cm　スカート丈約65～約88cm

＊対応するヌード寸法はウエスト66～72cm　ヒップ90～100cm

材料

表布(ウールのタータンチェック)…150cm幅1m50cm

接着芯…90cm幅15cm

接着テープ…1.2cm幅適宜

コンシールファスナー…22cm1本

作り方順序

＊前後ウエスト見返しの裏面に接着芯をはる。

＊右前・右後ろ・左前・左後ろスカートのウエスト縫い代の裏面に接着テープをはる。

＊前後ウエスト見返しの下側、右前・右後ろ・左前・左後ろスカートの脇縫い代に裁ち目かがりミシン(またはジグザグミシン)をかける。

1　各パーツの裾に捨てミシンをかける。

2　ダーツを縫い、縫い代を中心側に倒す。→p.17

3　右後ろスカートと右前スカートの脇を縫い、縫い代を割る。

4　後ろ中心裾フレア布と右後ろ裾フレア布(上端は出来上りで縫い止める)、右後ろ裾フレア布と右前裾フレア布を縫い合わせる。

5　3と4を縫い合わせる。→図

6　左脇を縫う。→図

7　6と左前裾フレア布を縫い合わせる。→図

8　左脇にコンシールファスナーをつける。→p.67

9　5と8を縫い合わせる。

9　5と8を縫い合わせる。

❶5と8を中表に合わせて両サイドを縫う。

❷縫い代に2枚一緒にロックミシンをかけ、それぞれ中心側に倒す。

10　ウエストを見返しで縫い返す。

❶前後のウエスト見返しの右脇を縫い、縫い代を割る。

❷スカートのウエストに見返しを中表に合わせて縫う。このとき左脇はまず見返し端を脇から0.5cm控えて外表に折り、次に見返しをはさむようにファスナーつけ縫い代を中表に折ってからウエストを縫う。

❸ウエスト縫い代を見返し側に倒し、見返しと縫い代に押えミシンをかける。

❹見返しをスカートの裏面に返してアイロンで整える。

❺ウエスト見返しの左脇をまつる。

囲み製図

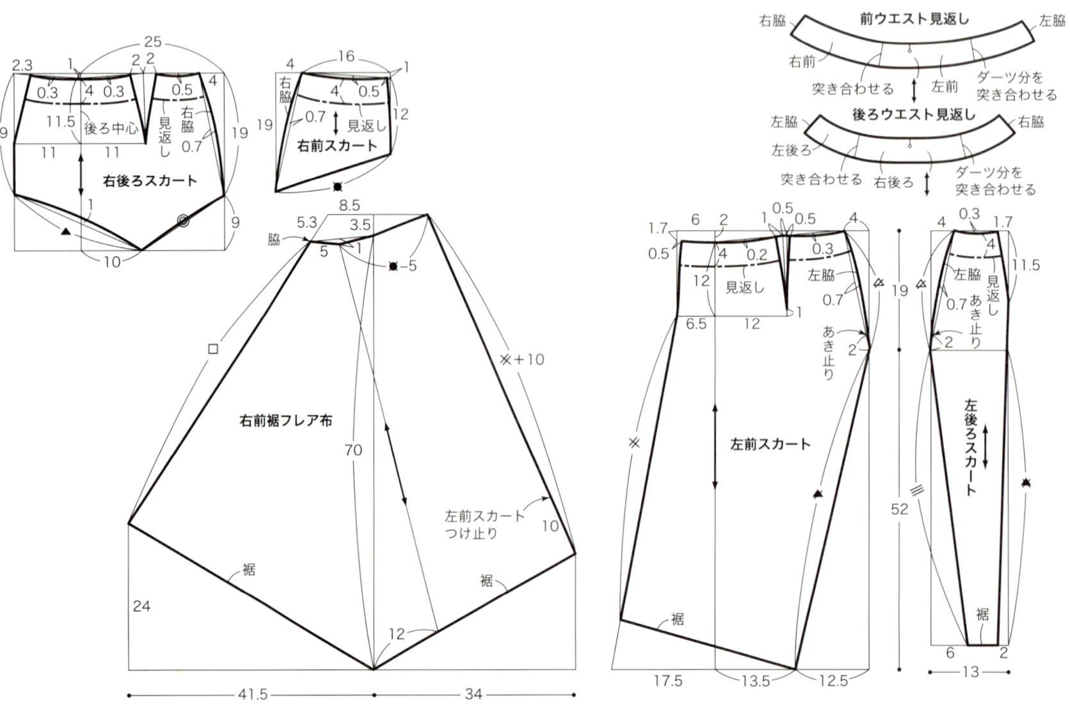

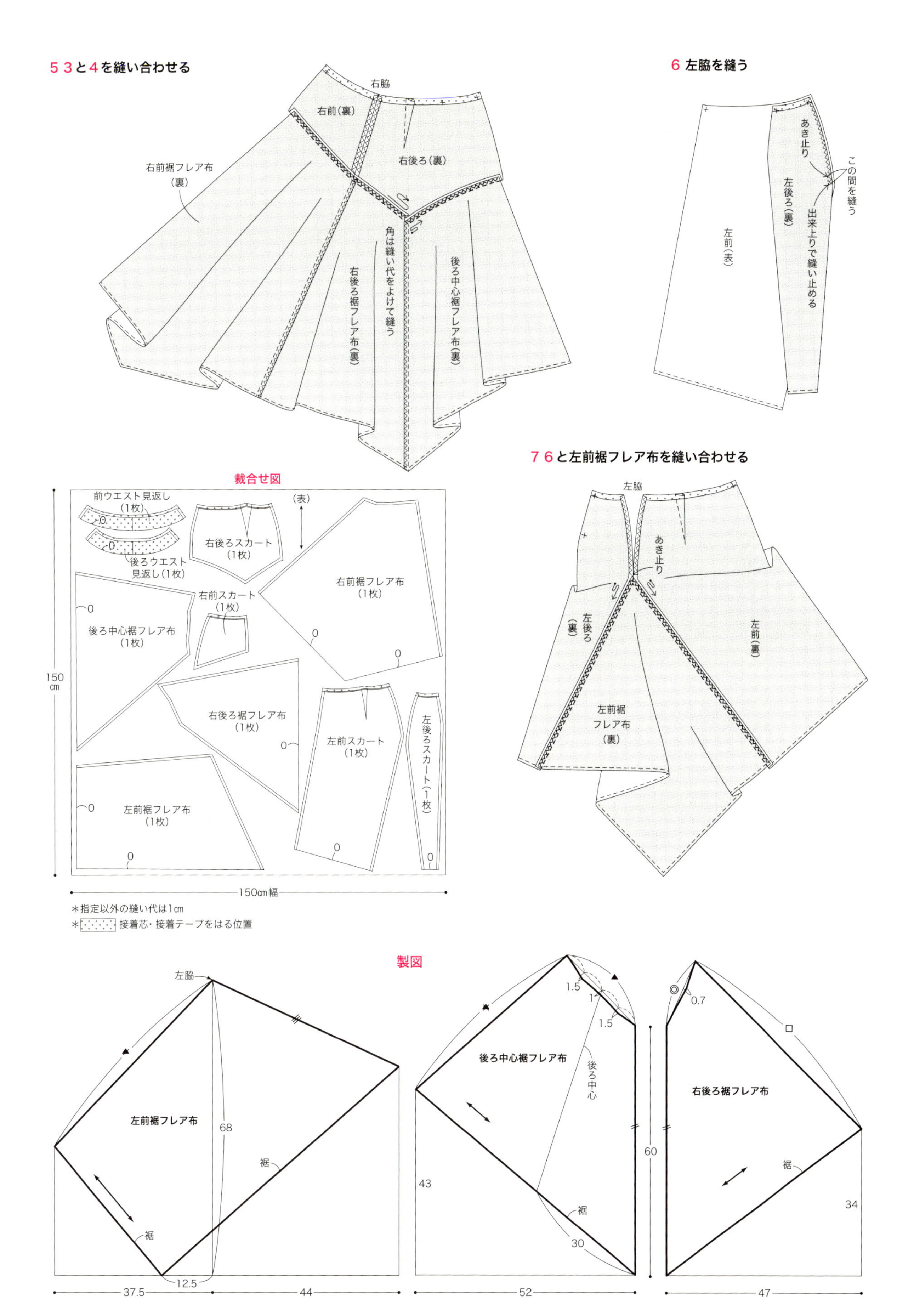
5 3と4を縫い合わせる
右脇
右前(裏)
右後ろ(裏)
右前裾フレア布
(裏)
角は縫い代をよけて縫う
右後ろ裾フレア布(裏)
後ろ中心裾フレア布(裏)
6 左脇を縫う
あき止り
この間を縫う
左後ろ(裏)
出来上りで縫い止める
左前(表)
7 6と左前裾フレア布を縫い合わせる
左脇
あき止り
左後ろ
(裏)
左前
(裏)
左前裾
フレア布
(裏)
裁合せ図
前ウエスト見返し
(1枚)
後ろウエスト
見返し(1枚)
右後ろスカート
(1枚)
(表)
右前裾フレア布
(1枚)
右前スカート
(1枚)
後ろ中心裾フレア布
(1枚)
右後ろ裾フレア布
(1枚)
左前スカート
(1枚)
左後ろスカート(1枚)
左前裾フレア布
(1枚)
150cm
150cm幅
＊指定以外の縫い代は1cm
＊ 接着芯・接着テープをはる位置
製図
左脇
左前裾フレア布
68
裾
37.5
12.5
44
1.5
1
1.5
後ろ中心裾フレア布
後ろ中心
43
30
52
60
0.7
右後ろ裾フレア布
34
47

百目鬼　尚子（どうめき　なおこ）

文化服装学院服装産業科卒業。

出版社勤務を経てフリーライターに。

雑誌、書籍で洋裁や手芸作品の作り方を解説。初級からプロ向けのものまで、正確な図版や親切な解説には定評がある。

牧野 志保子（まきの　しほこ）

文化女子大学短期大学部専攻科被服専攻修了（現：文化学園大学短期大学部専攻科ファッション専攻）。

（株）マダム花井のオートクチュールを経てフリーのクチュリエに。

「ヨージ・ヤマモト」「コム デ ギャルソン」のパリ・コレクションやサンプル縫製に携わる。

広告、テレビ CM の衣装縫製で活躍している。

協力

〈ミシン〉
ブラザーミシン販売 .... 東京都中央区京橋 3-3-8（tel.03-3273-0231）

〈ミシンアタッチメント〉
KAWAGUCHI .... 東京都中央区日本橋室町 4-3-7（tel.03-3241-2101）

〈洋裁用具〉
ベステック....... 東京都千代田区三番町24-3 三番町MYビル2階（tel.03-5212-8851）

〈布地〉
エレガンス［ギャザーブラウス / メンズシャツ / プリーツジャンパースカート / パンツ］....... 東京都荒川区東日暮里5-33-10（tel.03-3891-8998）
マナトレーディング 東京ショールーム［ウエストリブニットのワンピース］....... 東京都目黒区上目黒 1-26-9（tel.03-5721-2831）

〈材料協力〉
つよせ 中野本店....... 東京都中野区中野5-66-5（tel.03-3387-6231）

※〈ミシン〉〈ミシンアタッチメント〉〈洋裁用具〉のお問合せ
学校法人文化学園 文化購買事業部外商課 .... 東京都渋谷区代々木3-22-1（tel.03-3299-2048 / www.bunka-koubai.com）

きれいな仕立てのプロの技
2016年2月8日　第1刷発行

著　者　百目鬼尚子　牧野志保子
発行者　大沼 淳
発行所　学校法人文化学園 文化出版局
〒151-8524　東京都渋谷区代々木 3-22-1
tel. 03-3299-2401（編集）
tel. 03-3299-2540（営業）
印刷・製本所　株式会社文化カラー印刷

文化出版局のホームページ　http://books.bunka.ac.jp/

ブックデザイン .... 吉野磨衣子
撮影 .... 安田如水（文化出版局）
デジタルトレース .... 文化フォトタイプ
校閲 .... 向井雅子
編集 .... 平山伸子（文化出版局）